P.M. Q

AUTEUR DES ÉTUDES SUR
DU DICTIONNAIRE DES PROVERBES,

DICTIONNAIRE
DES RIMES

NOUVELLE ÉDITION
CONFORME À L'ORTHOGRAPHE DE LA SEPTIÈME ÉDITION
DU DICTIONNAIRE DE L'ACADÉMIE

PARIS
GARNIER FRÈRES, LIBRAIRES-ÉDITEURS
6, RUE DES SAINTS-PÈRES

Cet ouvrage, publié pour la première fois à la fin du XIXᵉ siècle, est le reflet de son temps. Le lecteur ne s'étonnera donc pas d'y trouver des noms devenus rares ou dont l'orthographe a évolué, et, en revanche, de ne pas y trouver ceux dont l'usage est plus récent.

AVERTISSEMENT

Nous avons beaucoup de dictionnaires de rimes, doublés d'autant de traités de versification ; et pourtant ils ne paraissent pas suffire aux besoins des amateurs, puisque, dans l'espace de moins de six années, on en a publié trois nouveaux. Cela démontre évidemment que les tendances prosaïques de la génération présente sont loin d'être aussi générales qu'on le suppose, et qu'il y a dans l'attrait qui la ramène à ces ouvrages, quelque reste d'un sentiment poétique, toujours vivace en dépit de tout ce qu'on a fait pour l'étouffer.

Cependant, si le grand nombre des livres consacrés à l'art des vers atteste que l'étude en est encore assez répandue, il ne prouve pas que l'enseignement en soit assez bien ordonné. Presque tous ces livres ne satisfont que médiocrement aux conditions que cet enseignement exige. On leur reproche de manquer de méthode dans la distribution des matières, d'omettre des détails essentiels, d'en présenter d'insignifiants, d'être parfois confus, souvent arides, et toujours ennuyeux. Ces reproches atteignent, il faut le dire, la plupart de ces ouvrages, aussi bien les nouveaux que les anciens. Chaque auteur, en approuvant son livre, condamne impitoyablement ceux de ses confrères. Sur ce dernier point, le public est du même avis, et nous sommes forcé de nous y ranger.

Avons-nous été plus heureux que nos devanciers en traitant le même sujet ? Avons-nous réussi à faire disparaître les fautes qu'ils ont héritées de leurs prédécesseurs et celles qu'ils ont ajoutées de leur propre fonds ? Les juges compétents en décideront. Toutefois, nous ne pouvons nous dispenser de signaler une foule d'améliorations, qui donnent à notre travail l'utilité pratique

4 / Dictionnaire des rimes

et l'intérêt littéraire qui manquent aux dictionnaires de
ce genre.

Le nôtre est une œuvre d'éclectisme. Nous y avons
introduit, sans rien copier, tout ce que les autres conte-
naient de bon, en complétant les détails et vivifiant l'ensemble par un nouvel arrangement et par une méthode
plus féconde.

L'ordre des rimes y est déterminé par les voyelles A, E,
I ou Y, O et U. Par conséquent, il est divisé en cinq princi-
pales sections qui se subdivisent en autant de séries que
peuvent en donner les combinaisons de ces voyelles avec
d'autres lettres.

Les séries sont de deux sortes : les unes pour les rimes
qui n'ont pas besoin de prédominante ou consonne
d'appui, et les autres pour celles qui ne peuvent s'en
passer.

Il ne nous a point paru convenable d'ajouter à ces
dernières, comme on l'a fait, des subdivisions pour classer les rimes d'après le nombre des lettres identiques
ou équivalentes qu'elles peuvent présenter en surplus de
celles qui suffisent. Cette nomenclature, imaginée par
Amoche et adoptée par quelques auteurs, a de graves
inconvénients. Elle détruit l'ordre alphabétique et
déroute les recherches. Il suffit d'indiquer aux versifica-
teurs les rimes exactes. Ils n'ont pas besoin qu'on leur
offre des listes embrouillées de rimes plus ou moins
riches et surtout de rimes surabondantes dont ils ne doivent user qu'avec réserve.

Nous n'avons interrompu l'ordre alphabétique que
dans le cas où cette interruption, à peine sensible, nous
a permis de placer à la suite d'une série de rimes mascu-
lines une série correspondante de rimes féminines qui
ne diffèrent des premières que par l'E muet final. Ce
rapprochement offre des avantages qu'on ne saurait
nier.

Il n'est pas nécessaire de signaler une foule d'autres
améliorations que nous avons introduites. Il suffit de
parcourir quelques pages du dictionnaire pour les
reconnaître.

ABRÉVIATIONS

a. *ou* adj.	adjectif.
adv.	adverbe.
af.	adjectif féminin.
ajout.	ajoutez.
am.	adjectif masculin.
anat.	anatomie.
ant.	antiquité.
arch.	architecture.
arith.	arithmétique.
asp.	aspiré.
astr.	astronomie.
blas.	blason.
bot.	botanique.
chim.	chimie.
chir.	chirurgie.
conchyl.	conchyliologie.
condit.	conditionnel.
conj.	conjonction.
dign.	dignité.
excl.	exclamation.
f. *ou* fém.	féminin.
fam.	familièrement.
fauc.	fauconnerie.
féod.	féodalité.
fortif.	fortification.
fut.	futur.
g.	géographie.
géom.	géométrie.
gr. *ou* gram.	grammaire.
hist.	histoire.
imp.	imparfait.
impér.	impératif.
impr.	imprimerie.
inf.	infinitif.
interj.	interjection.
jur.	jurisprudence.
lit.	liturgie.

m.	masculin.
mar.	marine.
mat.	mathématique.
méd.	médecine.
min.	minéralogie.
mn.	mot nouveau.
mus.	musique.
myt.	mythologie.
néol.	néologie.
np.	nom propre.
orn.	ornithologie.
parf.	parfait.
part.	participe.
pers.	personne.
p. us.	peu usité.
philos.	philosophie.
phys.	physique.
pl. *ou* plur.	pluriel.
po. *ou* pop.	populairement.
pr.	prononcez.
prép.	préposition.
prét.	prétérit.
rhét.	rhétorique.
s.	substantif.
sf.	substantif féminin.
sm.	substantif mascul.
sing.	singulier.
subj.	subjonctif.
t. p. *ou* t. pal.	terme de palais.
théol.	théologie.
v. *ou* verb.	verbe.
V. *ou* voy.	voyez.
vén.	vénerie.
vm.	vieux mot.
vx.	vieux.
zoo. *ou* zool.	zoologie.

Le chiffre entre parenthèses à la suite d'un mot indique le nombre des syllabes de ce mot.

A

à, *prép.*
a, *du v. avoir*
Aa, *g.*
ah ! *excl.*
brouhaha
cahin-caha
ha ! *excl.*
ha ! ha ! *excl.*
Nausicaa, *np.*
Sanaa, *g.*

——— ba ———

Alba, *g.*
Alibaba, *np.*
baba
bah ! *excl.*
Cuba, *myt.*
Cuba, *g.*
Galba, *np.*
Juba, *np.*
kaaba
kasauba
kasba
macouba
Rabba, *g.*
Saba, *g.*
Vamba, *np.*

[Ajout. la 3ᵉ pers.
du prét. des verbes
en *ber* :]
enjamba
prohiba

déroba
tituba, etc.

——— bla ———

Hybla, *g.*

[Plus la 3ᵉ pers.
du prét. des verbes
en *bler* :]
accabla
sembla
cribla
combla
affubla, etc.

——— bra ———

Abracadabra
Alhambra

[Plus la 3ᵉ pers.
du prét. des verbes
en *brer* :]
délabra
célébra
démembra
vibra
sombra
élucubra, etc.

——— ca, ka, qua ———
Acca
alpaca
arnica, *bot.*
Barca, *g.*

Basca, *np.*
Casca, *np.*
Crusca (la)
harmonica
Inca
Kamtschatka, *g.*
Leczinska, *np.*
Lodoïska, *np.*
Malaca, *g.*
Marica, *myt.*
mazurka
Mica
moka
Nasica, *np.*
plica
polka
raca
Rebecca, *np*
Sonica
Zisca, *np.*

[Plus la 3ᵉ pers.
du prét. des verb.
en *quer* :]
attaqua
disséqua
indiqua
disloqua, etc.

——— ça, sa *dur*, xa ———
assa
Bassa
Byrsa
ça, or ça

---

1. On pense que les finales en *a* ayant un son plein n'ont pas besoin, pour rimer entre elles, d'être articulées également. C'est une erreur : tom*BA*, éli*DA*, dom*NA*, occu*PA*, opé*RA*, pen*SA*, lut*TA*, etc., ne peuvent être associés à la rime ; il faut que l'*a* soit précédé de la même consonne d'appui, sauf en certains cas.

cabeça

deçà

Massinissa, *np.*

Micipsa, *np.*

moxa

Odessa, *g.*

Ossa, *g.*

Pança (Sancho)

Pansa, *np.*

vice versa

[Plus la 3e pers.
du prét. des verb.
en *cer, ser* et *xer* :]

plaça

dépeça

commença

pinça

enfonça

amorça

courrouça

suça

valsa

pensa

plissa

brossa

expulsa

malaxa

vexa

fixa

boxa

luxa, etc.

——— cha ———

bacha

pacha

schah

[Plus la 3e pers.
du prét. des verbes
en *cher* :]

attacha

bêcha

clicha

hocha

jucha, etc.

——— cla ———

Hécla, *g.*

[Plus la 3e pers.
du prét. des verbes
en *cler* :]

racla

cercla

boucla, etc.

——— da ———

Adda, *g.*

agenda

Armada

assa fœtida

Banda, *g.*

Blidah, *g.*

Bréda, *g.*

Bredi-breda

Canada, *g.*

da

dada

Edda

Ida, *g.*

Joïda, *np.*

Juda, *np.*

Léda, *myt.*

Lérida, *g.*

nenni-da

oui-da

réséda

Velléda, *np.*

Vanda, *np.*

[Plus la 3e pers.
du prét. des verbes
en *der* :]

persuada

demanda

céda

décida

accommoda

éluda, etc.

——— dra ———

[Cette articulation
appartient à la 3e pers.
du prét. des verbes
en *drer* :]

cadra

engendra

effondra

poudra

[À la 3e pers. du fut.
des verbes en *andre,
endre, aindre, eindre,
loir, oindre, ondre,
ordre, oudre* :]

répandra

entendra

craindra

peindra

pondra

mordra

faudra

voudra

dissoudra

moudra

[Et à la 3e pers. du
fut. des verbes *tenir,
venir* et de leurs
composés :]

tiendra

entretiendra

obtiendra

viendra

circonviendra

——— é-a ———
Adonéa, *myt.*
alinéa
Althæa, *bot.*
Carnéa, *myt.*
Chéréa, *np.*
miscellanéa
Rhéa, *myt.*

[Plus la 3ᵉ pers.
du prét. des verbes
en *éer* :]
agréa
créa
suppléa, etc.

——— fa, ffa, pha. ———
alpha
buffa (opéra)
Caffa, *g.*
fa, *mus.*
fet-fa
Jaffa, *g.*
Mustapha, *np.*
Orpha, *np.*
sofa

[Plus la 3ᵉ pers. du
prét. des verbes en *fer*
et *pher* :]
agrafa
greffa
biffa
philosopha
truffa

——— ga *et* gua ———
aga
galéga, *bot.*
Ladoga, *g.*
Malaga, *g.*
Olga, *np.*

oméga
Parga, *g.*
Braga, *g.*
Riga, *g.*
seringa, *bot.*
syringa, *bot.*
Véga (Lope de) *np.*
Volga, *g.*

[Plus la 3ᵉ pers.
du prét. des verb.
en *guer* :]
élagua
allégua
brigua
drogua
conjugua, etc.

——— i-a ———
acacia
alléluia
Ave Maria
Allia, *g.*
Bastia, *g.*
Batavia, *g.*
Borgia, *np.*
camélia
dahlia
dia (à)
Doria, *np.*
hortensia
Ilia, *np.*
Laurentia, *np.*
Lia, *np.*
magnolia
Maïa, *myt.*
paria
quia (a)
ratafia
sépia
tafia
ténia

tibia

[Plus la 3ᵉ pers.
du prét. des verbes
en *ier* :]
défia
délia
pria, etc.

——— ja *et* gea ———
déjà
ja, *vm.*
raja *ou* rajah

[Plus la 3ᵉ pers.
du prét. des verbes
en *ger* :]
gagea
changea
abrégea
affligea
logea
jugea, etc.

——— la ———
Abyla, *g.*
Agricola, *np.*
Alcala, *g.*
Angola, *g.*
Atala, *np.*
Attila, *np.*
Caligula, *np.*
cela
Dalila, *np.*
Davila, *np.*
delà (au)
falbala
gala
holà !
la, *mus.*
là, *adv.*
Loyola, *np.*

Messala, *np.*
par delà
Publicola, *np.*
Quinola
Scévola, *np.*
Totila, *np.*
voilà

[Plus la 3e pers.
du prét. des verbes
en *ler* :]
avala
révéla
fila
vola
brûla

—— **lla** *non mouillé* ——
Allah !
Atella, *g.*
Caracalla, *np.*
chinchilla
Dolabella, *np.*
Ercilla, *np.*
fellah
Pella, *g.*
Scylla, *g.*
Sylla, *np.*
Valhalla, *myt.*

[Plus la 3e pers. du
prét. des verbes en *ller*
non mouillé :]
alla
scella
oscilla
colla
bulla, etc.

[*La* et *lla* non mouillé
riment ensemble.]

—— **lla** *mouillé* ——

[Cette finale
n'appartient qu'à la
3e pers. du prét. des
verbes en *ller*
mouillé :]
railla
sommeilla
effeuilla
dessilla
souilla, etc.

—— **ma** *et* **mma** ——
Alma, *g.*
Brahma, *myt.*
Camma, *np.*
coma
comma, *mus.*
cosmorama
diorama (4)
Gama (Vasco de)
gamma
géorama
lama
Lima, *g.*
Montezuma, *np.*
Norma, *np.*
Numa, *np.*
Panama, *g.*
panorama
Rama, *g.*
sigma
tréma
uléma
Zama, *g.*

[Plus la 3e pers. du
prét. des verbes en
mer et *mmer* :]
rama
sema
anima

consomma
consuma

—— **na** *et* **nna** ——
ana
Anna, *np.*
Bérézina, *g.*
Cana, *g.*
Catilina, *np.*
Cinna, *np.*
Dina, *np.*
Duna, *g.*
Dwina, *g.*
Enna, *g.*
Etna, *g.*
Guadiana, *g.* (4)
hosanna
Iéna, *g.* (3)
ipécac*ua*na (5)
Mariana *np.*
Masséna, *np.*
Molina, *np.*
Perpenna, *np.*
Porsenna, *np.*
quinquina
Sierra-Morena, *g.*
Sina, *g.*
Wilna, *g.*

[Plus la 3e pers. du
prét. des verbes en
ner, nner et *mner* :]
émana
condamna
asséna
mena
empenna
termina
donna
étonna
résonna
tonna

détrôna
blasonna
tourna

———— o-a ————
Bidassoa, *g.*
boa
Goa, *g.*
Guipuscoa, *g.*

———— ou-a ————
pouah ! *excl.*

[Plus la 3ᵉ pers.
du prét. des verb.
en *ouer* :]
avoua
bafoua
doua
échoua
loua, etc.

—— pa *et* ppa ——
Agrippa, *np.*
ajoupa
catalpa
kappa
Mazeppa, *np.*
meâ-culpâ
Monomotapa, *g.*
papa
Zampa, *np.*

[Plus la 3ᵉ pers. du
prét. des verbes en *per*
et *pper* :]
attrapa
frappa
scalpa
crêpa
recepa
grimpa

frippa
extirpa
crispa
pompa
choppa
coupa
dupa
huppa

———— qua ————
Voir CA.

—— ra *et* rra ——
Agra, *g.*
Angora, *g.*
Bassora, *g.*
Beïra, *g.*
choléra
Débora
et cœtera
hourra
Jura, *g.*
libera
Marmara, *g.*
Myrrha, *np.*
Niagara, *g.* (4)
opéra
Pyrrha, *np.*
rémora
Sahara, *g.*
Sara, *np.*
Séphora, *np.*
Théodora, *np.*
Vitchoura

[Plus la 3ᵉ pers.
du prét. des verbes
en *rer* :]
accapara
barra
délibéra
ferra

admira
colora
jura
leurra

[Plus la 3ᵉ pers. du
fut. de presque tous
les verbes :]
aura
sera
aimera
jou*era* (2)
finira
dira
luira
tu*era* (2)

—— sa *doux et* za ——
Almanza, *g.*
Cimarosa, *np.*
colza
Gaza, *g.*
mimosa
Salvator Rosa, *np.*
Spinosa, *np.*
Vasa, *np.*
visa

[Plus la 3ᵉ pers. du
prét. des verbes en *ser*
doux et *zer* :]
gaza
pesa
prisa
posa
aiguisa
usa

—— ta, tha, tta ——
bêta
Calcutta, *g.*
Ceuta, *g.*

Delta, *g.*
duplicata
errata
Golgotha, *g.*
iota
Jugurtha, *np.*
nota
Œta, *g.*
polenta
prorata (au)
recta
Vesta, *myt.*

[Plus la 3ᵉ pers.
du prét. des verbes
en *ter* :]
tâta
teta
visita
dota
flotta
débuta

——— tra, ttra ———
Mithra, *myt.*
nec plus ultra
Sumatra, *g.*
ultra, *sm.*

[Plus la 3ᵉ pers. du
prét. des verbes en *trer*
et du fut. des v. en
tre :]
idolâtra
pénétra
mettra
paraîtra
chapitra
cloîtra
montra
illustra

——— u-a ———
Gargantua
Strénua, *myt.*

[Plus la 3ᵉ pers.
du prét. des verbes
en *uer* :]
attribua
évacua
englua
atténua
bossua
destitua

——— va ———
Calatrava, *g.*
Java, *g.*
Jéhovah
Narva, *g.*
Nerva, *np.*
Néva, *g.*
va, *v., d'aller*

[Plus la 3ᵉ pers.
du prét. des verbes
en *ver* :]
lava
acheva
leva
énerva
abreuva
riva
innova
couva
trouva
cuva

——— xa ———
Voir ÇA *et* SA *dur.*

——— za ———
Voir SA *doux.*

——— AB ———
Achab, *np.*
Joab, *np.*
Kaab, *np.*
Moab, *np.*
nabab
Raab, *g.*
Rahab, *np.*

——— ABE ———
Arabe
astrolabe
cacabe, *v.*
cosmolabe
crabe
décasyllabe
dissyllabe
endécasyllabe
ennéasyllabe
eptasyllabe
gabe, *v.*
monosyllabe
mozarabe
octosyllabe
parisyllabe
polysyllabe
Souabe, *g.*
syllabe
tétrasyllabe
trisyllabe

——— ABLE ———
abominable
abordable
accable, *v.*
acceptable
accointable
accommodable
accordable
accostable
accusable
admirable

adorable
affable
agréable
aimable
aliénable (5)
alliable (4)
altérable
amendable
amiable (4)
applicable
attable, v.
attaquable
bannissable
bernable
blâmable
brisable
brûlable
buvable
câble
calculable
capable
censurable
charitable
châtiable (4)
chérissable
chômable (fête)
commensurable
commerçable
communicable
comparable
comptable
concevable
conciliable (5)
condamnable
confiscable
connétable
considérable
consolable
constable, sm.
contestable
contraignable
contribuable

convenable
convoitable
corvéable
coupable
critiquable
croyable (3)
curable
damnable
décevable
déchiffrable
décimable
déclinable
défavorable
délectable
démontrable
déplorable
déraisonnable
désagréable
désirable
destituable
détestable
diable (2)
dilatable
disciplinable
disputable
dissemblable
diversifiable (6)
dommageable (4)
domptable
durable
échangeable (4)
effroyable (4)
électrisable
ensable, v.
épouvantable
épuisable
équitable
érable
espérable
étable
évitable
évocable

excusable
exécrable
exorable
explicable
exploitable
exprimable
fable
faisable
favorable
fériable (4)
flottable
forgeable (3)
formidable
graciable (4)
grondable, vm.
guéable
guérissable
habitable
hâble, v. (h. asp.)
haïssable (4)
honorable
imaginable
imitable
immanquable
immensurable
immuable
impalpable
impardonnable
impartageable
impayable (4)
impeccable
impénétrable
imperdable
impérissable
imperméable
imperturbable
impétrable
impitoyable (5)
implacable
imposable
impraticable
imprenable

improbable
inabordable
inaccommodable
inaccostable
inaliénable (6)
inalliable (5)
inaltérable
inapplicable
inappréciable (6)
inattaquable
incalculable
incapable
incommensurable
incommunicable
incommutable
incomparable
inconcevable
inconciliable (6)
inconsolable
incontestable
inconvertissable
incroyable (4)
incurable
indéchiffrable
indéclinable
indécrottable
indéfensable
indéfinissable
indisciplinable
indispensable
indisputable
indomptable
indubitable
inébranlable
ineffable
ineffaçable
inénarrable
inépuisable
inestimable
inévitable
inexcusable
inexorable

inexpiable (5)
inexplicable
inexprimable
inexpugnable
inextirpable
inextricable
infaisable
infatigable
inflammable
inguérissable
inhabitable
inimaginable
inimitable
innavigable
innombrable
insatiable (5)
insaturable
inséparable
insociable (5)
insolvable
insoutenable
instable
insupportable
insurmontable
intarissable
interminable
intolérable
internissable
intraitable
introuvable
invariable (5)
inversable
inviolable (5)
invraisemblable
invulnérable
irraisonnable (5)
irrassasiable (6)
irrecevable
irréconciliable (7)
irrécusable
irréformable
irréfragable

irrémédiable (6)
irréparable
irréprochable
irrévocable
irritable
jable, *s. et v.*
justiciable (5)
labourable
lamentable
logeable (3)
louable (3)
malléable
mangeable (3)
maniable (4)
mariable (4)
méconnaissable
mémorable
méprisable
mesurable
mettable
misérable
mortaillable (4)
muable (3)
multipliable (5)
navigable
négociable (5)
niable (3)
notable
ouvrable
palpable
papable
pardonnable
passable
payable (3)
peccable
pendable
pénétrable
périssable
perméable
pervertissable
pitoyable (4)
plaidable

plaidoyable
pliable (3)
potable
praticable
préalable
prédicable
préférable
préjudiciable (6)
prisable
probable
profitable
proposable
punissable
râble, sm.
rachetable
raisonnable
rapportable
recevable
recommandable
réconciliable (6)
reconnaissable
recouvrable
récusable
redevable
redoutable
réformable
regrettable
rejetable
remarquable
reniable (4)
réparable
repoussable
reprochable
respectable
respirable
responsable
restituable (5)
rétable
révocable
risquable
sable, s. et v.
saisissable

sécable
secourable
semblable
séparable
serviable (4)
solvable
sortable
souhaitable (4)
soutenable
stable
supportable
table, s. et v.
taillable
tarissable
tenable
tolérable
traitable
transmuable
transpirable
triturable
tuable (3)
valable
variable (4)
végétable
vendable
vénérable
véritable
viable (3)
vocable
vraisemblable
vulnérable

—— **ABRE** ——
cabre (il se), v.
Calabre, g.
candélabre
cantabre
cinabre
délabre. v.
glabre
macabre
sabre, s. et v.

Vélabre, g.

—— **AC, ACH,** ——
AG, AK
ab hoc et ab hac
ammoniac
Arack ou Rack
Armagnac
Aurillac, g.
bac
Bébriac, g. (3)
bissac
bivac ou bivouac (2)
Borack, âne de
    Mahomet
bric-à-brac
Brissac, np.
Carnac, g.
Cognac, g.
colback
Condillac, np.
cornac
crac
Dalayrac, np.
frac
gaïac (2)
hamac
havresac
Irac, g.
Isaac, np.
Jarnac, g.
Krapak, g.
lac
micmac
Pibrac, np.
Polignac, np.
Pourceaugnac
Ravaillac, np.
sac
Sontag, np.
tac
tillac

16 ACE

trac
trictrac
zigzag

[*c* et *g* sont insonores
à la fin des mots :]
almanach
cotignac
estomac
tabac
ranelagh

—— ACE *et* ASSE ——
agace *(pie)*
Alsace, *g.*
arcasse, *mar.*
audace
bécasse
besace
Bocace, *np.*
bonace, *s*
bonasse, *adj.*
brasse, *s.*
calebasse
carapace
carcasse
casse, *impr.*
chasse
garde-chasse
cocasse
contumace
coriace
crasse, *s.*
crasse, *adj.*
crevasse
cuirasse
culasse
Curiace, *np.*
dédicace
efficace
face
fallace

filasse
fouace
glace
grimace
hommasse
Horace, *np.*
inefficace
lavasse
liasse (3)
limace
masse
menace
mollasse
paillasse
Pancrace, *np.*
paperasse
Parnasse
passe-passe
perspicace
pinasse, *mar.*
place
populace
potasse, *chim.*
préface
race
rapace
rosace, *arch.*
sagace
savantasse
Stace, *np.*
surface
Tasse (le), *np.*
tenace
terrasse
Thrace, *g.*
tirasse
trace
vivace
vorace

[Verbes]
agace

avocasse
brasse
cadenace
chasse
coasse
contrefasse
contumace
crevasse
croasse (3)
damasse
débarrasse
décrasse
défasse
délace
déplace
efface
embarrasse
embrasse
encrasse
enlace
entrelace
fasse, *de faire*
fracasse
fricasse
glace
grimace
harasse
lace
lasse
masse
menace
place
pourchasse
refasse
remplace
rêvasse
satisfasse
surfasse
terrasse
tracasse
trace

- **ACE** *et* **ASSE** *long* -
basse
main basse
basse, *mus.*
casse
châsse *(de saint)*
classe
disgrâce
échasses
espace
grâce
grâce, *théol.*
Grâces, *myt.*
grasse, *adj.*
Grasse, *g.*
impasse
lasse, *adj.*
nasse
passe
tasse

[Verbes]
amasse
casse
compasse
concasse
déchasse
délasse
enchâsse
entasse
espace
lasse
outrepasse
passe
ramasse
rembrasse
repasse
ressasse
sasse
surpasse
trépasse

[Plus divers temps des
verbes en *er* :]
que j'aimasse, etc.

——— **ACH** ———
almanach
Voir AC.

——— **ACHE** *bref*———
ache
attache
bache
bourrache
bravache
cache, *sf.*
Carrache, *np.*
cravache
Eustache, *np.*
flache
Gamache, *np.*
ganache
gouache
gavache
hache (h *asp.*)
moustache
panache
patache
pistache
rondache
tache
talpache
vache

[Verbes]
amourache (s')
arrache
attache
cache
crache
détache
enharnache (h *asp.*)
ensache

entache
hâche (h *asp.*)
harnache (h *asp.*)
panache (se)
sache, *de savoir*
tache

——— **ACHE** *long* ———
gâche de porte
lâche
mâche
relâche
tâche

[Verbes]
défâche
fâche
gâche
lâche
mâche
relâche
remûche
rabâche
tâche

——— **ACLE** ———
cénacle
débâcle
habitacle
macle
miracle
obstacle
oracle
pinacle
réceptacle
tabernacle
spectacle

[Verbes]
bâcle
débâcle
racle

18   ACHME

renacle

– **ACHME, AGME** –
diaphragme
drachme
malagme
tétradrachme

——— **ACRE** *long* ———
âcre, *piquant*

——— **ACRE** *bref* ———
acre, *mes. de terre*
Acre, *g.*
archidiacre (4)
diacre (2)
fiacre (2)
massacre
nacre
polacre
pouacre
quaker *(kouacre)* (2)
sacre
simulacre

[Verbes]
consacre
massacre
sacre

——— **ACT** ———
compact
contact
exact
inexact
intact
tact
yacht

——— **ACTE** ———
acte
cataracte

compacte
entr'acte
épacte, *ast.*
exacte
pacte

[Verbes]
contracte
détracte
recontracte
rétracte

——— **AD** ———
Adad, *myt.*
Arphaxad, *np.*
Bagdad, *g.*
Gad, *g.*
Galaad, *g.*
Joad, *np.*

——— **ADE** ———
accolade
aiguade
aiguillade (4)
aillade
alcade
Alcibiade, *np.* (5)
algarade
alidade, *mat.*
ambassade
anguillade
Annonciade (5)
arcade
arlequinade
arquebusade
aubade
Bade, *g.*
ballade
balustrade
bambochade
Barbade, *g.*
barricade

bastonnade
Belgrade, *g.*
Benserade, *np.*
bigarade
bonnetade
bourgade
bourrade
boutade
bravade
brigade
bronchade
cacade, *pop.*
camarade
camisade
canonnade
cantonade
capilotade
capucinade
carabinade
carbonade
cascade
cassonade
cavalcade
chamade
charade
colonnade
croisade
croupade
cruzade
Cyclade
débandade
décade
dorade
Dryade, *myt.* (3)
embrassade
embuscade
Encelade, *myt.*
enfilade
escalade
escapade
escouade (4)
esplanade

estacade
estafilade
estocade
estrade
estrapade
façade
fade, *adj.*
fanfaronnade
Franciade (4)
galopade
gambade
gasconnade
gaulade
glissade
gourmade
grade, *sm.*
grenade
Grenade, *g.*
grillade
Hamadryade (5)
Héliade (4)
Hellade *(Grèce)*
Henriade (la) (4)
Hyade (3)
Iliade (4)
incartade
jade
jérémiade (5)
limonade
lorgnade
Lusiade (la) (4)
malade
marinade
marmelade
mascarade
maussade
Ménade
Messiade (4)
Miltiade, *np.* (4)
mitraillade
monade
mousquetade

muscade
myriade (4)
Naïade (3)
œillade (3)
Olympiade (5)
orangeade (4)
Orcades, *g.*
Oréade, *myt.*
palissade
panade
pantalonnade
parade
pariade (4)
pasquinade
passade
pelade
persillade
pesade, *mar.*
pétarade
peuplade
Pholade
Pilade, *np.*
pintade
Pléiade (3)
poivrade
pommade
promenade
rade
rasade
rebuffade
reculade
régalade
rémoulade
retirade
rétrograde
revirade
rodomontade
roulade
ruade
saccade
salade
saluade

sanglade
satinade
sérénade
stade
taillade
Thyade, *myt.* (3)
Tibériade, *g.* (5)
tirade
tribade
turlupinade
Vade

[Verbes]
accolade
barricade
dégrade
dissuade
escalade
estafilade
estocade
estrapade
évade (s')
gambade
palissade
panade (se)
parade
persuade
pommade (se)
rétrograde
saccade
taillade

——— ADRE ———
cadre, *s.*
cadre, *v.*
encadre, *v.*
escadre
ladre

——— A-É ———
Voir É

———— **A-EL** ————
Voir EL

— **AFE** *ou* **APHE** —
agiographe (5)
agrafe
apographe
arrestographe, *t. pa.*
Ascalaphe, *myt.*
autographe
bibliographe (5)
biographe (4)
calligraphe
carafe
cénotaphe
chalcographe
chirographe
chorégraphe
chronographe
cosmographe
démonographe
épigraphe
épitaphe
géographe
girafe, *zool.*
hagiographe (5)
historiographe (6)
lexicographe
lithographe
logographe
naffe (eau de)
néographe
olographe
orthographe
paléographe
paragraphe
paraphe, *et pop.*
patarafe
piaffe
pyroscaphe
tachygraphe
télégraphe

topographe
typographe

[Verbes]
agrafe
dégrafe
parafe *ou* paraphe
piaffe (2)

———— **AFLE** ————
rafle, *v. et sf.*
érafle, *v.*

———— **AFRE** ————
affres *(avec le pluriel
    des mots :)*
bafre, *s. et v.*
balafre, *s. et v.*
Cafre, *g.*
gouliafre, *pop.* (3)
Vénafre, *g.*

———— **AGE** ————
abatage
abeillage, *vx.*
Abencerage
abordage
abreuvage
accommodage
adage
aérage (4)
affenage
affermage
affilage
affinage
affolage
afforestage
affûtage
âge
agiotage (5)
ajoutage
ajustage

alliage (4)
amarrage
ambages *(avec le
    plur. des mots)*
aménage
ancrage
anthropophage
apanage
apprentissage
arbitrage
Aréopage
arrérages
arrimage
arrivage
arrosage
assemblage
attelage
atterrage
attirage
aunage
avantage
avénage
bachotage
badaudage
badinage
bagage
bailliage (3)
balayage (4)
balisage
balivage
ballottage
bandage
baragouinage (5)
barbouillage
barguignage
bariolage (5)
barrage
bastingage
batelage
battage
bavardage
binage

billonnage
blanchissage
blindage
blocage
bocage
bordage
bornage
bossage
bosselage
bottelage
boursage
boursouflage
bousillage
branchage
breuvage
brigandage
briquetage
cabotage
cage
cahotage
cailloutage
calfeutrage
cannage
carénage
carnage
carrelage
Carthage
cartilage
chantage
charriage (4)
charronnage
chauffage
cirage
clabaudage
clayonnage
clichage
cloisonnage
cocuage
collage
colportage
commérage
compérage

concubinage
contre-gage
coquillage
cordage
corsage
coulage
courage
courtage
cousinage
cubage
cuisage
curage
davantage
débardage
déchirage
désavantage
désemballage
détalage
dévergondage
dévidage
dévirolage
dommage
doublage
drainage
échafaudage
échenillage
échevinage
éclairage
écrémage
écurage
effleurage
égrappage
élagage
emballage
embauchage
embossage
empesage
énallage
encollage
enfantillage
engrenage
entourage

équipage
ermitage
esclavage
espionnage (5)
établage
étage
étalage
étamage
eubage
fagotage
faîtage
fanage
fascinage
fauchage
fenage
fenêtrage
fermage
feuillage
feuilletage
feutrage
finage
flottage
forage
forestage
fouage
fourrage
fromage
frottage
fruitage
gabelage
gage
gagnage
gargotage, *pop.*
gaspillage
geôlage (3)
glanage
gribouillage
griffonnage
guindage
habillage
halage
herbage

héritage
hersage
hommage
houage (h *asp.*)
hypallage
ichtyophage
image
jambage
jardinage
jaugeage (3)
labourage
lainage
laitage
lamanage
lambrissage
laminage
langage
lantiponnage
lavage
Lesage, *np.*
libertinage
lignage
limousinage
liserage
lithophage
lotophage
louage
maçonnage
magasinage
mage
maniage
maquignonnage
marécage
mariage (4)
martelage
ménage
Ménage, *np.*
message
mesurage
minage
mirage
monnayage

mouillage
moulage
moulinage
mucilage
naufrage
naulage
nuage
œsophage
ombrage
omophage
orage
Osage, *g.*
otage
outrage
ouvrage
pacage
panage, *sf.*
page
papillotage
parage
parentage, *vx.*
parfilage
parlage
parquetage
partage
passage
patelinage
patronage
patrouillage, *pop.*
pâturage
paysage (4)
péage (3)
Pélage, *np.*
pèlerinage
pennage
persiflage
personnage
pillage
pilotage
placage
plage
plantage

pliage (3)
plumage
pointillage
pontonage
portage
posage
potage
présage
pressurage
pucelage
quillage
rabâchage
raccommodage
racolage
radotage
raffinage
rage
ramage
rapatriage (5)
rapiécetage, *pop.*
   (5)
ravage
ravaudage
récurage
recepage
rempaillage
remplissage
remuage
ressuage
rhabillage
rivage
rouage
roulage
sage
sarcophage
Sassenage, *g.*
saunage
sauvage
sauvetage
savonnage
saxifrage
sciage (3)

seigneuriage (5)
servage
sevrage
sillage
soufflage
stage
stéréotypage (6)
suffrage
tabarinage
Tage, *g.*
tambourinage
tannage
tapage
tatillonnage
tatouage (4)
témoignage
tirage
tonage (3)
treillage
triage (3)
tricotage
tripotage
tussilage
usage
valetage
vasselage
verbiage (4)
veuvage
village
visage
vitrage
voisinage
volage, *adj.*
voyage

[Verbes]

apanage
arrérage
avantage
contre-gage
décourage
dédommage

dégage
déménage
dévisage
emménage
encage
encourage
endommage
engage
enrage
envisage
étage
fourrage
gage
ménage
nage
ombrage
outrage
partage
présage
propage
ramage
ravage
rencourage
rengage
saccage
soulage
surnage
verbiage (4)
voyage

—— AGME ——
Voir ACHME.

—— AGNE *bref* ——
accompagne, *v.*
Allemagne, *g.*
Ascagne, *np.*
bagne
Bretagne, *g.*
campagne
Cerdagne, *g.*
Champagne, *g.*

Charlemagne, *np.*
Cocagne *(pays de)*
compagne
Espagne, *g.*
Grande-Bretagne
lazagne
Limagne, *g.*
montagne
pagne
Romagne, *g.*
Tourmagne *(grande
tour à Nîmes)*

—— AGNE *long* ——
gagne, *v.*
regagne, *v.*

[Ces deux mots,
quoique longs, riment
avec les précédents.]

—— AGRE ——
chiragre
Méléagre, *myt.* (4)
mentagre
Œagre, *myt.*
onagre
podagre, *s. et a.*

—— AGUE ——
bague
blague
cague, *mar.*
Copenhague, *g.*
dague
drague, *sf.*
madrague
ossifrague
Prague, *g.*
vague, *s. et a.*

[Verbes]

blague

dague
divague
drague
élague
extravague
vague

—— AI, AY, EY ——
monosyll.
Annonay, *g.*
attorney
balai
bai *(cheval).*
Belley, *g.*
bey
Bombay, *g.*
brai, *sm.*
Cambrai, *g.*
déblai
délai
dey,
Douai, *g.*
Dubellay, *np.*
Épernay, *g.*
essai
étai
Ferney, *g.*
frai
gai
geai
Guernesey, *g.*
jockey
hai ! *interj.*
Jersey, *g.*
lai
mai
malai
Mézeray, *np.*
minerai
papegai
Paraguay, *g.*
Parai, *g.*

quai
remblai
Tokay, *g.*
Tournay, *g.*
virelai
vrai

—— AÏ, *dissyll.* ——
Voir I.

——— AID ———
laid
plaid
plaid *(manteau
écossais)*
Voir AIT.

——— AIDE ———
aide, *s. et v.*
laide, *af.*
plaide, *v.*
raide
Voir ÈDE,
où l'e est ouvert.

— AIE, *monosyll.* —
aunaie
baie
boulaie
braie
cannaie
cerisaie
châtaigneraie
chênaie
claie
coudraie
craie
fougeraie
frênaie
fresaie
futaie
gaie

haie (h *asp.*)
houssaie
ivraie
jonchaie
la Haie, *g.*
laie
maie
monnaie
noiseraie
orfraie
oseraie
pagaie
paie
plaie
pommeraie
raie
roseraie
saie
saulaie
saussaie
taie, *tache à l'œil*
taie *(d'oreiller)*
tremblaie
vraie
zagaie

[Plus les terminaisons
semblables des verbes
en *ayer.*]

—— AÏE *et* AYE, ——
dissyll. **prononcé
a-ieu.**
aïe ! *cri de douleur*
Andaye, *g.*
Biscaye, *g.*
Blaye, *g.*
cipaye

—— AÏE *et* AHIE, ——
trisyll.
Achaïe (4)
ébahie (4)

envahie (4)
haïe (h *asp.*) (3)
Isaïe, *np* (4)
trahie (3)

———— **AIGLE** ————
  Voir ÈGLE *et* EIGLE.

———— **AIGNE** ————
baigne, *v.*
craigne, *v.*
châtaigne
contraigne, *v.*
daigne, *v.*
dédaigne, *v.*
Montaigne, *np.*
musaraigne
plaigne, *v.*
saigne, *v.*
Sardaigne, *g.*
  Voir ÈGNE *et* EIGNE.

– **AIGRE** *et* **ÈGRE** –
aigre
allègre
intègre
maigre
nègre
réintègre, *v.*
vinaigre

———— **AIL,** *monosyll.* ————
aiguail
ail
Argail, *np.*
attirail
bail
bercail
bétail
camail
caravansérail
corail

détail
émail
épouvantail
éventail
gouvernail
mail
métail
poitrail
portail
plumail
rail
sérail
soupirail
sous-bail
tramail
travail
vantail, *arch.*
ventail, *blas.*
vitrail

———— **AILE** *et* **AYLE** ————
aile
Bayle, *np.*
      Voir ÈLE.

———— **AILLE,** *dissyll.* ————
antiquaille
baille
basse-taille
bataille
blocaille
broussaille
caille
canaille
crevaille, *pop.*
Cornouaille, *g.* (4)
écaille, *p.*
entaille
fagotaille
faille, *s.*
ferraille
fouaille (2)

futaille
grenaille
grisaille
gueusaille
haute-taille
huaille
intaille
limaille
maille
mangeaille
marmaille
médaille
menuaille (4)
mitraille
moinaille
muraille
ouaille (3)
paille
pierraille
pince-maille
poissonnaille
pretintaille
quincaille
racaille
représaille
retaille
rimaille
ripaille
rocaille
semaille
sonnaille
taille
tenaille
touaille (3)
traille
tripaille
trouvaille
truandaille
vaille que vaille
valetaille
victuaille
volaille

[Verbes]
aille (qu'il), *d'aller*
avitaille
bâille
baille
bataille
brétaille
braille
caille
chamaille
cisaille
couraille
criaille (3)
débraille
défaille
dépaille
déraille
détaille
écaille
écrivaille
émaille
empaille
encanaille (s')
enfutaille
entaille
éraille
faille, *de faillir*
faille, *de falloir*
ferraille
fouaille
godaille
gonaille
grenaille
grisaille
gueusaille
harpaille (h *asp.*)
jouaille
mitraille
piaille
raille
ravitaille
remmaille
rempaille

rimaille
saille, *de saillir*
sonnaille
taille
tenaille
tiraille
tondaille
tournaille
travaille
tressaille
vaille, *de valoir*

—— **AILLES** ——
accordailles
ailles (que tu).
aumailles
brouailles (3)
entrailles
épousailles
fiançailles (4)
funérailles
Noailles, *np.* (3)
relevailles
Versailles, *g.*
Xaintrailles, *np.*

[Plus les pl. des noms
en *aille* et les 2ᵉ pers.
du présent de l'indic.
et du subj. des verbes
en *ailler* et *aillir*.]

—— **AILS** ——
attirails
camails
caravansérails
détails
épouvantails
éventails
gouvernails
mails
métails
poitrails

portails
sérails
tramails
travails

— **AIM, AIN** *et* **EIN** —
Africain
airain
Américain
aubain, *étranger*
bain
Caïn, *np.* (2)
certain
chanfrein
chapelain
châtain
châtelain
contemporain
couvain
daim, *zool.*
dédain
demain
dessein
diocésain (4)
dizain
écrivain
essaim
étaim
étain
faim
forain
frein
fusain
gain
germain (*cousin*)
Germain, *Allemand*
grain
hautain
huitain
humain
incertain
inhumain

Jourdain, *g.*
lendemain
levain
lointain
Lucain, *np.*
main
massepain
merrain
métropolitain
mondain
nain
Napolitain
nonnain
pain
parrain
plantain
plein
poulain
prochain
publicain
puritain
quatrain
refrain
regain
rein
républicain
riverain
Romain
sacristain
sain
Samaritain
sein
serein
sizain
soudain
souterrain
souverain
surhumain
suzerain
sylvain, *myt.*
tain
terrain

terre-plein
train
trentain
ultramontain
urbain
vain
vain (en)
vilain
Vulcain, *myt.*
zain *(cheval)*

Voir les mots en IN, *avec lesquels les précédents riment bien, surtout quand ils sont articulés de même.*

— **AINC** *et* **EING** —
convainc
seing
vainc

—— **AINCRE** ——
convaincre
vaincre

— **AIND** *et* **EIND** —
Voir AINT *et* EINT.

—— **AINDRE** ——
craindre
plaindre
contraindre
Voir EINDRE *et* INDRE.

— **AINE** *et* **EINE** —
aine, *anat.*
Aquitaine, *g.*
Aisne, *riv.*
aubaine
aveine
baleine
bedaine

bourdaine, *bot.*
capitaine
centaine
chaîne
cinquantaine
daine
dégaîne, *sf.*
dizaine
domaine
douzaine
faîne
fontaine
fredaine
futaine
gaine
graine
haine (h *asp.*)
haleine
huitaine
laine
Lorraine, *g.*
Maine (le), *g.*
marjolaine
marraine
métropolitain
migraine
misaine
mitaine
neuvaine
peine
plaine
pleine, *af.*
porcelaine
pretentaine
quarantaine
quintaine
quinzaine
raine
reine
rengaine
romaine
Seine, *riv.*

seine
semaine
soixantaine
tiretaine
Touraine, *g.*
trentaine
Ukraine, *g.*
veine, *anat. et min.*
verveine
vice-reine
vingtaine

[Verbes]
déchaîne
dégaîne
désenchaîne
enchaîne
engaine
entraîne
rengaine
traîne
Voir les rimes en ÈNE,
et les fém. des noms
en ain.

——— **AINS** *et* **EINS** ———
humains
mondains
reins (les)
Voir le plur. des mots
en aim, ain, aint, ein,
eint et in.
Voir aussi les verbes
en aindre et eindre
au présent de l'indicatif.

——— **AINT** *et* **EINT** ———
atteint
déceint, *vm.*
demi-ceint
maint, *adj.*
saint

teint

[Plus divers temps et
personnes des verbes
en *aindre* et *eindre* :
contraint, ceint, etc.]

– **AINTE** *et* **EINTE** –
atteinte
complainte
contrainte
crainte
demi-teinte
empreinte
enceinte
enceinte *(femme)*
empreinte
étreinte
feinte
mainte, *af.*
plainte
restreinte
teinte
Voir les participes
féminins des verbes
en aindre et eindre.

——— **AIR,** *monosyll.* ———
air
chair
clair, *s. et adj.*
contre-vair
éclair
flair
impair
pair
vair
Voir aussi les rimes
en ER *rude qui se*
prononcent comme air.

——— **AÏR,** *dissyll.* ———
Voir IR.

——————— **AIRE** ———————
abécédaire
actionnaire
adjudicataire
adversaire
affaire
agraire *(loi)*
aire *d'une grange*
aire *d'oiseau de proie*
alimentaire
angulaire
anniversaire
annuaire
annulaire
antiphonaire
antiquaire
apothicaire
commissaire
arbitraire
armillaire *(sphère)*
atrabilaire
auriculaire
auxiliaire (5)
Beaucaire, *g.*
belluaire (4)
bestiaire (4)
bibliothécaire (6)
binaire
bréviaire (3)
brumaire
bullaire
Caire, *g.*
calcaire
Calvaire, *g. et lit.*
caniculaires *(jours)*
capillaire *(herbe)*
capitulaire
cartulaire
catilinaire, *r.*

caudataire
célibataire
cellulaire
centenaire
cessionnaire (5)
chaire
chirographaire
cinéraire *(urne)*
circulaire
claire
commentaire
commissionnaire
  (6)
complémentaire
compromissaire
concessionnaire (6)
concubinaire
concussionnaire (6)
confidentiaire (6)
congiaire
consulaire
contraire
convulsionnaire (6)
corollaire
corpusculaire
corsaire
débonnaire
décadaire
démissionnaire
dépositaire
dévolutaire
diamantaire
dictionnaire (5)
dignitaire
dissimilaire
donataire
douaire
dromadaire
élémentaire
émissaire
épistolaire
éventaire

exemplaire
extraordinaire
factionnaire (5)
faire (savoir-)
faussaire
feudataire
fiduciaire (5)
fluxionnaire (5)
fonctionnaire (5)
formulaire
fractionnaire
frimaire
funéraire
funiculaire
garnisaire
glaire
glossaire
grammaire
haire (h *asp.*)
hebdomadaire
héréditaire
honoraire
horaire *(cercle)*
hypothécaire
imaginaire
immobiliaire (6)
incendiaire (5)
incidentaire
indultaire
insulaire
intermédiaire
inventaire
involontaire
itinéraire
janissaire, *soldat turc*
judiciaire
jugulaire, *anat.*
lapidaire
laraire
légataire
légendaire
légionnaire (5)

légitimaire (5)
lenticulaire *(verre)*
libraire
liminaire, *vm., pour*
  préliminaire
linéaire
littéraire
locataire
luminaire
lunaire
maire
mandataire
matricaire
maxillaire, *anat.*
médullaire
mercenaire
miliaire (4)
militaire
millénaire
millionnaire (5)
missionnaire (5)
mobiliaire (5)
molaire *(dent)*
monétaire
mortuaire
mousquetaire
munitionnaire (6)
musculaire, *anat.*
naviculaire, *anat.*
nécessaire
nobiliaire (5)
nominataire
nonagénaire
notaire
numéraire
nummulaire, *bot.*
octogénaire
oculaire *(témoin)*
olivaire
onéraire *(tuteur)*
orbiculaire
ordinaire

30

originaire
ovaire
paire
papillaire
pariétaire (5)
parlementaire
patibulaire
pécuniaire (5)
pédiculaire
pensionnaire (5)
perpendiculaire
persicaire, *bot.*
pétitionnaire (6)
pituitaire
plagiaire (4)
planétaire, *astr.*
plénipotentiaire (7)
poitrinaire, *méd.*
polaire, *ast.*
populaire
précaire
préliminaire
primaire
propriétaire (5)
protonotaire
quadragénaire
quadrangulaire
quinquagénaire
récipiendaire (6)
référendaire
réfractaire
religionnaire (6)
reliquaire
reliquataire
repaire
rétentionnaire (6)
rétiaire (4)
révolutionnaire (7)
rosaire
Sagittaire, *ast.*
salaire
salutaire

sanctuaire
sanguinaire
savoir-faire
scapulaire, *lit.*
secondaire
secrétaire
sectaire
séculaire
sédentaire
séminaire
septuagénaire (6)
sermonaire
sexagénaire
sicaire
solaire
solidaire
solitaire
sommaire
somptuaire *(loi)*
spéculaire
stationnaire (5)
statuaire
stellaire
stellionataire (6)
stipendiaire (5)
suaire
sublunaire
subsidiaire (5)
surnuméraire
syllabaire
téméraire
temporaire
testamentaire
textuaire
titulaire
tortionnaire (5)
traditionnaire
triangulaire (5)
tributaire
tumultuaire (5)
tutélaire
usufructuaire (6)

usuraire
valétudinaire
vasculaire, *anat.*
vendémiaire (5)
vermiculaire (5)
vestiaire (4)
vicaire
vimaire
victimaire
visionnaire (5)
vocabulaire
volontaire
Voltaire, *np.*
vulgaire
vulnéraire *(eau)*

[Verbes]
braire
complaire
contrefaire
défaire
déplaire
distraire
extraire
faire
méfaire
parfaire
plaire
refaire
rentraire
retraire, *t. pal.*
satisfaire
soustraire
surfaire
taire
traire

[Plus les formes
verbales comme]
éclaire
flaire
Voir ÈRE.

——— **AIRS** ———
Voir les noms en air *et er*
rude au pluriel.

——— **AIS** *ou* **AYS** ———
se prononçant eis.
Voir EIS.

——— **AIS,** ———
*où l'*a *conserve sa*
consonance.
Laïs, *np.* (2)
maïs, *blé de Turquie.*
Tanaïs *ou* Don,
    fleuve de Russie (3)
    Voir les noms et
    participes en aï *ou* haï
    au pluriel

——— **AIS** *ou* **AIX** ———
ais, *planche*
Alais, *g.*
Anglais
attraits
biais (1 *ou* 2)
Bourbonnais, *g.*
Calais, *g.*
dadais
dais
désormais
Écossais
engrais
épais
faix
Français
frais
grès, *min.*
Hollandais, *g.*
Irlandais, *g.*
jais, *min.*
jamais, *adv.*
laquais

legs
Lyonnais, *g.* (3)
mais
malais
marais
mauvais
Navarrais
Néerlandais
niais (2)
Nivernais, *g.*
Orléanais, *g.*
ouais ! *excl.* (1)
paix
palais
panais, *bot.*
plaids, *t. pal.*
Polonais, *g.*
Portugais, *g.*
punais
rabais
rais *(rayon)*
relais
Ségrais, *np.*
Vivarais, *g.*

[Verbes]
hais (h *asp.*), *de* haïr,
nais, *de* naître
pais, *de* paître
sais, *de* savoir
    Voir le pluriel des
    noms en ai, ait, ès,
    êt, aist, *etc.*
    Voir aussi les rimes
    en EZ, *qui se prononcent*
    comme ais.

[Plus divers temps de
    tous les verbes :
    aimais, aimerais.]
Voir les verbes en aire
    à l'indic. présent,

1re et 2e pers., et au par-
tic. plur. masc.

——— **AISE, EISE** ———
    et **EIZE**
aise
Blaise, *np.*
braise
chaise
cimaise
déplaise, *v.*
dièse, *mus.*
fadaise
Falaise, *g.*
fournaise
fraise
glaise
malaise *ou* mésaise
mauvaise
mortaise
niaise
punaise
Saumaise, *np.*
seize
treize

[Verbes]
anglaise
apaise
baise
biaise (3)
braise
complaise
déniaise (4)
déplaise
fraise
niaise (3)
plaise
taise
    Voir les rimes en ÈSE
    et ÈZE, *et les fém.*
    des adj. en ais.

——— AISSE ———
baisse
caisse
graisse

[Verbes]
*Voir le subj. des verbes
en aître.*
abaisse
affaisse
baisse
décaisse
dégraisse
délaisse
engraisse
graisse
laisse
naisse
paisse
rabaisse
rengraisse
Voir ESSE, ESCE et ÈCE.

——— AIT bref ———
abstrait, *adj.*
attrait
bienfait
contrefait, *adj.*
extrait
fait
forfait
imparfait
lait
malfait, *adj.*
méfait
parfait
portrait
refait
retrait
souhait (2)
stupéfait, *adj.*
trait, *sm.*

[Verbes]
ait, *d'avoir*
hait (h *asp.*), *de haïr*
  (1)
sait, *de savoir*
*Voir les verbes en aire
au part. masc. et à la
troisième personne du
présent de l'indicatif.
Voir aussi les rimes
en AID et ET.*

——— AIT long ———
connaît
naît
paît
paraît
plaît

[Plus les composés de
ces verbes.]
Voir ÊT long.

——— AITE long ———
faîte, *sm.*
Voir ÊTE long.

——— AITE bref ———
défaite
entrefaites (sur ces)
laite *de poisson*
retraite
traite

[Verbes]
allaite
maltraite
souhaite (3)
traite
*Voir les verbes en aire
au part. fém.*

——— AITRE ———
maître
contremaître
grand maître
petit-maître
traître

[Verbes]
apparaître
comparaître
connaître
disparaître
méconnaître
naître
paître
paraître
reconnaître
renaître
repaître
reparaître
Voir ÊTRE long.

——— AIVE ———
glaive
Voir ÈVE long.

——— AIX dur ———
Voir EX.

——— AL ———
abbatial (4)
abdominal
adverbial (4)
allodial (4)
amical
amiral
animal
annal
Annibal, *np.*
anomal
anormal
arbitral

archal (fil d')
archiépiscopal (6)
armorial (4)
arsenal
arsenical
Asdrubal, *np.*
astral
austral
automnal
aval
bacchanal
bal
banal
bancal
baptismal
bénéficial (5)
bestial
biennal (3)
bocal
boréal
brutal
bursal *(édit)*
cal
canal
canonial (4)
Cantal, *g.*
cantonal
capital
caporal
captal
cardinal
carnaval
central
cérébral
cérémonial (5)
chacal
chenal
cheval
choral
claustral
clérical
collatéral

colonial
colossal
commensal
confessionnal (5)
conjectural
conjugal
continental
cordial (3)
coronal
corporal
costal
cristal
crucial
crural
curial
décennal
décimal
déloyal
diaconal (3)
diagonal (4)
diamétral (4)
diurnal (3)
doctoral
doctrinal
domanial
dominical
dorsal
dotal
ducal
égal
électoral
épiscopal
équinoxial (5)
Escurial (l') (4)
estival
étal
expérimental
fanal
fatal
féal (2)
fécial
fédéral

fémoral
féodal (3)
férial (3)
festival
filial (3)
final
Fingal, *np.*
fiscal
floréal
fondamental
frontal, *s. et adj.*
frugal
Gall *(saint)*
général
génital
géométral
germinal
glacial
grammatical
guttural
Hiempsal, *np.*
hiémal
hivernal
hôpital
horizontal
idéal
illégal
immémorial (5)
immoral
impartial (4)
impérial (4)
inégal
infernal
initial
instrumental
intégral
jovial (3)
journal
Juvénal, *np.*
labial (3)
lacrymal
latéral

légal
libéral
littéral
littoral
local
loyal
lustral
machinal
madrigal, r.
magistral
mal
maniacal (4)
maréchal, artisan,
    nom de dignité.
marginal
marital
martial, adj. (3)
Martial, np. (3)
matinal
matrimonial (5)
matutinal
médial
médical
médicinal
mémorial (4)
mental
méridional (5)
métal
minéral
mistral
monacal
monumental
moral
municipal
mural
musical
nasal
natal
national (4)
naval
nerval
nominal

normal
numéral
nuptial (3)
obsidional
occidental
official (4)
officinal
ogival
oral
ordinal
oriental (4)
original, sm. et a.
pal, blas.
papal
paradoxal
pariétal (4)
paroissial (4)
partial (3)
pascal (temps)
Pascal, np.
pastoral
patriarcal (4)
patrimonial (5)
patronal
pectoral
pénal
piédestal (3)
Portugal, g.
préceptoral
présidial (4)
prévôtal (cas)
prieural (3)
primatial (4)
primordial (4)
principal, sm. et adj.
pronominal
processional (5)
proverbial (4)
provincial (4)
pyramidal
quadragésimal
quadriennal (4)

quintal
radial
radical
rational
rectoral
rénal
régal
rival
royal
ruminal, myt.
rural
sacerdotal
sandal ou santal
seigneurial (4)
sénéchal
Sénégal, g.
sentimental
septentrional (5)
sépulcral
sidéral
signal
social (3)
spécial (3)
spiral
syndical
synodal
théâtral
total
transversal
tribunal
triennal (3)
triomphal (char) (3)
trivial
Upsal, g.
val, vallon
vassal
Vauxhall
végétal
vénal
verbal
vertébral
vertical

vicennal
vicinal
virginal
vital
vocal
zodiacal, *as.* (4)

—————— **ALBE** ——————
Albe, *g.*
Albe (duc d')
galbe

—————— **ALC** ——————
talc

—— **ALD** *et* **ALT** ——
Anhalt, *g.*
cobalt, *métal*
Hérald, *np.*
Réginald, *np.*

—————— **ALDE** —— —
Alde, *np*
scalde

- **ALE** *et* **ALLE** *brefs* -
abbatiale *(mense)*
ale, *bière*
acéphale, *sans tête*
amygdale
annales
astragale, *er.*
Aumale, *g.*
bacchanales, *myt.*
balle
bénéficiale (6)
Bengale, *g.*
bubale
Bucéphale
cabale
cale
cannibale

capitale
cardinale *(vertu)*
cathédrale
cavale
cigale
colossale
conjecturale
conjugale *(foi)*
crotale
cymbale
dalle
décennale
décrétale
Dédale, *np. et s.*
dentale
diagonale (5)
dominicale
écale
équinoxiale *(ligne)*
expérimentale
filiale (4)
finale
fringale
gale
Galle *(noix de)*
générale
Glaciale *(mer)*
grammaticale
gutturale *(lettre)*
halle *(h asp.)*
Héliogabale, *np.* (6)
impériale, *sf, et a.*
   (5)
instrumentale
intervalle
lacrymale
lupercales
lustrale *(eau)*
malle, *coffre*
martiale *(loi)*
martingale
mercuriale

modale
morale
murale *(couronne)*
novale
nuptiale (4)
obsidionale *(cour.)*
   (6)
ombilicale, *an.*
Omphale, *np.*
opale
ovale
palatale
paroissiale (5)
pastorale
pédale
pétale
Pharsale, *g.*
philosophale *(pierre)*
pinéale *(glande)*
primatiale (5)
pluviale (4)
rafale
régale
rixdale
sale
salle
sandale
Sardanapale, *np.*
saturnales
scandale
sépulcrale
spéciale (4)
spirale, *mat.*
succursale
stalle
stationnale (5)
synodale
Tantale, *myt.*
théologale, *lit.*
timbale
transversale
Vandale, *g.*

vestale

[Verbes]

avale
cabale
cale
déballe
dessale
détale
dévale
égale
emballe
empale
étale
exhale
installe
intercale
ravale
régale
sale
signale

[Plus les fém. des
noms en *al*.]

—— ALE *long* ——
Bâle, *g.*
châle, *sm.*
hâle, *s. et v (h asp.)*
mâle
pâle, *adj.*
râle, *s. et v.*

—— ALGUE ——
algue, *herbe mar.*

—— ALME ——
calme, *s. et v.*
palme
scalme, *ma.*
spalme, *s. et v.*

—— ALPE ——
palpe, *s. et v.*
scalpe, *v.*
Alpes, *g.*

[Ce dernier mot rime
avec]
palpes, *s. plur.*
palpes (tu), *v.*
scalpes (tu), *v.*

—— ALQUE ——
calque, *s. et v.*
catafalque
décalque, *s. et v.*
défalque, *v.*
Ménalque, *np.*

—— ALSE ——
valse, *s. et v.*

—— ALTE ——
asphalte, *mi.*
basalte, *mi.*
exalte, *v.*
halte (h *asp.*)
Malte, *île*

—— ALVE ——
bivalve
multivalve
salve
univalve
valve

—— AM *(pr. an)* ——
Adam, *np.*
dam
quidam

—— AM *(pr. ame)* ——
Abraham, *np.*
Amsterdam, *g.*

Balaam
Cham, *np.*
islam
macadam
Nottingham, *g.*
Priam, *np.* (2)
Roboam, *np.*
Rotterdam, *g.*
Siam, *g.* (2)
sélam
Surinam, *g.*
tantam
Wagram, *g.*

—— AMBE ——
ambe
dithyrambe
enjambe, *v.*
flambe, *v.*
ïambe (3)
ingambe, *a.*
jambe
croc-en-jambe

—— AMBLE ——
et EMBLE
amble, *s.*
ensemble
tremble, *sm.*
Zemble, *g.*

[Verbes]
amble, *vx*
assemble
rassemble
ressemble
semble
tremble

—— AMBRE ——
et EMBRE
ambre
cambre, *v.*

chambre, *s. et v.*
antichambre
décembre
démembre
gingembre
membre
novembre
Sambre, *g.*
septembre

——— AME, AMME ———
brefs
Abdérame, *np.*
amalgame
anagramme
Bergame, *g.*
bigame
dame
dictame
drame
épigramme
épithalame
fâme, *vx.*
gamme
gramme
hippopotame
lame
madame
monogame
monogramme
polygame
prame
programme
Pyrame
rame
réclame
trame
tredame
trigame
trou-madame, *jeu*
vidame

[Verbes]
acclame
affame
amalgame
brame
clame
dame
déclame
dédame
diffame
entame
étame
proclame
rame
réclame
trame

——— AME *long* ———
âme
blâme
brahme
flamme
infâme
jusquiame (4)
oriflamme

[Verbes]
blâme
enflamme
pâme

[Plus le pluriel des
prétérits des verbes en
er, pour ceux qui
voudraient rimer au
plur. *aimâmes,
donnâmes.*]

— AMNE *et* ANNE —
Voir ANE.

——— AMP ———
camp
champ
Fécamp, *g.*

— AMPE *et* EMPE —
crampe
détrempe
estampe
hampe
lampe
pampe
rampe
tempe
trempe

[Verbes]
campe
décampe
détrempe
estampe
estampe
lampe
rampe
retrempe
trempe

——— AMPLE ———
et EMPLE
ample
contemple
exemple
temple

——— AMPRE ———
pampre

——— AMPS ———
Voir ANS, ANTS, ENS, ENTS,
EMPS *et* EMPTS.

—— AN *et* EN ——
dont l'e se prononce a.
ahan
Ægipan, *myt.*
albran
alcoran
alderman
alezan
Aman, *np. et s*
an
anglican
Argentan, *g.*
artisan
Astracan, *g.*
autan
ban
bilan
bougran
bouracan
brelan
Buchanan, *np.*
cabestan
cadran
Caen *g.* (1)
caftan
caïmacan
caïman (3)
cancan
capelan
capitan
caraman, *g.*
carcan
Carentan, *g.*
Carignan, *g.*
Castillan
Catalan
catogan
Ceylan, *g.*
chambellan
Chanaan *g.*
charlatan
chenapan

clan
Coriolan, *np.*
cormoran
courtisan
cran
divan
doliman
dolman
Dourdan, *g.*
drogman
écran
élan
élan, *zoo.*
encan
éperlan
Éridan, *Pô.*
faisan
fanfan
fan *(faon)*
firman
forban
gallican
Gévaudan, *g.*
iman
Indoustan, *g.*
Ispahan, *g.*
Jean, *np.*
kan
lac Léman
Liban, *g.*
Magellan, *np.*
mahométan
maman
merlan
Meulan, *g.*
Milan, *ville*
milan, *orn.*
musulman
ortolan
orviétan (4)
Osman, *np.*
ottoman

ouragan
Pan, *myt.*
pan *(paon)*
pan *de mur*
parmesan
partisan
paysan (3)
pélican
Perpignan, *g.*
plan
Racan, *np.*
Rohan, *np.*
roman
Rouen, *g.* (2)
ruban
safran
Satan
Séjan, *np.*
soudan
sultan
talisman
Tamerlan, *np.*
tan
Téhéran, *g.*
titan
Toscan
Trajan, *np.*
trapan
trantran
trépan
Tristan, *np.*
turban
tympan
tyran
van
Vatican
Vauban, *np.*
vétéran
volcan

—— ANC *et* ANG ——
banc
blanc

étang
flanc
franc
franc *ou livre*
Franc, *Français*
orang-outang
rang
sang

— ANCE *et* ENCE —
ANSE *et* ENSE
abondance
absence
abstinence
accointance
accoutumance
adhérence
adolescence
affluence
agence
aisance
allégeance
alliance (4)
ambulance
anse
apparence
appartenance
arrogance
assonance
assistance
assurance
avance
audience (4)
balance
bienfaisance
bienséance
bienveillance
bombance
Byzance, *g.*
cadence
chance
chevance

circonférence
circonstance
clairvoyance
clémence
coexistence (5)
compétence
complaisance
concomitance
concordance
concurrence
condescendance
condoléance
conférence
confiance (4)
confidence
connaissance
connivence
conscience (4)
conséquence
consonance
Constance, *g.*
constance, *sc.*
contenance
continence
contingence
contredanse
convalescence
convenance
convergence
correspondance
corpulence
créance
crédence
croissance
croyance (3)
danse
décadence
décence
déchéance
défaillance
défense
déférence

défiance (4)
délivrance
démence
dense, *a.*
dépendance
dépense
déplaisance
dérogeance
descendance
déshérence
désinence
désobéissance (6)
différence
diligence
disconvenance
discordance
dispense
dissemblance
dissidence
dissonance
distance
divergence
doléance (4)
Durance, *g.*
échéance (4)
effervescence
élégance
éloquence
éminence
enfance
engeance (3)
équipollence
équivalence
espérance
essence
évidence
excellence
excroissance
exigence
existence
expérience (5)
extravagance

exubérance
faïence (3)
fiance, *vm.* (3)
finance
Florence, *g.*
France, *g.*
fréquence
garance
ignorance
immense, *adj.*
impatience (5)
impénitence
impenses
impertinence
importance
imprudence
impudence
impuissance (4)
inadvertance
inclémence
incidence
incompétence
inconséquence
inconsistance
inconstance
incontinence
indécence
indépendance
indifférence
indigence
indolence
indulgence
inexpérience (6)
influence
inhérence
innocence
inobservance
insignifiance
insistance
insolence
insouciance (5)
instance

insuffisance
intelligence
intempérance
intendance
intense, *adj.*
intercadence
intermittence
intolérance
irrévérence
jactance
jouissance (4)
Jouvence
jurisprudence
laitance
lance
licence
lieutenance
magnificence
Mayence, *g.* (3)
malveillance
manigance
méconnaissance
médisance
méfiance (4)
mense, *vm., table*
mésalliance (5)
mésintelligence
mouvance, *t. pal.*
muance, *mus.*
munificence
naissance
négligence
nonchalance
nuance
Numance, *g.*
obéissance (5)
observance
occurrence
offense
opulence
ordonnance
oubliance, *vm.* (4)

outrance (à)
outrecuidance
panse
partance
patience (4)
pénitence
permanence
persévérance
pestilence
pétulance
pitance
Plaisance, *g.*
plaisance *(lieu de)*
potence
prééminence (5)
préférence
prescience (4)
préséance (4)
présence
présidence
prestance
prévoyance (4)
prévenance
protubérance
Provence, *g.*
providence
prudence
puissance
quintessence
quittance
rance, *adj.*
récompense
reconnaissance
recréance, *t. pal.*
redevance
redondance
régence
réjouissance (5)
remembrance, *vm.*
réminiscence
remontrance
renaissance

repentance, *vm.*
répugnance
résidence
résipiscence
résistance
ressemblance
réticence
révérence
romance
science (3)
sapience, *vm.* (4)
séance (3)
semence
sentence
séquence
signifiance (5)
silence
somnolence
souvenance
stance
subsistance
substance
suffisance
surabondance
surintendance
surséance (4)
surveillance
survenance
survivance
tempérance
tendance
Térence, *np.*
tolérance
transcendance
transe
transparence
turbulence
urgence
usance
vacance
vaillance
véhémence (4)

vengeance
vétérance
vigilance
violence (4)
virulence

[Verbes]
accense
agence
avance
balance
cadence
compense
contre-balance
danse
décontenance
dépense
devance
dispense
élance
encense
ensemence
finance
influence
lance
manigance
nuance
panse
pense
recense
récompense
relance
tance

—— ANCHE ——
et ENCHE
anche, *mus.*
avalanche
Avranches, *g.*
blanche, *adj.*
branche
dimanche

éclanche
étanche
franche, *adj.*
hanche (h *asp.*)
Malebranche, *np.*
manche
Manche (la), *g.*
pervenche
planche
revanche
tanche
tranche
Villefranche, *g.*

[Verbes]
déhanche (h *asp.*)
démanche
ébranche
emmanche
endimanche
épanche
étanche
penche
retranche
revanche
tranche

—— ANCRE ——
ancre
cancre
chancre

[Verbes]
ancre
désancre
échancre

— ANCS *et* ANGS —
Voir ANC *et* ANG
au pluriel.

——— **AND** ———
Allemand
Armand, *np.*
brigand
chaland
épand, *v.*
Flamand
friand (2)
Gand, *g.*
gland
goéland, *orn.* (3)
gourmand
grand
Groënland, *g.* (3)
marchand
Normand
quand
répand, *v.*
Roland, *np.*
tisserand
truand

Voir ANT, ENT *et* END.

— **ANDE** *et* **ENDE** —
Allemande
amande
amende
Armande, *np.*
bande
brande
calendes
chalande
commande
contrebande
demande
dividende
friande (3)
girande
glande
gourmande
guirlande
Hollande, *g.*

houppelande
(h *asp.*)
Irlande, *g.*
Islande, *g.*
jurande
lande
lavande
légende
limande
multiplicande
offrande
plate-bande
prébende
propagande
provende
réprimande
sarabande
viande (2)
Zélande, *g.*
    Voir les fém. des
    adjectifs en and.

[Verbes]
achalande
amende
affriande (4)
appréhende
bande
brigande
condescende
contremande
débande
défende
demande
émende
entende
fende
commande
gourmande
mande
marchande
pende

quémande
rende
recommande
redemande
remande
remarchande
réprimande
truande (3)
Voir les verbes en endre
    au subjonctif, excepté
prendre *et ses composés.*

——— **ANDRE** ———
et **ENDRE**
Alexandre, *np.*
Anaximandre, *np.*
Bélandre, *np.*
calandre
Cassandre, *np.*
cendre
coriandre (4)
esclandre
filandre
Flandre
gendre
Léandre, *np.*
malandre
Méandre, *g.*
Ménandre, *np.*
Périandre, *np.*
salamandre
tendre

[Verbes]
appendre
apprendre
attendre
comprendre
condescendre
défendre
dépendre
désapprendre

descendre
détendre
entendre
entreprendre
épandre
étendre
fendre
méprendre (se)
mévendre, *vm.*
pendre
pourfendre
prendre
prétendre
rapprendre
redescendre
refendre
rendre
répandre
reprendre
retendre
revendre
sous-entendre
surprendre
survendre
suspendre
tendre
vendre

———— ANE ————
et ANNE *bref*
anglicane
anglomane
Anne, *np.*
Ariane, *myt.* (4)
Arimane, *myt.*
Aristophane, *np.*
Bactriane, *g.*
balzane
banane
banne
barbacane
basane

bibliomane
cabane
campane
cane
canne
Cannes, *g.*
capitane
caravane
Catane, *g.*
chicane
Cisjurane, *g.*
colophane
courtisane
Ecbatane, *g.*
filigrane
frangipane
gallicane
Lausane, *g.*
liane (3)
mélomane
membrane
métromane
Océane *(mer)*
organe
panne
pavane
paysanne (4)
pertuisane (4)
plane
platane
profane
quadrumane
romane *(langue)*
sarbacane
soutane
sultane
Suzanne, *np.*
tartane
tisane
tocane
Toscane, *g.*
trajane *(colonne)*

tramontane
Transjurane, *g.*

[Verbes]
ahane
boucane
cabane
cancane
chicane
émane
empanne
fane
glane
pane
plane
profane
ricane
suranne, *vx.*
tanne
trépane
vanne

– ANE, ANNE *long* –
Albane, *np.*
âne
arcane
brahmane
condamne, *v.*
coq-à-l'âne
crâne
dame-jeanne
damne, *v.*
Diane (3)
diaphane (4)
dos-d'âne
douane (3)
guide-âne
Jeanne, *np.*
Mandane, *np.*
mânes
manne
Marianne, *np.*

——— ANG ———
Voir ANC.

——— ANGE ———
ange
archange
change
change *(lettre de)*
Coulange, *g. et np.*
échange
étrange
fange
Fontange
frange
Gange, *g.*
grange
lange
lavange
louange
losange
mélange
mésange
Michel-Ange, *np.*
orange
Orange, *g.*
phalange
rechange
vendange
vidange

[Verbes]
arrange
change
démange
dérange
échange
engrange
entre-mange (s')
frange
louange
mange
range

rechange
remange
vendange
venge

——— ANGLE ———
angle *et ses comp.*
sangle

[Verbes]
dessangle
étrangle
sangle

——— ANGUE ———
exsangue
harangue, *sf.*
harangue, *v.*
gangue
langue
mangue
tangue, *v.*

——— ANLE ———
branle, *s. et v.*
chambranle
ébranle, *v.*

——— ANNE ———
Voir ANE.

——— ANQUE ———
banque
blanque
débanque, *v.*
efflanque, *v.*
flanque, *v.*
franque *(langue)*
manque, *s. et v.*
Salamanque, *g.*
saltimbanque
vademanque

——— ANS *et* ENS ———
bans, *vén.*
Catalans, *g.*
céans
cens
dans
dedans
dépens
encens
flans
gens
guet-apens
haubans, *mar.*
Mans (le), *g.*
Orléans, *g.*
sans
sens

[Ajoutez les pluriels des mots en *an, am, amp, anc, and, ang, ant, end, eng, ent,* les mots en *emps,* plus les verbes en *andre* et *endre,* à la 1ʳᵉ et à la 2ᵉ pers. du sing. du prés. de l'indic. et de l'impér.]

——— ANT *et* ENT ———

[Le grand nombre des mots en *and* et *ent* fait qu'ils ne riment exactement dans la poésie soutenue que lorsqu'ils sont précédés de la même lettre. Voici donc ces rimes suivant l'ordre exigé.]

——— bant ———
absorbant
Brabant, *g.*

enjambant
flambant
incombant
regimbant
tombant
Voir les participes
des verbes en per.

———— cant ————
Voir QUANT.

———— çant ————
Voir SANT.

———— chant ————
approchant
attachant
chant
couchant
louchant
méchant
penchant
sachant
tâchant
tachant
touchant
touchant, *prép.*
tranchant
Voir les part. prés.
des verbes en cher.

—— dant *et* dent ——
abondant
accident
accommodant
accordant, *mus.*
adjudant
aidant
antécédent
ardent
ascendant
attendant

brèche-dent
cédant
cependant
chiendent (2)
commandant
concordant
condescendant
confident
consolidant
contendant
contondant
contractant
correspondant
cure-dent
dent
dépendant
descendant
discordant
dissident
évident
excédant, *adj.*
excédent, *s.*
fendant
fondant
imprudent
impudent
incident
indépendant
intendant
mordant
occident
pédant
pendant
perdant
précédent
président
prétendant
prudent
redondant
regardant
rendant
répondant

rescindant
résident
strident
surabondant
transcendant
trident
Voir les participes
des verbes en der *et* dre.

—— éant, *dissyll* ——
béant
bienséant
échéant
fainéant
géant
malséant
mécréant
messéant
néant
séant
suppléant
Voir les participes des
verbes en éer : agréant.

———— fant ————
bouffant
éléphant
enfant
étouffant
infant
olifant
Voir les participes
des verbes en fer.

———— gant ————
adragant
arrogant
élégant
extravagant
fatigant
fringant
gant

interrogant
intrigant
litigant
onguent
suffragant
Voir les participes
des verbes en guer.

—— **geant** *et* **gent** ——
monosyllabes
abstergent
affligeant (3)
agent
argent
assiégeant (3)
astringent
changeant (2)
constringent
contingent
convergent
copartageant (4)
dérogeant (3)
désobligeant (4)
diligent
divergent
émergent
entregent
exigent (3)
gent
indigent
indulgent
insurgent
intelligent
négligent
obligeant (3)
outrageant (3)
partageant (3)
régent
sergent
urgent
Voir les participes
des verbes en ger.

—————— **gnant** ——————
complaignant
contraignant
enseignant
épargnant
gagnant
joignant, *a. et prép.*
plaignant
poignant
régnant
répugnant
résignant
saignant
Voir les participes
des verbes en gner,
aindre *et* eindre.

—— **i-ant** *et* **i-ent** ——
dissyllabes
ambiant
client
communiant
conciliant
confiant
criant
défiant
édifiant
efficient
émollient
escient
étudiant
expédient
falsifiant
impatient
inconvénient
ingrédient
insouciant
justifiant
liant
méfiant
mendiant
mortifiant

négociant
officiant
orient
patient
pliant
quotient
raréfiant
rassasiant
récipient
riant
sanctifiant
signifiant
souriant
suppliant
Voir les participes
des verbes en ier.

—— **lant** *et* **lent** ——
accablant
allant
ambulant
appelant
avalant
ballant
bêlant
branlant
brûlant
cabalant
capitulant
cerf-volant
chancelant
circulant
collant
consolant
corpulent
coulant
croulant
découlant
désolant
dolent
équipollent
équivalent

étincelant
excellent
féculent
flagellant
foulant
galant
indolent
insolent
lent
nonchalant
opulent
oscillant
pantelant
parlant
pestilent
pétulant
plant
postulant
prévalant
purulent
régalant
ressemblant
roulant
ruisselant
salant
sanglant
sanguinolent
semblant
somnolent
stimulant
succulent
talent
tremblant
turbulent
vacillant
valant
vigilant
violent (3)
virulent
volant
voulant

Voir les participes
des verbes en ler.

—— **llant** *où les* ——
ll sont mouillées

assaillant
bienveillant
bouillant
brillant
défaillant
émerveillant
fourmillant
frétillant
malveillant
pétillant
saillant
sémillant
surveillant
taillant
vaillant
veillant

——— **mant** ———
aimant
alarmant
amant
assommant
calmant
charmant
consumant
diamant (3)
diffamant
dirimant
dormant
écumant
fermant
flamant
fumant
infamant
réprimant
Voir MENT.

—— **nant** *et* **nent** ——
abstinent
acoquinant
appartenant
assassinant
attenant
avenant (à l')
avenant, *adj.*
chagrinant
bouillonnant
concernant, *prép.*
consonant
contenant
continent, *adj.*
continent, *s.*
contrevenant
convenant
couronant
covenant
culminant
déclinant
déterminant
dissonant
dominant
éminent
entraînant
entreprenant
étonnant
frissonnant
fulminant
gênant
immanent
imminent
impertinent
inclinant
incontinent
inconvenant
intervenant
lancinant
lieutenant
maintenant
malsonnant

manant
moyennant, *prép.*
   (3)
opinant
ordinant
permanent
ponant *(occident)*
prédominant
prééminent (4)
préopinant (4)
prévenant
proéminant (4)
rayonnant (3)
récriminant
résonnant
revenant
ruminant
sonnant
soutenant
stagnant
surprenant
survenant
tenant
tonnant
tournant
traînant
venant
   Voir les participes
   des verbes en nir, ner
   et leurs composés.

────── **ouant** ──────
   Voir les part. prés.
   des verbes en ouer.

──── **pant** *et* **pent** ────
arpent
clopin-clopant
jappant
coupant
occupant
participant

pimpant
rampant
repent (se)
sacripant
serpent
   Voir les participes
   des verbes en per *et*
   ompre, *et leurs*
   composés.

────── **phant** ──────
   Voir FANT.

──── **quant, quent** ────
   et **cant**
attaquant
clinquant
communiquant
confisquant
conséquent
convaincant
croquant
délinquant
disloquant
éloquent
fabricant
fréquent
inconséquent
marquant
mordicant
piquant
prédicant
quant, *adv.*
suffocant
trafiquant
vacant
vainquant
   Voir les participes
   des verbes en quer.

──── **rant** *et* **rent** ────
adhérent
afférent

altérant
apparent
aspirant
attirant
belligérant
cathédrant, *inu.*
célébrant
colorant
concurrent
conquérant
consacrant
considérant
déchirant
déférant
délibérant
demeurant
dévorant
différent
enquérant
entrant
errant
expectorant
exubérant
figurant
flagrant
garant
gérant
ignorant
impétrant
indifférent
inhérent
intempérant
intolérant
mourant
occurrent
odorant
odoriférant
offrant
ouvrant
parant
parent
pénétrant

persévérant
prépondérant
récalcitrant
réfrigérant
remontrant
rentrant
requérant
restaurant
tempérant
tirant
tolérant
torrent
transparent

*Voir les participes
des verbes en* rer.

—— **sant, sent cend** ——
et **cent** *dont
la prononciation
est ferme*

aboutissant
absent
accent
adjacent
adolescent
adressant
affaiblissant
agaçant
amortissant
agissant
appétissant
assortissant
assoupissant
assujettissant
attendrissant
avilissant
blanchissant
brandissant
cent
caressant
chérissant
commerçant

consent, *v.*
compatissant
croissant, *adj.*
croissant, *s.*
  (empire du).
croupissant
décent
descend, *v.*
désobéissant (5)
divertissant
éblouissant (4)
embarrassant
embrassant
fleurissant
florissant
glapissant
glissant
impuissant (3)
indécent
innocent
intéressant
jaunissant
jouissant (3)
languissant
lassant
méconnaissant
naissant
nourrissant
obéissant (4)
offensant
pâlissant
passant
pensant
perçant
pressant
pressent, *v.*
puissant
rafraîchissant
ravissant
récent
reconnaissant
réjouissant (4)

resplendissant
ressent, *v.*
ressortissant
rugissant
salissant
sent, *v.*
spinescent, *bot.*
tout-puissant
versant

—— **sant** *et* **sent** ——
*dont la prononciation
est douce*

agonisant
amusant
baptisant
biaisant
biendisant (3)
bienfaisant (3)
causant
cicatrisant
complaisant
contredisant
déplaisant
déposant
exposant
imposant
insuffisant
luisant (2)
malfaisant
médisant
méprisant
opposant
pesant
plaisant
présent, *s. et adj*
présent (à)
proposant
rasant
reluisant (3)
satisfaisant
séduisant (3)

50 ANT

suffisant

– **tant, tent** *et* **tend** –
acceptant
arc-boutant
assistant
attristant
autant
battant
broutant
chantant
combattant
commettant
compétent
comptant
concertant
concomitant
consentant
consistant
constant
consultant
content
contestant
contractant
contant
coûtant *(prix)*
débitant
débutant
dégoûtant
dégouttant
distant
dépistant
éclatant
entend, *v.*
étant
étend, *v.*
excitant
existant
exorbitant
exploitant
flottant
habitant

humectant
impénitent
important
impotent
incompétent
inconstant
instant, *am.*
instant (à l')
intermittent
irritant
latent
luttant
mécontent
méritant
montant
nécessitant
nonobstant
palpitant
partant
pénitent
permutant
persécutant
pourtant, *adv.*
prétend, *v.*
protestant
ragoûtant
rebutant
repentant
répercutant
représentant
sanglotant
tant
tend
tentant
tourmentant
traitant
tremblotant
végétant

*Voir les participes
des verbes en* ter, atre,
être, *et d'une partie
de ceux en* tir.

—— **vant** *et* **vent** ——
abrivent
aggravant
avant, *prép. sm.*
au-devant
avent
auparavant
auvent
Bénévent, *g.*
bravant
connivent
contrevent
couvent
décevant
devant, *prép.*
dissolvant
dorénavant
évent
évent (tête à l')
fervent
levant
paravent
passavant
poursuivant
rêvant
savant
servant
desservant
souscrivant
souvent, *adv.*
survend, *v.*
survivant
vend, *v.*
vent
vivant

[Plus les part. prés.
des verbes en *ver et*
ceux-ci :]
apercevant
buvant
circonscrivant
concevant

décrivant
devant
écrivant
émouvant
inscrivant
mouvant
percevant
pleuvant
poursuivant
recevant
redevant
transcrivant

—— uant *et* uent ——
affluent
atténuant
chat-huant, *or.*
concluant
confluent
constituant
gluant
insinuant
puant
remuant
suant
tuant

Voir les participes
des verbes en uer.

——— yant ———
aboyant
attrayant
bruyant
clairvoyant
croyant
délayant, *sm.*
effrayant
flamboyant
foudroyant
fuyant
grasseyant
grossoyant

larmoyant
payant
prévoyant
retrayant
soudoyant
verdoyant
voyant
  voir les verbes en yer.

[Plus les participes
d'une partie des
verbes en *aire.*]

— **ANTE** *et* **ENTE** —
acanthe
Alicante, *g.*
amarante
amiante
appétissante
aspirante
Atalante, *myt.*
attente
bacchante, *myt.*
béante *(gueule)*
cinquante
conséquente
consonante
corybante
courante
croquante
Dante, *np.*
descente
détente
diligente
dominante
édifiante (5)
efficiente (5)
émouvante
ente d'arbre
entente
enivrante
épouvante

effervescente
fente
fiente
flamboyante
fringante
galante
gouvernante
innocente
intendante
intermittente *(fièvre)*
jaillissante
jante *de roue*
lente
Lépante, *g.*
mante
marquante
médiante, *mus.*
menthe, *bot.*
mévente
militante *(église)*
octante
Otrante, *g.*
nonante
patente
pédante
pénitente
pente
plante
postulante
quarante
rente
revente
Rhadamante, *myt.*
rossinante, *rosse*
roulante
septante
Septante (les)
servante
sirvente
soixante
soupente
suivante

suppliante (4)
survente
sycophante
tangente, *mat.*
tante
tente
tourmente, *s. et v.*
trente
variante
vente
Xanthe, *g.*
Zante, *g.*

> *Voir les féminins des
> noms en* ant *et* ent.
> *Voir les participes
> féminins de presque
> tous les verbes.*

[Verbes]
absente (s')
aimante
argente
argumente
arpente
attente
augmente
brillante
brocante
chante
charpente
cimente
commente
complimente
consente
contente
décante
déchante
dégante
démente
déplante
désenchante
désoriente (5)

diligente
édente
enchante
enfante
enrégimente
ensanglante
épouvante
évente
exempte
expérimente
fermente
fomente
gante
hante
impatiente (5)
implante
innocente
instrumente
invente
lamente (se)
mécontente
médicamente
oriente (s')
parlemente
passemente
patiente (4)
pédante
plaisante
plante
présente
pressente
régente
repente (se)
replante
représente
ressente
retente
serpente
supplante
sustente
tente
tourmente

vante
vente
violente (4)

——— ANTRE ———
et ENTRE

antre
centre
chantre
diantre (2)
entre, *prép.*
ventre

[Verbes]
concentre
entre
éventre
rentre

——— ANVRE ———

chanvre
Vanvre, *g.*

— AP (p *sonore*) —

cap.
cap (de pied en)
Cap, *g.*
Gap, *g.*
hanap (h *asp.*), *vx.*
jalap

— AP (p *insonore*) —

drap

——— APE ———

agape
antipape
attrape
cape
chape
escape
Esculape, *myt.*

étape
étrape
grappe
happe
nappe
pape
Priape, *myt.* (3)
râpe *(long)*
sape
satrape
soupape
tape
trappe
Trappe (la)

[Verbes]
attrape
décape
détape
drape
échappe
égrappe
frappe
happe (h *asp.*)
jappe
lape
râpe *(long)*
rattrape
retape
sape
tape

———— APHE ————
Voir AFE.

———— APHTE ————
aphte
naphte

———— APLE ————

[Quelques noms de
villes dont on peut

supprimer le *s*,
comme :]
Naples

———— APRE ————
âpre
câpre
diapre
malapre, *impr.*

———— APS ————
laps de temps
relaps
Voir les noms en ap
*au pluriel, en observant
que le s s'y prononce
un peu.*

———— APT ————
Apt, *g.*
rapt.

———— APTE ————
adapte, *v.*
apte, *propre, a.*
capte, *v.*

———— AQUE *bref* ————
ammoniaque (5)
Andromaque, *np.*
attaque
baraque
caque
braque
caraque
cardiaque (4)
craque, *pop.*
casaque
céliaque (4)
claque
cloaque (3)
cosaque
craque, *pop.*

démoniaque (5)
Eaque, *myt.* (3)
élégiaque (5)
flaque *d'eau*
hypocondriaque
    (6)
Ithaque, *g.*
laque, *gomme.*
Lampsaque, *g.*
macque
maniaque (4)
opaque
patraque
plaque
polaque
sandaraque
Simmaque, *np.*
simoniaque (5)
syriaque (le) (4)
taque
Télémaque, *np.*
thériaque (4)
valaque
zodiaque

[Verbes]
attaque
baraque (se)
bivouaque (3) *ou*
    bivaque
braque
claque
craque, *pop.*
détraque
encaque
estomaque (2)
flaque
plaque
taque, *impr.*
traque
vaque

—— **AQUE** *long* ——
Jacques, *np.*
Pâque *ou* Pâques

———— **AR** ————

[Beaucoup de noms
propres d'hommes ou
de villes ont cette
terminaison.]
Abuffar, *np.*
Agar
Bar, *g.*
Balthasar, *np.*
bazar
Calmar, *g.*
cauchemar
César, *np.*
char
Colmar, *g.*
coquemar
czar *ou* tzar
dollar
Escobar, *np.*
Gibraltar, *g.*
hangar (h *asp.*)
hospodar
instar (à l')
Malabar, *g.*
nectar
nénuphar
Omar, *np.*
par, *prép.*
Putiphar, *np.*
tatar, *vulg.* tartare
Trafalgar, *g.*
Var, *g.*

———— **ARBE** ————
Barbe, *s. et np.*
barbe *(cheval)*
barbe (sainte-), *mar.*

ébarbe, *v.*
joubarbe
rhubarbe
Tarbes, *g.*

———— **ARBRE** ————
arbre
marbre

———— **ARC** ————
arc
Danemark, *g.*
Marc, *np.*
marc, *poids*
parc

— **ARCE** *et* **ARSE** —
éparse, *af.*
farce, *s.*
farce, *v.*
garce
tarse *anat.*
Tharse, *g.*

———— **ARCHE** ————
arche
démarche
Marche (la), *g.*
marche, *degré*
marche, *mus.*
marche, *v.*
patriarche

— **ARD** *et* **ART** —
Abélard, *np.*
à-part
art
babillard
bâtard
bavard
Bayard, *np.*
Bernard, *np.*

bézoard, *zool.*
billard
blafard
boulevard
braillard
brancard
braquemart
brassart
brocard
brocart, *étoffe*
brouillard
buvard
cafard
cagnard
camard
campagnard
canard
colin-maillard
corbillard
cornard
couard (2)
criard (2)
cuissart
dard
départ
écart
égard
égrillard
épinard
étendard
fard
foulard
frétillard
frocard, *moine*
fuyard (2)
gaillard
goguenard
hagard (h *asp.*)
hart, *sf.* (h *asp.*)
hasard (h *asp.*)
homard (h *asp.*)
houssard (h *asp.*)

jaquemart
jobard
jumart, *zool.*
lard
Léonard *(saint)*
léopard
lézard
liard (1)
mignard
milliard (3)
montagnard
mouchard
musard
nard *(parfum)*
nasillard
paillard
papelard
part
part (il), *v.*
penard *(vieux)*
pendard
pétard
pillard
placard
plupart (la)
poignard
poupard
puisard (2)
quart
regard
rempart
renard
repart, *de repartir*
retard
richard
Ronsard, *np.*
soudard
soulard, *pop.*
Stuttgard, *g.*
tard
têtard
tranchelard

traquenard
vantard
vétillard
vieillard (2)

———— **ARDE** ————

arrière-garde
avant-garde
barde
bâtarde
bombarde
carde *(légume)*
carde *à carder*
cocarde
corps de garde
écharde
gaillarde
garde
guimbarde
hallebarde (h *asp.*)
harde (h *asp.*)
lézarde
mansarde, *ar.*
mégarde
moutarde
nasarde
outarde, *ornit.*
poissarde
arde, *vm.*
poularde
sarde
sauvegarde

[Plus les féminins des
noms en *ard*.]

[Verbes]
acagnarde (s')
barde
bavarde
billarde
bombarde

brocarde
cagnarde
canarde
carde
débarde
escobarde
farde
garde
goguenarde
hasarde
larde
lézarde
liarde
mignarde
moucharde, *pop.*
nasarde
pétarde
placarde
poignarde
regarde
retarde
tarde

———— **ARDRE** ————

ardre, *vm., brûler*

—— **ARE** *et* **ARRE** ——

[La plupart de ces
mots sont tantôt longs
et tantôt brefs, mais
plutôt longs que
brefs.]

acare
are *et ses composés*
arrhes
avare
bagarre
barbare
barre, *sf.*
barres, *jeu.*
bécarre, *mus.*
bizarre

Briare, *g.* (3)
Bulgare
Carrare
catarrhe
escarre
fanfare
Ferrare, *g.*
gabare, *bateau plat et large*
gare, *interj.*
gare, *sf.*
guitare
Icare, *np.*
ignare
Lare, *myt.*
Lesparre, *g.*
mare
Mégare, *g.*
Navarre, *g.*
Novare, *g.*
ovipare
phare
Pindare, *np.*
Pizarre, *np.*
simarre
Tarare, *g.*
tare, *sf.*
tartare, *myt.*
Ténare, *myt.*
tiare (3)
tintamarre
Tyndare, *myt.*
vivipare

[Verbes]
accapare
acare
amarre
arrhe
barre
bigarre
carre (se)

chamarre
compare
contrecarre
débarre
déclare
démarre
dépare
désempare
effare
égare
empare (s')
gare (se)
narre
pare
rembarre
répare
rempare, *vm.*
sépare
tare

—— ARGE ——
Barge
charge
décharge
large
litharge
marge
surcharge
targe

[Verbes]
charge
décharge
émarge
recharge
surcharge

—— ARGNE ——
épargne, *sf.*
épargne, *v.*

—— ARGUE ——
argue, *sf.*
argue, *v.*
boutargue
Camargue, *g.*
cargue, *mar.*
largue *(vent)*, *mar.*
largue *(faire)*, *mar.*
nargue, *s.*
nargue, *v.*
subrécargue, *mar.*
targue (se), *v.*

—— ARLE ——
Arles, *g.*
Charles, *np.*
parle, *v.*
déparle, *v.*
reparle, *v.*

—— ARME ——
alarme
arme
armes, *armoiries*
carme
charme
charme, *arbre*
gendarme
larme
Parme, *g.*
vacarme

[Verbes]
alarme
alarme (s')
arme
charme
désarme
gendarme (se)

—— ARN ——
Béarn, *g.*
Tarn, *g.*

——— **ARNE** ———
acharne, *v.*
décharne, *v.*
incarne (s'), *v.*
lucarne
marne
Marne, *g.*
marne, *v.*

——— **ARPE** ———
carpe, *poisson*
contrescarpe, *a.m.*
écharpe
harpe (h *asp.*)
Laharpe, *np.*

[Verbes]
écharpe
escarpe
harpe (h *asp.*)

——— **ARQUE** ———
Aristarque, *np.*
Arques, *g.*
contremarque
exarque
hérésiarque (5)
marque
monarque
parque
Pétrarque, *np.*
Plutarque, *np.*
polémarque
remarque
tétrarque

[Verbes]
arque
contremarque
débarque
démarque
embarque

marque
parque
remarque
rembarque

——— **ARS** ———
ars, *anat.*
épars
jars
gars
Mars, *myt.*
Mars, *planète*
mars, *mois*
mars, *agr.*
Thouars, *g.*
Villars, *np.*

[Plus les pluriels des
mots en *ar, art* et *ard.*]

——— **ARSE** ———
Voir ARCE.

——— **ART** ———
Voir ARD.

——— **ARTE** ———
Bonaparte, *np.*
carte
charte
Descartes, *np.*
marte, *zool.*
Marthe, *np.*
pancarte
Parthe, *g.*
quarte *(fièvre)*
Sparte, *g.*
tarte

[Verbes]
écarte
parte, *de partir*

——— **ARTRE** ———
chartre, *prison*
chartres, *titres*
Chartres, *g.*
dartre
martre, *zool.*
Montmartre, *g.*
tartre

——— **AS** ———
Adonias, *np.*
Agésilas, *np.*
amas
ananas, *bot.*
appas
Arras, *g.*
as *du jeu de cartes*
as, *de avoir*
as, *anc. monnaie*
atlas
Atlas, *np.*
Barrabas, *np.*
bas
bras
brouas, *sm.*
cabas
cadenas
Calchas, *np.*
canevas
cannelas
cas
cervelas
chasselas
Colas, *np.*
compas
coutelas
Damas, *g.*
échalas
embarras
entrepas, *manège*
Epaminondas, *np.*
Eurotas, *g.*

Ezéchias

Ezéchias, *np.* (4)
fatras
fier-à-bras
frimas
galetas
galimatias (5)
glas
gras
haras
hélas
hypocras
Hylas, *np.*
Joas, *np.*
Jonas, *np.*
Judas, *np.*
lacs, *filet (pr. la)*
las, *interj.*
las
lilas
Madras, *g.*
Marsyas, *myt.* (3)
matelas
Ménélas, *np.*
Midas, *m.*
pallas, *m.*
pas
plâtras
ramas
ras
rats *(mort aux)*
repas
sas, *tamis*
soulas, *vm.*
taffetas
tas
Thomas, *np.*
trépas
Vaugelas, *vp.*
verglas
Voir les pluriels des noms en at *et en* a, *et la seconde*

personne du prétérit des verbes en er.

[Nous n'avons pas séparé *as* sonore de *as* insonore, puisque l'usage est de les faire rimer.]

——— **ASE** ———
Voir AZE.

——— **ASME** ———
asthme
cataplasme
enthousiasme (5)
Érasme, *np.*
marasme
miasme (3)
pléonasme
sarcasme
spasme

——— **ASPE** ———
Campaspe, *np.*
Hydaspe, *g.*
jaspe, *s.*
jaspe, *v.*

——— **ASQUE** ———
où le s se prononce
basque
bourrasque
casque
fantasque
flasque
frasque, *vx.*
masque
masque, *v.*
tarasque

——— **ASSE** ———
Voir ACE.

——— **AST** ———
toast *(pr. toste)*
Voir OST.

——— **ASTE** ———
Acaste, *np.*
baste !
caste
céraste
chaste
contraste
dynaste
ecclésiaste (5)
enthousiaste (5)
faste, *sm.*
fastes, *annales*
gymnaste
haste
iconoclaste
Jocaste, *np.*
néfaste
scoliaste (4)
Théophraste, *np.*
vaste

[Verbes]
contraste
décaste, *néol.*
dévaste

——— **ASTHME** ———
Voir ASME.

——— **ASTRE** ———
où le s se prononce
astre
cadastre
Castres, *g.*
désastre
hypogastre
piastre (2)
pilastre

Zoroastre, *np.*

——— **AT** *long* ———
appât
bât *de mulet*
dégât
mât

[Plus la 3e pers. du
singulier du subjonctif
dans les verbes en *er* :
qu'il aimât.]

——— **AT** *bref* ———
ab intestat
achat
aérostat (4)
altercat, *sf.*
alternat
apostat
apparat
archidiaconat, *lit.*
(6)
archiépiscopat (6)
asiarcat
assassinat
assignat
attentat
avocat
bat, *v.*
béat
burat
calfat
califat, *n.d.*
candidat
canonicat
carat *ou* karat
cardinalat
Carlstat, *g.*
castrat
Catinat, *np.*
cérat
cédrat, *b.*

célibat
certificat
chat
chocolat
citronat
combat, *s. et v.*
concordat
consulat
contrat
crachat
débat, *s. et v.*
décemvirat
décanat
délicat
diaconat (4)
doctorat
ducat
ébat (s'), *v.*
éclat
économat
électorat
entrechat
épiscopat
état
fat
forçat
format
généralat
Goliath
goujat
grabat
grenat
immédiat (4)
incarnat
ingrat
interrogat, *t. pal.*
légat
magistrat
magnat
mandat
marquisat
mat, *échec et mat*

mat, *adj.*
médiat
muscat
notariat (4)
noviciat (4)
oblat, *vm.*
odorat
opiat
orgeat
péculat
pissat
plagiat (3)
plat
plat, *adj.*
pontificat
potentat
préceptorat
primat
pugilat
rabat
rabat, *v.*
rachat
rat
renégat
résultat
rosat
sabbat
scélérat
secrétariat
sénat
soldat
spath, *min.*
stellionat (4)
syndicat
tribunat
triennat (3)
triumvirat (4)
verrat
vicariat (4)
vivat, *le* t *se fait sentir*

——— **ATE** bref ———
acrobate
agate
Agathe, np.
antidate
aristocrate
aromate
autocrate
automate
batte
casemate, sm.
chatte
cravate
Croate, g. (3)
cul-de-jatte
datte
démocrate
disparate, s. et adj.
écarlate
Érostrate, np.
Euphrate, g.
frégate
Harpocrate, myt.
Hécate, myt.
Hippocrate, np.
homéopathe (5)
ingrate
Isocrate, np.
jatte
latte
Mithridate, np.
natte
omoplate
ouate (3)
patate
patte
pénates
pirate
plate
rate
Sarmate ou Polonais
savate

Socrate, np.
sonate
Sostrate, np.
Tyridate, np.
Vulgate

[Plus les féminins des
adjectifs en at :
délicate, etc.]

[Verbes]
acclimate
antidate
batte
calfate
constate
contredate
contre-latte
date
dénatte
dérate, po.
dilate
éclate
épate, po.
flatte
gratte
natte
pirate
postdate
rate
regratte

——— **ATE** long ———
hâte
pâte
Pilate, np.

[Plus pour rimer au
pluriel les prétérits
des verbes en er,
limâtes, tombâtes, etc.]

[Verbes]
bâte
démâte
embâte
gâte
mâte
tâte

——— **ATRE** bref ———
quatre

[Verbes]
abattre
battre
combattre
débattre
ébattre (s')
rabattre
rebattre

——— **ATRE** long ———
acariâtre
albâtre
amphithéâtre
âtre, foyer
bellâtre
blanchâtre
bleuâtre
douceâtre
écolâtre
emplâtre
folâtre
gentillâtre
grisâtre
jaunâtre
idolâtre
marâtre
mulâtre
noirâtre
olivâtre
opiniâtre (5)
pâtre
plâtre

rougeâtre
roussâtre
saumâtre
théâtre
verdâtre

[Verbes]

châtre
emplâtre
folâtre
idolâtre
opiniâtre (s') (5)
plâtre
replâtre

—— AU *et* EAU ——
monosyllabique

agneau
aloyau (3)
anneau
appeau
arbrisseau
arceau
baleineau
baliveau
bandeau
barbeau
bardeau
barreau
bâtardeau
bateau
beau
bécasseau
bedeau
berceau
blaireau
bluteau
Boileau, *np.*
boisseau
bordereau
bouleau
bourreau

boyau (2)
bureau
burgau, *conchyl.*
cadeau
cailleteau
carpeau
carreau
caveau
cerceau
cerneau
cerveau
chaîneau
chalumeau
chameau
chapeau
chapiteau
château
chaudeau
chevreau
ciseau
copeau
corbeau
cordeau
coteau
couteau
créncau
cuveau
damoiseau
dindonneau
doubleau
drapeau
eau
écheveau
écriteau
escabeau
étau
étourneau
faisandeau
faisceau
fardeau
fauconneau
flambeau

fléau (2)
fourneau
fourreau
fricandeau
friponneau
fuseau
gâteau
gluau (2)
godelureau
godiveau
gruau (2)
grumeau
hameau (h *asp.*)
hobereau (h *asp.*)
hoyau (h *asp.*)
jambonneau
jouvenceau
joyau
jumeau
lambeau
Landernau, *g*
lapereau
larronneau
linteau
lionceau (3)
liteau
louveteau
manteau
maquereau
marteau
moineau
monceau
morceau
museau
naseau
niveau
nouveau
oiseau
ormeau
panneau
paonneau (2)
panonceau

passereau
pastoureau
peau
perdreau
pigeonneau
pilau
pinceau
pipeau
plateau
plumasseau
poétereau (4)
pommeau
ponceau
porreau *ou* poireau
poteau
pourceau
préau (2)
pruneau
radeau
rameau
râteau
renardeau
renouveau
réseau
rideau
rondeau
rouleau
roseau
rousseau, *adj.*
ruisseau
sarrau *ou* sarrot
sautereau
sceau (1)
seau
serpenteau
soliveau
souriceau
sureau, *bot.*
tableau
tasseau
taureau
terreau

tombeau
tombereau
tonneau
Tourangeau, *g.*
tourteau
traîneau
tréteau
troupeau
trousseau
trumeau
tuyau (2)
tyranneau
vaisseau
vanneau, *orn.*
veau
vermisseau
vipereau
verseau, *astr.*
volereau

——— **AUBE** ———
aube *du jour*
aube *de prêtre*
Aube, *g.*
daube, *sf. et v.*
        Voir OBE.

——— **AUCE** ———
Voir OSSE *long.*

——— **AUCHE** ———
débauche
ébauche
gauche, *a. et sf.*

        [Verbes]
chevauche
débauche
ébauche
embauche

fauche
        Voir OCHE.

——— **AUD** ———
Voir AUT.

——— **AUDE** ———
Aude, *g.*
Bagaudes (*hist.*)
baguenaude
blaude
chiquenaude
Claude, *np.*
émeraude
fraude
gaude
laudes
main chaude
maraude

[Plus les féminins des
adjectifs en *aud.*]
        Voir ODE.

        [Verbes]
badaude
bagnenaude
clabaude
échafaude
échaude
fraude
galvaude, *vm.*
maraude
minaude
nigaude
ravaude
taraude

——— **AUFFE** ———
chauffe, *v.*
échauffe, *v.*

réchauffe, *v.*

—— **AUFRE** ——
gaufre, *s. et v.*
    Voir OFFRE.

—— **AUGE** ——
auge
bauge
jauge, *s. et v.*
patauge, *v.*
sauge

—— **AULE** ——
    Voir OLE long.

—— **AUME** ——
    Voir OME long.

—— **AUNE** ——
    Voir ONE long.

—— **AUPE** ——
gaupe, *pop.*
taupe, *zool.*
tope, *v.*

—— **AURE** ——
    Voir ORE.

—— **AUQUE** ——
glauque
Pédauque (reine)
rauque

—— **AUS** ——
    Voir AUX.

—— **AUSE** ——
    Voir OSE.

—— **AUSSE** ——
    Voir OSSE long.

— **AUT** *ou* **AUD** —
artichaut
assaut
badaud
boucaut
cabillaud
chaud
clabaud
courtaud
crapaud
défaut
échafaud
Escaut, *g.*
faut, *de falloir*
faut, *de faillir*
finaud
grimaud
Hainaut, *g.* (h *asp.*)
haut (h *asp.*)
Hérault, *g.*
levraut
lourdaud
maraud
mauricaud
nigaud
noiraud
pataud
penaud
Pétaud (le roi)
prévaut, *v.*
quartaut
quinaud
Quinault, *np.*
réchaud
ressaut, *arch.*
ribaud
rougeaud
rustaud
saut

soubresaut
sourdaud
sursaut
taraud
trigaud
vaut, *v.*
    Voir les mots en OT
      long.

—— **AUTE** ——
    Voir OTE.

—— **AUTRE** ——
    Voir ÔTRE.

— **AUVE** *ou* **OVE** —
alcôve
chauve
fauve
guimauve
innove, *v.*
mauve
ove, *arch.*
renove, *v.*
sauve, *af. et v.*

—— **AUVRE** *ou* ——
    OVRE
Hanovre, *g.*
pauvre

— **AUX, AULX,** —
    EAUX
apparaux
aulx, *plur. d'ail*
arceaux
bestiaux (3)
Bordeaux, *g.*
carreaux
cerceaux
cerneaux
chaux
ciseaux

Cîteaux, *g.*
Clairvaux, *g.*
déchaux
Desbarreaux, *np.*
Despréaux, *np.*
dotaux *(biens)*
émaux, *blas.*
Esquimaux
fabliaux
faux, *sf.*
faux, *s. et am.*
faux, *v.*
gémeaux
gerfauts
jumeaux
matériaux (4)
maux
Meaux, *g.*
nominaux
nuptiaux (3)
oiseaux
pénitentiaux (5)
piédestaux (3)
préjudiciaux (5)
prévaux, *v.*
réaux (2)
Roncevaux, *g.*
sénéchaux
signaux
surtaux
taux
vaisseaux
vanneaux
vantaux
vaux, *v.*
vaux *(monts et)*
végétaux
vitaux *(esprits)*
vitraux

[Ajoutez le plur.
d'une partie des mots
en *al* et *ail*, celui des

mots en *au, aud,*
aut, eau]
Voir OTS.

———— **AVE** ————

aggrave
angusticlave
architrave
Batave, *g.*
bave
betterave
brave, *s. et adj.*
burgrave
cave, *s. et adj.*
concave
conclave
enclave, *s. et v.*
entrave, *s. et v.*
épave
esclave
gave
grave, *v. et adj.*
Gustave, *np.*
hâve
landgrave
laticlave
lave, *sf.*
margrave
Moldave, *g.*
Morave, *g.*
Octave, *np.*
octave, *mus.*
rave
rhingrave
Scandinave, *g.*
Slave, *g.*
suave

[Verbes]
aggrave
bave
brave

cave
décave
délave
dépave
déprave
emblave
encave
enclave
engrave (s')
entrave
grave
lave
pave
repave

———— **AVRE** ————

cadavre
havre (h *asp.*)
navre, *v.*

———— **AX** ————

Ajax, *np.*
anthrax
Astyanax, *np.*
borax, *chim.*
contumax
Dax, *g.*
Pertinax, *np.*
Syphax, *np.*
thorax

———— **AXE** ————

Araxe, *g.*
axe
malaxe, *v.*
parallaxe
relaxe, *v.*
Saxe, *g.*
syntaxe
taxe, *s. et v.*

AZE.

———— **AY** ————
Voir AI.

———— **AYE** ————
Voir AIE.

———— **AZ** ————
gaz

[Ce mot n'a pas
d'homophone exact
et ne rime que par
tolérance avec les
mots en *as* où *s* se
prononce.]

——— **AZE** *ou* **ASE** ———
Anastase, *np.*
antiphrase
Ases, *myt.*
base
case

Caucase, *g.*
crase
Damase, *np.*
emphase
épitase
extase
gaze
Gelase, *np.*
gymnase
hase (h *asp.*)
Métastase, *np.*
occase, *ast.*
Oromaze, *myt.*
Pégase, *myt.*
périphrase
pétase, *sm. ant.*
Phase, *g.*
phase, *ast.*
phrase
protase
rase *(table)*

topaze
ukase
vase, *sm.*
vase, *sf.*

[Verbes]
arase, *arch.*
base
blase
case
ébrase
écrase
embrase
évase
gaze
jase
paraphrase
phrase
rase
transvase

É

---------- **E** ----------

hé ! *ou* eh !

---------- **aé** ----------

Aglaé, *np.*
Danaé, *myt.*
Pasiphaé, *myt.*
Tycho-Brahé, *np.*

[La rareté de cette
rime, qui n'offre que
des noms propres,
permet de lui donner
pour pendant la
syllabe *é* ou *yé.*]

---------- **bé, bbé** ----------

abbé
Astarbé, *np.*
bébé
enjambé
flambé
Hébé, *myt.*
jambé *(bien)*
jubé *(d'église)*
jubé *(venir à)*
karabé
Niobé, *myt.*
Nobé, *g.*
Phébé, *my*
sigisbé
Thisbé, *myt.*

[Plus les adj. et part.
en *bé.*]

---------- **bée** ----------

abée
Alibée, *np.*
Alphésibée, *np.*

bée *(gueule)*
Bethsabée, *np.*
dérobée (à la)
enjambée
Eubée, *g.*
gerbée
jacobée, *bot.*
Machabée, *np.*
Mélibée, *np.*
plombée
scarabée
tombée

[Plus le fém. des adj.
et des part. en *bé.*]

---------- **blé** ----------

Voir LÉ.

---------- **bré** ----------

Voir RÉ.

---------- **cé** ----------

abécé
balancé
cétacé
Circé, *myt.*
coriacé
crustacé
déplacé
Dircé, *myt.*
élancé
éminé
énoncé
fiancé (3)
foliacé (4)
foncé
forcé
furfuracé

gallinacé, *zool.*
glacé
herbacé
napacé, *bot.*
opiacé
ostracé
pincé
prononcé
Rancé, *np.*
tracé

[Plus les adj. et part.
en *cé.*]
Voir SÉ dur.

---------- **cée** ----------

Alcée, *np.*
avancée
caducée
calicée *(fleur)*
corycée, *sm. ant.*
cucurbitacée
fiancée (4)
gynécée
Laodycée (5)
lycée
Lyncée, *myt.*
napacée, *bot.*
Nicée, *g.*
panacée
percée
Phocée, *g.*
pincée
rincée
théodicée

[Plus le fém. des adj.
et des part. en *cé.*]

——— ché ———
archevêché
archiduché
Brioché, *np.*
cliché
débauché
débouché
déhanché
duché
écorché
endimanché
entiché
évêché
marché
péché
peluché
Psyché, *myt.*

[Plus les adj. et les part. en *ché*.]

——— chée ———
accouchée
bouchée
brochée
chevauchée
couchée
cruchée
fauchée
jonchée
Mardochée, *np.*
Michée, *np.*
nichée
peluchée
ruchée
sachée
Sichée, *np.*
trachée
tranchée
trochée

[Plus le fém. des adj. et part. en *ché*.]

——— dé ———
accordé
affidé
amandé
bordé
Condé, *np.*
consolidé, *sm.*
dé
débordé
débridé
décédé
décidé
dégingandé
dévergondé
échaudé
fondé
glandé
guindé
iridé
mondé *(orge)*
ondé
possédé
prébendé
procédé
tildé
Vadé, *np.*
Validé *(sultane)*

[Plus les adj. et les part. en *dé*.]

——— dée ———
accordée
Asmodée *(démon)*
bardée
bordée
cardée
coudée
décédée
glandée

idée
Judée, *np*
Médée, *myt.*
ondée
spondée
Tydée, *myt.*
Vendée, *g.*
verdée

[Plus le fém. des adj. et part. en *dé*.]

——— dré ———
Voir RÉ.

——— é-é ———
agréé
créé
féé, *vm.*
gréé
guéé
incréé
malléé
récréé
suppléé

[Plus les part. masc. des verbes en *éer*.]

——— é-é-e ———

[Cette rime trisyll. est formée du fém. des adj. et part. en *éé*, qui se réduisent à ceux qui ont été cités et à leurs composés. Le dissyllabe fém. *ée* ne rime jamais que de l'articulation.]

—— fé, ffé, phé ——
agrafé

apostrophé
attifé
autodafé
biffé
café
coiffé
débiffé
ébouriffé
époufé
étoffé
fieffé
greffé
griffé
parafé
tarifé
truffé
Urfé (d'), *np.*
*Voir les part. et les temps
composés des verbes
en* fer, ffer *et* pher.

— **fée, ffée, phée** —
Alphée, *g.*
bouffée
coryphée
fée
Morphée, *myt.*
nymphée
Orphée, *np.*
Riphées *(monts)*
trophée
Typhée, *myt.*

[Plus les fém. des
part. en *fé, ffé* et *phé.*]

——— **gé** ———
abrégé
âgé
agrégé
clergé
congé

corrigé
dégagé
engagé
enragé
gorgé
grugé
hébergé
insurgé
jaugé
jugé
laryngé
logé
mangé
méningé
naufragé
négligé
obligé
orangé
ouvragé
préjugé
protégé
subrogé
vergé *(papier)*

[Plus les adj. et les
part. en *gé.*]

——— **gée, ggée** ———
Aggée, *np.*
Androgée, *myt.*
apogée
augée
cagée
dragée
Égée *(mer)*
escourgée
gorgée
hypogée
nagée
orangée
périgée
plongée

rangée
Sigée, *np.*
vergée

[Plus le fém. des adj.
et des part., comme]
adjugée
allégée
apanagée
érigée
expurgée
frangée
interrogée
rongée
singée
vengée

——— **glé** ———
Voir LÉ.

——— **gné** *mouillé* ———
assigné
Aubigné (d'), *np.*
éloigné
embesogné
peigné *(mal).*
rechigné
renfrogné
Sévigné, *np.*

— **gné** *non mouillé* —
igné
Progné, *myt.*

[Ces deux mots sont
les seuls où le *g,* ne
faisant point partie de
la syll. finale, se
prononce comme le *c*
dur et le *k*; ils riment
avec les terminaisons
en *né.*]

—— **gnée** *mouillé* ——
araignée
cognée
lignée
poignée
saignée

[Plus le fém. des adj.
et part. en *gné*.]

——————— **gré** ———————
Voir RÉ.

——————— **gué** ———————
délégué
fugué, *mus.*
gué
langué, *blas.*
ô gué !

[Plus les adj. et part.
en *gué*, comme]
élagué
harangué
allégué
envergué
ligué
distingué
homologué
nargué
subjugué
promulgué

——————— **guée** ———————
guée, *v.*

[Plus les fém. des adj.
et part. en *gué*,
comme]
élaguée
homologuée
léguée

liguée
subjuguée

—— **ié,** *monosyll.* ——
amitié (3)
inimitié (4)
moitié (2)
pié, *pour pied* (1)
pitié (2)

[Plus les part. en *yé*.]

——— **ié** *dissyll.* ———
affilié
allié
amnistié
associé
asphyxié
atrophié
avarié
convié
crucifié
défié (4)
délié
disgracié
domicilié
épié
estropié
étudié
excommunié
folié
initié
licencié
lithographié
maléficié
manié
marié
mortifié
mystifié
notarié
photographié
plié

prié
privilégié
radié
réfugié
renié
salarié
spolié
sténographié
strié
supplicié
trié
varié

[Plus les adj. et les
part. en *ié*.]

——— **iée,** *trisyll.* ———
criée
labiée *(fleur)*
mariée

[Plus les fém. des adj.
et des part. en *ié*.]

——— **lé-llé** *sec* ———
acidulé
affilé
ailé
ampoulé
annelé
annulé
articulé
blé
cannelé
clé
constellé
coulé, *mus.*
criblé
défilé
démêlé
dentelé
dissimulé

écervelé
échevelé
effilé
emmiellé (3)
endiablé
enrôlé
ensorcelé
esseulé
étoilé
exilé
fac-similé
fêlé
filé
grêlé
gringolé, *blas.*
grivelé
immaculé
immatriculé
intitulé
isolé
jubilé
lé *(d'étoffe)*
martelé
moulé
narguillé
ondulé
onglé, *blas.*
particulé
pelé
perlé
pommelé
potelé
recélé
réglé
réticulé, *arch.*
salé
scellé
Sémélé, *myt.*
tollé
Thulé, *g.*
vermiculé, *arch.*
zélé

[Plus les part. en *lé* et
llé, comme]

calé
installé
hélé
interpellé
annihilé
distillé
cajolé
collé
croulé
brûlé
bullé

—— **llé** *mouillé* ——
caillé
débraillé
déguenillé
dépareillé
dépouillé
déshabillé
entre-bâillé
estampillé
feuillé
fouillé
persillé
pointillé
pouillé, *sm.*
rouillé
souillé
Vouillé, *g.*

[Plus les part. en *llé*
mouillé.]

—— **lée, llée** *sec* ——
allée
assemblée
avalée
batelée
boisselée
clavelée
coulée *(écriture)*

culée
écuellée (5)
emblée (d')
épaulée
étoilée
galée, *vm.*
galée, *impr.*
Galilée, *g. et np.*
gelée
giboulée
giroflée
goulée
gueulée, *pop.*
mausolée
mêlée
onglée
palée
Pélée, *myt.*
pellée
raclée
ratelée
reculée
roulée
ruilée
supplée, *v.*
tablée
vallée
volée

[Plus les fém. des adj.
et part. en *lé* ou *llé*
sec.]

—— **llée** *mouillé* ——
aiguillée
corbeillée
feuillée
quenouillée
veillée

[Plus les fém. des adj.
et part. en *llé*
mouillé.]

—— mé, mmé ——
affamé
animé
bout-rimé
clairsemé
consommé
dégommé
dénommé
écrémé
embrumé
enrhumé
enthousiasmé
épitomé
exhumé
famé
flammé
gemmé, *blas.*
gourmé
grimé
imprimé
inaccoutumé
inestimé
innomé
intimé
lamé
mimé
nommé
opprimé
pommé, *s. et am.*
ramé
réformé
renfermé
résumé
sublimé
vidamé

[Plus les part. en *mé*
et *mmé*, comme]
blâmé
enflammé
blasphémé
germé

affirmé
exprimé
chômé
assommé
formé
plumé
consumé

—— mée, mmée ——
accoutumée (à l')
Apamée, *g.*
armée
Borrhomée, *np.*
camée
Crimée, *g.*
Eumée, *np.*
framée
fumée
hommée
Idumée, *g.*
Mammée, *np.*
Némée, *g.*
plumée
Ptolémée, *np.*
pygmée
ramée
renommée
Timée, *np.*

[Plus le fém. des adj.
et des part. en *mé* ou
mmé.]

—— né, nné ——
abandonné
abonné
aîné
aliéné
Arachné, *myt.*
artisonné
aviné
baleiné

basané
bastionné (4)
blasonné
capuchonné
caréné, *mar.*
carné
chevronné, *blas.*
chiffonné
chiné
citronné
cloisonné
combiné
condamné
contourné
corné
couronné (*cheval*)
cutané
damasquiné
damné
Daphné, *myt.*
Dauphiné, *g.*
dégainé
déjeuné
désordonné
déterminé
détourné
dîné
Dioné, *myt.*
discipliné
disproportionné
donjonné
doyenné
écorné
écussonné
efféminé
effréné
émerillonné
enchiffrené
encorné
enluminé
entériné
enviné

envoisiné
éperonné
erroné
fané
fleuronné, *blas.*
forcené
fortuné
galonné
géminé
gêné
halbrené
hérissonné, *blas.*
herminé, *blas.*
illuminé
incarné
incriminé
indéterminé
indiscipliné
infortuné
inné
innominé, *bot.*
inopiné
instantané
insubordonné
interné
malintentionné
lanterné
mezzo-termine
momentané
mort-né
né
nouveau-né
obstiné
passionné (4)
péroné, *anat.*
Phryné, *np.*
pipé (*dé*)
prédestiné
premier-né
puîné (2)
raffiné
raisiné

raisonné
ratatiné
rubané
safrané
satané
satiné
saumoné
séné
sillonné
simultané
spontané
subordonné
suranné
talonné
tanné
terné, *bot.*
veiné

Voir les part. masc.
des verbes en ner.

────── **née, nnée** ──────

année
athénée
aunée, *bot.*
borraginée, *bot.*
Capanée, *np.*
cheminée
Chéronée, *g.*
Coronée, *g.*
destinée
dînée
Dionée, *myt.*
donnée
Dulcinée, *np.*
Énée, *np.*
fournée
glanée
graminée, *bot.*
Guinée, *g.*
guinée, *monnaie*
halenée
haquenée

hyménée
Idoménée
Linnée, *np.*
macaronée
maisonnée
Maotinée, *g.*
matinée
Méditerranée
menée
ordonnée, *géom.*
Pénée, *g.*
rubanée, *zoo.*
solanées, *bot.*
taupinée
terrinée
tournée
vinée

[Plus le fém. des adj.
et part. en *né, nné.*]

────── **o-é, dissyll.** ──────

Arsinoé, *np.*
Chloé, *np.*
Gelboé, *np.*
Noé, *np.*
Orchoé, *g.*
Pholoé, *np.*
Siloé, *g.*
Zoé, *np.*

[Cette finale
n'appartient qu'à des
noms propres dont la
dernière lettre rime
avec elle-même dans
les mots où elle forme
une syllabe, comme
Noé, avoué.]

────── **oué, dissyll.** ──────

avoué
doué

E   73

écoué
enjoué
enroué
joué (bien)
noué
roué
tatoué

[Plus les part. masc.
des verbes en *ouer*.]

—— ouée, trisyll. ——
bouée, *mar.*
brouée
fouée
jouée
mouée
pimpesouée
trouée

[Plus le part. fém. des
arbres en *ouer*.]

—— pé, ppé ——
anticipé
Calpé, *g.*
canapé
coupé
crispé
croupé
décapé
désoccupé
dissipé
échappé
éclopé
escarpé
estampé
frappé
fripé
grippé
harpé
huppé

inculpé
inoccupé
Joppé, *g.*
nippé
occupé
préoccupé
râpé
récipé, *méd.*
scalpé
soupé
tapé *(fruit)*
Tempé, *g.*

[Plus les part. masc.
des verbes en *per,
pper*.]

—— pée, ppée ——
après-soupée
cassiopée, *ast.*
cépée
échappée
épee
épopée
équipée
éthopée
lampée
lippée
melopée
Ménippée *(satire)*
onomatopée
pharmacopée
pipée
Pompée, *np.*
Poppée, *np.*
poupée
prosopopée
ripopée

[Plus les fém. des adj.
et des part. en *pé,
ppé*.]

—— qué ——
alambiqué
bloqué
communiqué
compliqué
débarqué
défroqué
efflanqué
étriqué
imbriqué
impliqué
inexpliqué
musqué
piqué
plaqué
requinqué
terraqué
turiqué, *bot.*

[Plus les part. masc.
des verbes en *quer,*
comme]
attaqué
disséqué
expliqué
interloqué
reluqué, etc.

—— quée ——
becquée
flaquée
mosquée

[Plus le fém. des adj.
et part. en *qué*.]

—— ré, rré ——
abhorré
acéré
aéré
affairé
altéré

amarré
ambré
ancré
André, *np.*
amélioré (5)
arrhé
arriéré
assuré
atterré
attitré
azuré
barré
beaupré *(mât)*
beurré
bigarré
bourré
cabré
camphré
carré
cendré
coffré
coloré
confédéré
conjuré
couturé
cuivré
curé
déclaré
déconsidéré
décoré
degré
délabré
délibéré
déluré
démesuré
dénaturé
désespéré
désœuvré
détérioré (5)
déterré
diapré (3)
doré

édulcoré
effaré
égaré
émigré
enamouré
éploré
épuré
éthéré
évaporé
exagéré
exaspéré
exonéré
fédéré
figuré
fleuré, *blas.*
fourré
gré
honoré
illettré
immodéré
incarcéré
inconsidéré
incorporé
indélibéré
inespéré
inspiré
intempéré
invertébré
invétéré
juré
lettré
liséré
madré
malgré
maniéré (3)
marbré
membré
miséréré
mitré
modéré
moiré
mordoré

narré
navré
obéré
ouvré
pestiféré
poiré
poudré
pourpré
pré
prématuré
prieuré (3)
référé
réméré
retiré
sacré
séparé
serré
taré
Tharé *np.*
tempéré
tigré
timbré
timoré
titré
tonsuré
vénéré
vertébré
vitré
zébré

[Plus les part. des
verbes en *rer.*]

———— **rée, rrée** ————
agrée, *v.*
airée
Astrée, *myt.*
Atrée, *np.*
beurrée
Borée, *myt.*
bourrée
Briarée, *myt.*

Caprée, *g.*
cendrée
centaurée
Césarée, *g.*
chambrée
chasse-marée
chicorée
contrée
Corée, *g.*
crée, *v.*
Cuillerée, *myt.*
curée
Cythérée, *myth.*
denrée
désagrée, *v.*
diarrhée
durée
échauffourée
empyrée
entrée
Érythrée *(mer)*
galimafrée
germandrée
Gorée, *g.*
grée
hyperborée
livrée
marée
maugrée, *v.*
mijaurée
Morée, *g.*
Nérée, *myt.*
Nirée, *np.*
panerée
Pétrée *(Arabie)*
picorée
Pirée, *g.*
poirée
procrée, *v.*
purée
ragrée, *v.*
recrée, *v.*

rentrée
Rhée, *myt.*
simagrée
soirée
sucrée
Thymbrée, *g.*
ventrée
verrée

[Plus le fém.
des part. en *ré.*]

——— **sé doux** ———

abusé
accusé
aisé
ankilosé
arborisé
ardoisé
avisé
blasé
blousé
boisé
composé
couperosé
croisé
déniaisé (4)
empesé
évasé
exposé
fleurdelisé
indisposé
irisé
lésé
opposé
organisé
osé
pavoisé
pisé, *sm.*
posé
préposé
rosé

rusé
toisé
usé

[Plus les part.
en *sé* doux.]

——— **sée doux** ———

billevesée
brisée
colysée
croisée
éclusée
Élysée, *myt.*
épousée
fusée
musée
Musée, *np.*
nausée
Osée, *np.*
pesée
prisée
risée
rosée
Thésée, *np.*
visée

[Plus le fém. des adj.
et part. en *sé* doux.]

——— **sé, ssé dur** ———

accensé
blessé
caressé
cassé
censé
chassé
clissé
controversé
convulsé
corsé
crossé

damassé
déboursé
déchaussé
déclassé
dressé
empressé
encaissé
fossé
froissé
harassé
hérissé
hersé, *blas.*
intéressé
lambrissé
lissé
offensé
passé
plissé
pressé
ramassé
récépissé
renversé
sensé
trépassé
versé

[Plus les part.
en *sé* dur.]
Voir CÉ.

—— **sée, ssée** *dur.* ——

arrière-pensée
brassée
brossée
carrossée
chaussée
dressée
fessée
fricassée
maréchaussée
odyssée
passée

pensée
Persée, *np.*
poussée
rez-de-chaussée
sénéchaussée
traversée

[Plus le fém. des adj.
et part. en *sé, ssé* dur.]

———— **té** ————

absurdité
acerbité
accidenté
accrédité
acidité
âcreté
activité
actualité (5)
admissibilité
adversité
affabilité
affinité
agilité
aimanté
alité
amabilité
ambiguité (5)
aménité
amirauté
amovibilité
ancienneté (4 *ou* 5)
andanté
anfractuosité
animalité
animosité
annuité (4)
antidoté
antiquité
anxiété (4)
aparté
apparenté

appointé
âpreté
apprêté
aridité
arrêté
aspérité
assermenté
assiduité (5)
atrocité
austérité
authenticité
autorité
avidité
banalité
bâté *(âne)*
beauté
bénédicité
bénignité
bestialité
blésité
bonté
botté *(chat)*
breveté
brièveté (4)
brutalité
calamité
callosité
capacité
captivité
carnosité
casematé
casualité (5)
catholicité
causalité
causticité
cavité
cécité
célébrité
célérité
charité
chasteté
chauveté

cherté
chrétienté (3)
cité
civilité
clandestinité
clarté
comité
commodité
communauté
comptabilité
complicité
compréhensibilité
compressibilité
comté
conformité
confraternité
congruité (4)
connexité
consanguinité (5)
contiguité (5)
continuité (5)
contrariété (5)
cordialité (5)
corruptibilité
coté
crédibilité
crédulité
criminalité
cruauté
crudité
culpabilité
cupidité
curiosité (5)
débilité
débonnaireté
déclivité
décolleté
défectuosité
dégoté
dégoûté
déité (3)
déloyauté

densité
denté
député
dératé
désorienté (5)
dextérité
difficulté
difformité
dignité
disparité
diversité
divinité
docilité
domesticité
dualité (4)
ductilité
duplicité
dureté
écarté
écourté
efficacité
égalité
élasticité
électricité
éligibilité
empâté
emporté
empoté
emprunté
enchanté
endetté
énormité
entêté
entité
épaté
équité
ératé
été
éternité
éventé
éventualité (6)
excentricité

excepté
exiguité (5)
expansibilité
expérimenté
extensibilité
extrémité
facilité
faculté
faillibilité
familiarité (6)
famosité
fatalité
fatuité (4)
fausseté
fécondité
félicité
féodalité (5)
fermeté
férocité
fertilité
feuilleté
fidélité
fierté (2)
fixité
flatuosité (5)
flexibilité
flexuosité
flotté
fluidité (4)
flûté
formalité
fragilité
fraternité
frelaté
friabilité
frigidité
frivolité
frugalité
fruité, blas. (2)
fuliginosité
fusibilité
futé

futilité
gaieté *ou* gaîté
gâté
généralité
générosité
gentilité
gracieuseté (5)
gracilité
gratuité (4)
gravité
grièveté (4)
grossièreté (4)
habileté
habilité, *jur.*
hâtiveté
hébété
hérédité
héréticité
hilarité
homogénéité (6)
honorabilité
honnêteté
hospitalité
hostilité
humanité
humidité
humilité
identité
illégalité
illégitimité
illimité
imbécillité
immanité
immensité
immobilité
immoralité
immortalité
immunité
immutabilité
impalpabilité
impartialité
impassibilité

impeccabilité
imperturbabilité
impénétrabilité
impétuosité
impiété
importunité
impossibilité
imprescriptibilité
impropriété (5)
impudicité
impunité
impureté
inaccessibilité
inaliénabilité (8)
incapacité
incivilité
incombustibilité
incommensurabilité
incommodité
incommutabilité
incomparabilité
incompatibilité
incompréhensibilité
incongruité (5)
incontesté
incorrigibilité
incorruptibilité
incrédibilité
incrédulité
indemnité
indestructibilité
indignité
indissolubilité
indocilité
indompté
ineffabilité
inefficacité
inégalité
inéligibilité
inexpérimenté
inextinguibilité
infaillibilité

infélicité
infériorité (6)
infertilité
infidélité
infinité
infirmité
inflammabilité
inflexibilité
ingénuité (5)
inhabileté
inhabilité
inhabité
inhospitalité
inhumanité
inintelligibilité
iniquité
innocuité (5)
insatiabilité (7)
insensibilité
inséparabilité
insipidité
insociabilité (7)
insolvabilité
instabilité
intégralité
intégrité
intelligibilité
intensité
intimité
intrépidité
invalidité
invariabilité
inviolabilité (7)
invisibilité
invulnérabilité
inusité
inutilité
irrégularité
irrépréhensibilité
irrésistibilité
irrévocabilité
irritabilité

jeté, *s. et a.*
jovialité (5)
joyeuseté
lâcheté
laité
lasciveté
latinité
légalité
légèreté
Léthé, *myt.*
libéralité
liberté
limpidité
littéralité
lividité
longanimité
loquacité
loyauté
lubricité
magnanimité
majesté
majorité
malhonnêteté
malignité
malléabilité (6)
malpropreté
masculinité
matérialité (6)
maternité
maturité
méchanceté
médiocrité
mendicité
minorité
mobilité
modicité
mondanité
monstruosité (5)
moralité
mordacité
mortalité
mucosité

multiplicité
mutualité (5)
mysticité
naïveté (4)
nativité
naturalité
nécessité
netteté
neutralité
nouveauté
nudité
nullité
numéroté
obésité
obliquité
obscénité
obscurité
officialité (6)
oisiveté
opacité
opiniâtreté (6)
opportunité
originalité
papauté
parenté
parité
partialité (5)
particularité
pâté
patenté
paternité
pauvreté
pénalité
pénétrabilité
perpétuité (5)
perplexité
personnalité
perspicacité
perspicuité (5)
perversité
picoté
piété (3)

planté
pluralité
ponctualité
ponté, *mar.*
popularité
possibilité
postérité
précipité
précocité
prévôté
primauté
principauté
priorité
privauté
probabilité
probité
prodigalité
prolixité
propreté
propriété
prospérité
proximité
puberté
publicité
pudicité
puérilité (5)
pureté
pusillanimité
qualité
quantité
quotité
rapacité
rapidité
rareté
réalité
réciprocité
régularité
réhabilité
renté
responsabilité
révolté
ridiculité

rigidité
rivalité
rotondité
royauté
rusticité
sagacité
sainteté
saleté
salubrité
santé
satiété (4)
scurrilité
sécularité
sensibilité
sensualité (5)
sérénité
sérosité
sévérité
siccité
simplicité
sincérité
singularité
sinuosité (5)
sobriété (4)
solennité
solidité
solvabilité
somptuosité (5)
sordidité
soudaineté
souveraineté
spécialité (5)
spiritualité (6)
spontanéité (5)
stabilité
stérilité
stupidité
suavité (4)
subtilité
superfluité (5)
supériorité (6)
surdité

sûreté
taciturnité
témérité
ténacité
tendreté
ténuité (4)
thé
timidité
tonalité
tortuosité (5)
totalité
traité
tranquillité
trinité
trivialité (5)
ubiquité (4)
unanimité
uniformité
unité
universalité
université
urbanité
usité
utilité
validité
vanité
variabilité (6)
velléité (4)
vélocité
vénalité
vénusté
véracité
verbosité
vérité
versatilité
verticité, *phys.*
vétusté
viabilité (5)
vicinalité
viduité (4)
vileté
virginité

virilité
virtualité (5)
visibilité
vivacité
volatilité, *chim.*
volonté
volubilité
volupté
voracité

Voir les part.
des verbes en ter.

——— tée ———

aimantée *(aiguille)*
Amalthée, *myt.*
Anthée, *myt.*
Aristée, *myt.*
assiettée
athée
boutée
charretée
dentée
dictée
évitée, *mar.*
Épiméthée, *myt.*
frottée
Galathée, *myt.*
hottée
indotée *(fille)*
jattée
jetée
jointée
lactée *(voie)*
laitée *(carpe)*
litée
montée
nuitée
pâtée
pelletée
portée
potée
Prométhée, *myt.*

Protée, *myt.*
tricotée
Tyrtée, *np.*

——— **tré** ———
Voir RÉ.

——— **ué, dissyll.** ———
constitué
dénué
destitué
gradué
habitué
Josué, *np.*
ponctué
sinué, *bot.*

[Plus les adj. et part.
en *ué.*]

——— **uée, trissyll.** ———
buée
huée
nuée
prostituée
suée

[Plus les fém. des adj.
et part. en *ué.*]

——— **vé** ———
achevé
avé
crevé
décavé
déclavé, *mus.*
dérivé
élevé
endêvé
inachevé
lavé
levé

œuvé
pavé
privé
relevé
réprouvé
réservé *(cas)*
salvé
seing privé
sénevé
trouvé *(enfant)*

[Plus les part. en *vé.*]

——— **vée, dissyll.** ———
arrivée
cavée
corvée
couvée
cuvée
étuvée
levée
mainlevée
Mérovée, *np.*
navée
relevée
travée
uvée

[Plus les fém. des adj.
et part. en *vé.*]

——— **vré** ———
Voir RÉ.

——— **xé** ———

[Cette désinence qui
se prononce *csé* ou *gsé*
comprend les part.
des verbes en *xer,*
comme :]

taxé

vexé
fixé
boxé
luxé

——— **xée, dissyll.** ———

[Comprend les fém.
des part. des verbes
en *xer.*]

——— **yé, monosyll.** ———

[Comprend les part.
des verbes en *yer,*
comme :]

aiguayé
balayé
langueyé
monnayé
noyé
ressuyé
Voir IÉ *monosyll.*

——— **yée, dissyll.** ———

[Comprend le fém.
des part. en *yé.*]

——— **zé** ———
alizé
gazé
bronzé
Voir SÉ *doux.*

——— **zée, dissyll.** ———

[Comprend les fém.
des mots en *zé.*]
Voir SÉE *doux.*

——— **EB** ———
Aureng-Zeb, *np.*
Caleb, *np.*
Horeb, *g.*
Mahaleb *(bois de)*
Zeb, *g.*

——— **ÈBE** ———
Célèbe, *g.*
Corèbe, *np.*
Èbe *(reflux)*
éphèbe
Érèbe, *myt.*
Eusèbe, *np.*
glèbe
plèbe
Thèbes, *g.*

— **ÈBLE, AIBLE** —
faible
hièble
rièble *(plante)*

——— **ÈBRE** ———
algèbre
célèbre, *v.*
célèbre, *adj.*
Ébre, *g.*
funèbre
Guèbre, *g.*
Hèbre, *g.*
ténèbres
vertèbre
zèbre

— **EC, ECH, ECK,** —
EG, EIK, EK
Abimélech, *np.*
Albeck, *g.*
Amalec, *np.*
arec, *bot.*
avec, *prép.*

Balbek, *g.*
bec
bifteck (2)
blanc-bec
chebec
cheik
copeck
échec
fenugrec
Gallo-Grec, *g.*
Gossec, *np.*
Grec
gros-bec
Lamech, *np.*
Lautrec, *np.*
Lubeck, *g.*
Melchisédech, *np.*
pec *(hareng)*
Pec (le), *g.*
Phaleg, *np.*
Québec, *g.*
Raleigh, *np.*
rebec *(violon)*
salamalec
sec
teck *(bois de)*

——— **ECE** ———
Voir ESSE.

— **ÈCHE et AICHE** —
long
bêche
blaiche
bobèche
campêche
chevêche
dépêche
drêche
fraîche
grièche (3)
laîche, *bot.*

lèche
pimbèche
pêche *(du poisson)*
pêche *(fruit)*
prêche
rêche
revêche

[Verbes]
allèche
bêche
dépêche
empêche
lèche
pêche *(du poisson)*
prêche
repêche

——— **ÈCHE** *bref* ———
Ardèche, *g.*
brèche
calèche
crèche
flammèche
mèche
sèche *ou* seiche
sèche, *f. de sec*

[Verbes]
assèche
ébrèche
émèche
dessèche
mèche
pèche *(fait mal)*
ressèche
sèche

——— **ÈCLE** ———
siècle (2)
Thècle, *np.*

—— **ECQUE** ——
Voir ÈQUE.

—— **ÈCRE** ——
exècre, *v.*

[Plus les noms où *êker*
se prononce *ècre.*]
Aboubéker, *np.*
Necker, *g.*
Necker, *np.*

—— **ECT** ——
abject
aspect
circonspect
correct
direct
indirect
incorrect
infect
intellect
respect
suspect
Utrecht

[Ces mots ne peuvent
rimer que par licence
avec ceux de la série
ec, ech, eck, etc.]

—— **ECTE** ——
architecte
collecte
dialecte (4)
insecte
Pandectes
secte

[Plus le fém. des adj.
en *ect.*]

[Verbes]
affecte

délecte
désinfecte
humecte
infecte
injecte
inspecte
objecte
respecte
suspecte

—— **ECTRE** ——
Électre, *np.*
spectre

—— **ED** ——

[Cette désinence où
le *d* est sonore ne
comprend guère que
des noms d'hommes
et de lieux.]
Alfred, *np.*
Amed, *g.,*
Jared, *np.*
Méhémed, *np.,* etc.

—— **ÈDE** ——
Andromède, *myt.*
Archimède, *np.*
Bède, *np.*
bipède
capripède
Diomède, *np.*
fissipède
Ganymède, *myt.*
guède
intermède
Mède
Nicomède, *np.*
Palamède, *np.*
quadrupède
remède
Suède (3)

Tancrède, *np.*
tiède (2)
Tolède, *g.*
vélocipède
zède *(lettre)*

[Verbes]
accède
cède
concède
décède
dépossède
déprède
excède
exhérède
intercède
obsède
possède
précède
procède
recède
rétrocède, *jur.*
succède

—— **ÈDRE** ——
cèdre
éphèdre
exèdre
Phèdre, *fabuliste*
Phèdre *(épouse de
Thésée)*
polyèdre

[Plus tous les mots en
èdre de la géométrie.]

—— **EF, EPH** ——
bref, *s. et adj.*
brief (2)
chef
couvre-chef
derechef

fief (1)
grief (2)
Joseph, *np.*
méchef, *vm.*
relief (2)
bas-relief
reliefs
Wiclef, *np.*

—— **EFFE, EPHE** ——
fieffe, *v.*
greffe (le)
greffe (la)
greffe, *v.*
Josèphe, *np.*
synalèphe, *gram.*
Télèphe, *np.*

—— **ÈFLE** ——
nèfle
trèfle

—— **ÈGE** *et* **EIGE** ——
allège, *sf.*
arpège
Ariège, *g.* (3)
Barège, *g.*
chorège, *ant.*
collège
Corège (le), *np.*
cortège
grège (*sole*)
liège (2)
Liège, *g.* (2)
manège
neige
Norvège, *g.*
piège (2)
pleige (*caution*)
privilège
sacrilège
siège (2)

solfège
sortilège
spicilège

[Verbes]
abrège
agrège
allège
arpège
assiège (3)
neige
protège
rengrège

—— **ÈGLE, EIGLE** ——
et **AIGLE**
aigle
dérègle, *v.*
espiègle (3)
règle, *s.*
règle, *v.*
seigle

—— **EGME** ——
apophtegme
flegme

—— **ÈGNE, EIGNE** ——
duègne (2)
empeigne
enseigne
interrègne
peigne
règne
teigne

[Verbes]
astreigne
atteigne
aveigne
ceigne
déceigne

dépeigne
déteigne
empreigne
enceigne
enfreigne
engeigne
enseigne
épreigne
éteigne
feigne
geigne
imprègne
peigne, *de peindre*
peigne, *de peigner*
règne
renseigne
repeigne
restreigne
reteigne
teigne, *de teindre*
        Voir AIGNE.

—— **ÈGRE** ——
        Voir AIGRE.

—— **EGS** ——
legs (*pr. lé*)
        Voir ÈS *et* AIS.

—— **ÈGUE** ——
bègue
collègue
Diègue (don)
fabrègue, *bot.*
grègue
Nimègue, *g.*

[Verbes]
allègue
délègue
lègue

relègue
subdélègue

────── **EICHE** ──────
Voir ÈCHE.

────── **EIGE** ──────
Voir ÈGE.

────── **EIGLE** ──────
Voir ÈGLE.

────── **EIGNE** ──────
Voir ÈGNE.

────── **EIL** ──────
appareil
conseil
éveil
méteil
nonpareil
orteil
pareil
réveil
soleil
sommeil
vermeil
vieil (1)

────── **EILLE** ──────
abeille
bouteille
corbeille
corneille
Corneille, *np.*
groseille
Marseille, *g.*
merveille
nonpareille
oreille
oseille
pareille

seille
surveille
treille
veille
vermeille, *af.*
vermeille, *sf.*
Vermeille *(mer)*
vieille
vide-bouteille

[Verbes]
appareille
conseille
déconseille
dépareille
désappareille
émerveille
éveille
réveille
sommeille
surveille
veille

────── **EIN** ──────
Voir AIM, AIN *et* IN.

────── **EINDRE** ──────
astreindre
atteindre
aveindre
ceindre
déceindre
dépeindre
déteindre
empreindre
enceindre
enfreindre
épreindre
éteindre
étreindre
feindre
geindre

peindre
ratteindre
repeindre
restreindre
reteindre
teindre
Voir AINDRE *et* INDRE.

────── **EINE** ──────
Voir AINE *et* ENE.

────── **EING** ──────
Voir AINC.

────── **EINT** ──────
Voir AINT *et ajoutez
les verbes suivants :*
astreint
atteint
aveint
ceint
contraint
craint
dépeint
déteint
empreint
enceint
enfreint
épreint
éteint
étreint
feint
geint
peint
plaint
repeint
restreint
reteint
teint, *v. et s.*

────── **EINTE** ──────
Voir AINTE.

—— **EINTRE** ——
peintre
> *Voir* INTRE.

—— **EITRE** ——
reître
> *Voir* AITRE *et* ÈTRE *long.*

—— **EIZE** ——
> *Voir* AISE.

—— **EL** *et* **ELL** ——
Abel, *np.*
actuel (3)
additionnel (5)
annuel (3)
appel
arc-en-ciel (3)
archipel
artériel (4)
artificiel (5)
autel
Babel *(tour de)*
Bel *(le dieu)*
bel, *pour beau*
cancel *ou* chancel
carrousel
cartel, *défi*
casuel (3)
charnel
châtel, *vm.*
cheptel
ciel (1)
colonel
conditionnel (5)
confidentiel (5)
constitutionnel (6)
consubstantiel (5)
continuel (4)
contractuel (4)
contre-scel
conventionnel (5)

conventuel (4)
Coromandel, *g.*
corporel
correctionnel (5)
criminel
Cromwell, *np.*
cruel
damoisel
dégel
duel (1 *ou* 2)
essentiel (4)
éternel
éventuel (4)
exceptionnel (5)
fiel (1)
formel
fraternel
Gabriel (3)
Gibel *(mont), g.*
graduel (3)
habituel (4)
Herschell, *np.*
hôtel
hydromel
immortel
impersonnel
individuel (5)
intentionnel
Ismaël, *np.*
Israël, *np.*
jouvencel, *vm.*
Jésabel, *np.*
lequel
Machiavel, *np.*
manuel (3)
martel (en tête)
matériel (4)
maternel
ménestrel
Michel
miel (1)
ministériel (5)

missel
mortel
mutuel (3)
naturel
Noël (2)
obédientiel (6)
originel
Pantagruel, *np.*
pastel
paternel
pénitentiel (5)
personnel
pestilentiel (5)
providentiel (5)
pluriel (3)
ponctuel (3)
potentiel
proportionnel (5)
quel
Rachel, *np.*
Raphaël, *np.*
rationnel (4)
réel
Samuel
scalpel
scel *ou sceau*
sel
sempiternel
sensuel (3)
solennel
spirituel (4)
substantiel (4)
superficiel (5)
surnaturel
tel
Tell (Guillaume)
temporel
textuel (3)
universel
usuel (3)
véniel *(péché)* (3)

virtuel
visuel (3)

—————— ELBE ——————
Elbe, g.

—————— ÊLE long ——————
frêle
grêle, s. et adj.
pêle-mêle, adv.

[Verbes]
Bêle
démêle
entremêle
fêle
grêle
mêle
vêle

—————— ÈLE bref ——————
Voir ELLE.

– ELFE ou ELPHE –
adelphes
elfe, myt.
Guelfe
Delphes, g.
Philadelphe

—————— ELGE ——————
Belge, g.

—————— ELLE ——————
aisselle
alumelle
Apelle, np.
Arbelles, g.
bagatelle
belle
bretelle

brocatelle
Bruxelles, g.
cannelle
cascatelle
cautèle
celle, pronom
cervelle
chanterelle
chapelle
citadelle
citronnelle
clientelle
colombelle
Compostelle, g.
cordelle
coupelle
crécelle
curatelle
Cybèle, myt.
damoiselle
Dardanelles, g.
demoiselle
dentelle
donzelle
échelle
écuelle (3 ou 4)
elle, pronom
érésipèle
escabelle
escarcelle
étincelle
femelle
ficelle
fidèle
filoselle
flanelle
Fontenelle, np.
fraxinelle
gamelle
gargamelle, pop.
Gisèle, np.

gravelle
haridelle (h asp.)
immortelle
infidèle
isabelle (couleur)
isocèle vm.
javelle
jouvencelle
jumelle
kyrielle (4)
laquelle
libelle
mademoiselle
mamelle
manivelle
Marc-Aurèle, np.
margelle
mirabelle
modèle
Moselle, g.
nacelle
nielle (3)
nouvelle, s. et a.
ombelle
ombrelle
parallèle
parcelle
parentèle, vm.
pastourelle
paumelle
pelle
péronnelle
Philomèle
pimprenelle
poutrelle
Praxitèle, np.
prunelle
pucelle
quelle
querelle
rebelle

ribambelle
ridelle
ritournelle
Rochelle (la), g.
rouelle (3)
ruelle (3)
sautelle
sauterelle
selle
semelle
séquelle
soutanelle
tonnelle
tourelle
tournelle
tourterelle
touselle
truelle (3)
tutelle
vaisselle
venelle
vielle, *mus.*
vermicelle
villanelle
violoncelle (5)
voyelle (3)
zèle

[Plus les fém. des
mots en *el*.]

[Verbes]
amoncelle
appelle
attelle
bosselle
bottèle
bourrêle
cannelle
carrelle
cèle
chancelle

cisèle
congèle
cordelle
coupelle
crénèle
décèle
déchevelle
démantèle
dégèle
dentelle
dételle
écartèle
emmielle (4)
encastèle
enficelle
ensorcelle
épelle
étincelle
excelle
fêle
flagelle
gèle
grommelle
harcèle (h *asp.*)
interpelle
libelle
martèle
morcelle
nivelle
parcelle
pèle
pommelle
querelle
rebelle (se)
recèle
renouvelle
révèle
ruisselle
scelle
selle

—————— ELME ——————
Anselme, *np.*
Elme (feu Saint-)

—————— ELQUE ——————
quelque

—————— ELSE ——————
Celse, *np.*
Paracelse, *np.*

—— ELT *et* ELD ——
Barnevelt, *np.*
Belt (*grand*), g.
Belt (*petit*), g.
Laufeld, g.

—————— ELTE ——————
Celte, g.
pelte, *sf.*
svelte, *adj.*

—————— ELTRE ——————
Feltre, g.
peltre

—— EM (*pr. ème*) ——
Bethléem, g.
harem
hem ! *interj.*
idem
item
Jérusalem
Mathusalem, *np.*
requiem (3)
Sem, *np.*
Sichem, g.

—————— EMBLE ——————
Voir AMBLE.

—— EMBRE ——
Voir AMBRE.

— ÈME *et* AIME —
long
abstème
anathème
Angoulême, *g.*
apostème
apozème
baptème
Barème, *np.*
blasphème, *s. et v.*
blème
Bohême, *g.*
Brême, *g.*
carême
chrême *(le saint)*
chrysanthème, *bot.*
diadème
emblème
enthymême
épichérème
essaime, *v.*
exanthème
extrême
même
mi-carême
Nicodème, *np.*
œdême
poème
Polyphème, *myt.*
problème
stratagème
suprême
système
thème
théorème
Triptolème, *np.*
trirème

—— ÈME *moyen* ——
antépénultième (6)
brème *(poisson)*
crème, *sf.*
crème, *v.*
écrème, *v.*
pénultième (4)
quantième (3)
unième (3)

[Plus tous les adj. de
nombres ordinaux
terminés par le dissyll.
iè-me.
La consonance
moyenne peut
toujours rimer avec la
longue et la brève.]

ÈME *et* AIME *brefs*
aime, *v.*
sème, *v.*

[Plus les composés de
ces deux verbes.]

—— EMME ——
dilemme
gemme
lemme

[Ces mots riment avec
ÈME long, quoique
leur consonance ne
soit pas absolument
identique.]

– EMME *(pr. ame)* –
femme

[Ce mot est bref et
pourtant on le fait
rimer avec *ame* long.]

—— EMPE ——
Voir AMPE.

—— EMPLE ——
Voir AMPLE.

—— EMPS ——
printemps
temps

[Ces mots riment avec
le pluriel des mots en
*amp, an, and, ant,
empt, end* et *ent.*]

—— EMPT ——
exempt, *s. et adj.*
Rime avec *and, ant,
end* et *ent.*

—— EMPTE ——
exempte, *af et v.*

[Rime avec *ante* et
ente.]

— EN *(pr. an)* —
Voir AN.

— EN *(pr. ène)* —
abdomen
Agen, *g.*
amen
Baylen, *g.*
Boulen, *np.*
cyclamen
dictamen
dolmen
Éden
examen

[(On prononce plus
souvent *examin*, mais

on fait rimer ce mot
   avec les autres.)]
gluten
gramen
hymen
lichen *(ken)*
Niémen, *g.*
Philopœmen, *np.*
pollen
Ruben, *np.*
spécimen
Yémen, *g.*

—— **EN** *(pr. in)* ——

———— **é-en** ————
Achéen
Asmonéen
Chaldéen
cyclopéen
élyséen
Européen
Galiléen
herculéen
hyperboréen
Iduméen
lycéen
manichéen
nazaréen
Phocéen
Pyrénéen
Saducéen
Vendéen

—— **ien** *et* **yen** ——
   monosyllabe
ancien (2 *ou* 3)
bien
biscaïen
chien
citoyen
combien
concitoyen

chrétien
doyen
entretien
gardien (2 *ou* 3)
maintien
mien
mitoyen
moyen
païen
paroissien (3 *ou* 4)
plébéien (3 *ou* 4)
rien
sien
soutien
tien
Troyen
vaurien (2 *ou* 3)

—— **i-en, dissyll.** ——
académicien
aérien
Algérien
Alsacien
Arcadien
arien
Artésien
Athénien
Aurélien, *np.*
Babylonien
Béotien
bohémien
carlovingien
chirurgien
cicéronien
comédien
cornélien
dialecticien
diluvien
Dioclétien, *np.*
draconien
éolien
Égyptien

épicurien
étésien
fabricien
faubourien
galérien
Galien, *np.*
gordien *(nœud)*
grammairien
grégorien
Helvétien
historien
Indien
Ionien (4)
Italien
Julien, *np.*
lien
luthérien
Lydien
magicien
mécanicien
méridien
mérovingien
milicien
musicien
nécromancien
Norvégien
Nubien
olympien
opticien
Parisien
patricien
pharisien
pharmacien
physicien
platonicien
praticien
prétorien
pythagoricien
Quintilien, *np.*
quotidien
racinien

régalien
rhétoricien
salien, *ant.*
sénatorien
sicilien
socinien
stoïcien (4)
Syrien
tacticien
terrien
théologien
théoricien
Titien, *np.*
tragédien
tribunitien
Tyrolien
Uranien
Valentinien, *np.*
vénérien
Vespasien
Virgilien

——— ENCE ———
Voir ANCE.

——— ENCHE ———
Voir ANCHE.

——— END ———
différend
révérend

[Verbes]
append
apprend
attend
comprend
condescend
défend
dépend
déprend
désapprend

descend
détend
distend
entend
entreprend
éprend (s')
étend
fend
méprend (se)
mévend
pend
pourfend
prend
prétend
redescend
refend
rend
reprend
retend
revend
sous-entend
surprend
survend
suspend
tend
vend
Voir AND, ANT *et* ENT.

——— ENCRE ———
encre
Voir ANCRE.

——— ENDE ———
Voir ANDE.

——— ENDRE ———
Voir ANDRE.

— ENDS *et* ANDS —

[Comprend, outre le
plur. des mots en *end*

et *and*, la 1re et
2e pers. des verbes en
endre et *andre*, au prés.
de l'indicatif et à
l'impératif.]
répands
reprends, etc.
Voir ANS.

— ÈNE *et* ENNE —
bref
Aborigène
Alcmène
andrienne (4)
antenne
antienne (3)
Antisthène
Borysthène, *g.*
carène
Caspienne (*mer*)
Carthagène, *g.*
catéchumène
Cévennes, *g.*
Démosthène, *np.*
Diogène, *np.* (4)
ébène
Égyptienne
énergumène
étrenne
garenne
Hélène, *np.*
hétérogène
Hippocrène, *myt.*
homogène
hydrogène
hyène (3)
hygiène (4)
indienne (4)
indigène
magicienne (5)
Mécène, *np.*
Melpomène, *m.*
méridienne (5)

Modène, *g.*
obscène
oxigène, *ch.*
Parisienne (5)
patène
phalène
phénomène
Protogène, *np.*
quotidienne (5)
renne, *zool.*
Silène, *myt.*
sirène, *myt.*
Tarpéienne *(roche)*
Trasimène, *g.*
Turenne, *np.*
Vienne, *g.*
  Voir les féminins des
  noms en ain, ein, ien.

[Verbes]
abstienne
aliène
amène
appartienne
carène
comprenne
contienne
contrevienne
convienne
démène (se)
détienne
disconvienne
égrène
emmène
empenne
enchifrène
engrène
éprenne (s')
entreprenne
entretienne
étrenne
gangrène

grène
intervienne
maintienne
malmène
mène
mésavienne
morigène
moyenne, *v.*
obtienne
parvienne
prenne
prévienne
promène
provienne
ramène
rassérène
refrène
reprenne
ressouvienne
retienne
revienne
soutienne
souvienne
surmène
survienne
tienne
vienne

— ÈNE *et* ENNE —
long

alène
arène
Athènes, *g.*
cadène
cène
chêne
frêne
géhenne
gêne
Gênes, *g.*
Messène, *g.*
Mycènes, *g.*

pêne *de serrure*
rênes
troène
scène
  Voir les noms en AINE.

———— ENG ————
hareng
  Voir ANC.

———— ENGE ————
venge, *v.*
  Voir ANGE.

———— ENS ————
  Voir ANS.

— ENS *(pr. inse)* —
Camoëns, *np.*
Rubens, *np.*

— ENS *(pr. ein)* —
abstiens
adviens
appartiens
contiens
contreviens
conviens
détiens
deviens
disconviens
entretiens
interviens
maintiens
obtiens
parviens
préviens
proviens
ressouviens
reviens
souviens

surviens
tiens

[La finale *iens* ne
forme qu'une syllabe
dans tous les verbes]

——— **ENSE** ———
Voir ANSE.

— **ENT** *(pr. eint)* —
advient
appartient

[Et la 3ᵉ pers. des
verbes cités à l'avant-
dernière série.]

— **ENT** *(pr. ant)* —

——— **cent** ———
Voir SANT *dur*

——— **dent** ———
Voir DANT.

——— **gent** ———
Voir GEANT.

——— **guent** ———
Voir GANT.

——— **ient** ———
Voir IANT.

——— **lent** ———
Voir LANT.

— **ment** *(pr. mant)* —
abaissement
abandonnement
abâtardissement

abattement
aboiement (3)
abonnement
abornement
abrutissement
accablement
accaparement
accensement
accommodement
accompagnement
accomplissement
accouchement
accouplement
accoutrement
accroissement
acharnement
acheminement
achèvement
achoppement
acquiescement
acquittement
accroissement
adoucissement
affadissement
affaissement
affaiblissement
affranchissement
affrètement, *mar.*
affublement
agacement
agencement
agrandissement
agrément
aheurtement (4)
ajournement
ajustement
alignement
aliment
allaitement
allèchement
allégement
allongement

alourdissement
amaigrissement
aménagement
amendement
amenuisement (5)
ameublement
amortissement
amusement
anéantissement (6)
anoblissement
aplanissement
appartement
appauvrissement
appesantissement
applaudissement
appointement
approvisionnement
apurement
argument
armement
arrangement
arrentement
arrondissement
arrosement
assainissement
assaisonnement
asservissement
assortiment
assoupissement
assouvissement
assujettissement
atermoiement (4)
attachement
attendrissement
attérissement
attiédissement (5)
attouchement
attroupement
avancement
avènement
avertissement
aveuglement

augment
avilissement
avisement
avitaillement
avortement
bâillement
balancement
balbutiement (4)
bannissement
bâtiment
battement
bégaiement (3)
bêlement
bernement
blanchiment
boitement
bombardement
bondissement
bourdonnement
bredouillement
bruissement (4)
caillement
campement
cantonnement
casernement
cautionnement (5)
changement
chargement
châtiment
chatouillement
chuchotement
ciment
claquement
classement
Clément
clignement
clignotement
clochement
coassement (4)
commandement
commencement
compartiment

complément
compliment
comportement, *vm.*
condiment
consentement
contentement
couronnement
crachement
crachotement
craquement
creusement
croassement (4)
crucifiement (4)
dandinement
débandement
débarquement
déblaiement (3)
déboîtement
débordement
débouquement,
   mar.
déboursement
débridement
débrouillement
débusquement
décampement
déchaînement
déchargement
déchaussement
déchiffrement
déclassement
découragement
décroissement
dédommagement
dédoublement
défrichement
dégagement
dégorgement
dégourdissement
dégrèvement
déguerpissement
déguisement

délabrement
délaissement
délassement
délogement
démanchement
démantellement
démembrement
déménagement
dément, *v.*
démeublement
dénombrement
dénouement (3)
dénuement (3)
département
dépérissement
déplacement
déploiement (3)
déportement
dépouillement
déraillement
dérangement
déréglement
désagrément
désenchantement
désarmement
désencombrement
désintéressement
désistement
désœuvrement
dessèchement
détachement
détriment
développement
dévêtissement
dévoiement (3)
dévouement (3)
discernement
divertissement
document
ébahissement
ébattement
éblouissement (5)

éboulement
ébourgeonnement
ébranchement
ébranlement
écartement
échappement
échouement (3)
éclaircissement
écoulement
écroulement
effondrement
également
égarement
élancement
élargissement
élément
éloignement
émargement
embarquement
embaumement
embellissement
emboîtement
embrasement
embrassement
embrouillement
embûchement
emménagement
émolument
empalement
emparement
empâtement
empêchement
emplacement
empoisonnement
empoissonnement
emportement
empressement
emprisonnement
encaissement
encastrement
encensement
enchaînement

enchantement
enchérissement
enchifrènement
encombrement
encouragement
endommagement
endossement
endurcissement
enfantement
enfoncement
engagement
engorgement
engouement (3)
engourdissement
engraissement
engravement
enivrement
enjambement
enjolivement
enjouement (3)
enlacement
enlèvement
enraiement (3)
enregistrement
enrichissement
enrôlement
enrouement (3)
ensablement
enseignement
ensevelissement
ensorcellement
entablement, arc.
entassement
entendement
entérinement
enterrement
entêtement
entortillement
entrelacement
épaississement
épanchement
épanouissement (6)

éparpillement
épuisement
équipement
errement, t. pal.
escarpement
établissement
étalonnement
étanchement
éternuement
étonnement
étouffement
étourdissement
étranglement
étrécissement
étuvement
évanouissement (6)
événement
excrément
exhaussement
ferment
ferrement
filament
finissement
firmament
fondement
fourniment
fourvoiement (3)
fragment
frémissement
frétillement
frissonnement
froissement
froment
frottement
garnement
garniment
gazouillement
gémissement
gisement, mar.
glapissement
gloussement
gonflement

gouvernement
graillement
grincement
grognement
grondement
grouillement
habillement
harnachement
  (h *asp.*)
haussement (h *asp.*)
hennissement
  (h *asp.*)
hurlement (h *asp.*)
instrument
jaillissement
jappement
jugement
jument
jurement
lavement
licenciement (4)
ligament
linéament (4)
liniment
logement
lotissement
mandement
maniement (3)
manquement
mécontentement
médicament
ménagement
ment, *v.*
miaulement (4)
moment
monument
morcellement
mouvement
mugissement
nantissement
nettoiement (3)
nivellement

obscurcissement
ondoiement (3)
ornement
ossement
paiement (2)
pansement
parement
parlement
passement
perfectionnement
pétillement
poliment
pressentiment
prosternement
rabaissement
raccommodement
raccourcissement
radoucissement
raffermissement
raffinement
rafraîchissement
raisonnement
rajeunissement
rajustement
râlement
ralentissement
ralliement (3)
rapprochement
ravissement
ravitaillement
rayonnement
rebondissement
recèlement
recensement
récolement
recouvrement
recueillement (4)
redoublement
redressement
refroidissement
regimbement
régiment

règlement
regonflement
rehaussement (4)
rejaillissement (5)
relâchement
remboursement
remerciement
remplacement
remuement (3)
renchérissement
rendement
renfoncement
renforcement
rengagement
rengorgement
reniement (3)
renoncement
renouement (3)
renouvellement
renseignement
renversement
repeuplement
résonnement
resplendissement
ressentiment
resserrement
rétablissement
retardement
retentissement
retirement
retranchement
rétrécissement
revêtement
revirement
ronflement
roulement
rudiment
rugissement
saccagement
sacrement
saisissement
sarment

sautillement
sauvement
sédiment
segment
sentiment
serment
serrement
sifflement
signalement
soulagement
soulèvement
suintement (3)
supplément
surhaussement
tarissement
tâtonnement
tégument
tempérament
testament
tintement
tiraillement
tortillement
tourment
tournoiement (3)
traitement
travestissement
trébuchement
tremblement
trémoussement
trépignement
tressaillement
truchement
tutoiement (3)
vagissement
véhément
versement
vêtement
violement (4)
vomissement

[Adverbes]
abominablement

abondamment
absolument
abstractivement
absurdement
abusivement
académiquement
accidentellement
activement
actuellement (5)
adjectivement
admirablement
adroitement
adverbialement (6)
affablement
affectionnément
  (6)
affectueusement
  (6)
affirmativement
affreusement
agilement
agréablement
aigrement
aisément
allégoriquement
alternativement
altièrement (4)
ambigument
ambitieusement (6)
amiablement (5)
amicalement
amoureusement
amphibologiquement
amplement
analogiquement
analytiquement
anatomiquement
anciennement (4 ou
  5 à volonté)
angéliquement
annuellement (5)
antécédemment

antérieurement (6)
apostoliquement
apparemment
âprement
arbitrairement
arbitralement
ardemment
aristocratiquement
arithmétiquement
arrogamment
artificiellement (7)
assidûment
assurément
astronomiquement
attentivement
avantageusement
aucunement
audacieusement (5)
aveuglément
avidement
austèrement
authentiquement
autrement
barbarement
bassement
bellement
bénignement
bêtement
bizarrement
blanchement
bonnement
bourgeoisement
bravement
brièvement (4)
brusquement
brutalement
bruyamment (3)
burlesquement
calomnieusement
  (6)
candidement
canoniquement

capitulairement
capricieusement
(6)
captieusement (5)
carrément
casuellement (5)
catégoriquement
catholiquement
cavalièrement (5)
cauteleusement
cérémonieusement
certainement
chagrinement
charitablement
charnellement
chastement
chaudement
chèrement
chétivement
chichement
chimériquement
chrétiennement (4)
cinquièmement (4)
circulairement
civilement
clairement
clandestinement
cléricalement
collatéralement
collectivement
collusoirement
comiquement
comment
commodément
communément
communicativement
comparativement
complaisamment
complétement s.
complètement, adv.
concurremment
conditionnellement

confidemment
conformément
confusément
congrûment
conjecturalement
conjointement
conjugalement
consciencieusement
consécutivement
conséquemment
considérablement
constamment
consubstantiellement
consulairement
contentieusement
continuellement
(6)
contradictoirement
convenablement
conventuellement
copieusement (5)
cordialement (5)
corporellement
correctement
coulamment
courageusement
couramment
courtoisement
coutumièrement
(5)
criminellement
croustilleusement
cruellement
crûment
cumulativement
curieusement (5)
damnablement
dangereusement
débilement
débonnairement
décidément
décisivement

dédaigneusement
défavorablement
défectueusement
définitivement
délibérément
délicatement
délicieusement (6)
déloyalement (5)
démesurément
démonstrativement
dépendamment
déplorablement
déraisonnablement
déréglément
dernièrement (4)
désagréablement
désavantageusement
désespérément
déshonnêtement
désobligeamment
désordonnément
despotiquement
déterminément
détestablement
dévotement
dévotieusement (6)
deuxièmement (4)
dextrement
diablement (3)
diaboliquement (5)
diagonalement (6)
dialectiquement (6)
diamétralement (6)
différemment
difficilement
diffusément
dignement
diligemment
directement
discrètement
disertement

disgracieusement (6)
dissemblablement
dissolument
distinctement
distributivement
diversement
divinement
dixièmement (4)
docilement
doctement
dogmatiquement
domestiquement
doublement
doucement
doucettement
douillettement
douloureusement
drôlement
dubitativement
dûment
durement
ecclésiastiquement
économiquement
effectivement
efficacement
effrontément
effroyablement
également
élégamment
éloquemment
éminemment
emphatiquement
énergiquement
énigmatiquement
ennuyeusement (5)
énormément
enragément
entièrement (4)
éperdument
épouvantablement
équitablement

équivalemment
erronément
essentiellement (6)
éternellement
étonnamment
étourdiment
étrangement
étroitement
évangéliquement
éventuellement (6)
évidemment
exactement
excellemment
excessivement
exclusivement
exécrablement
exemplairement
exorbitamment
explicitement
expressément
extérieurement (6)
extrajudiciairement
extraordinairement
extravagamment
extrêmement
facétieusement (6)
facilement
fallacieusement
familièrement
fanatiquement
fantasquement
fantastiquement
fastidieusement (6)
fastueusement
fatalement
favorablement
faussement
féodalement
fermement
fidèlement
fièrement (3)
figurativement

figurément
filialement (5)
finalement
finement
fixement
flatteusement
faiblement
folâtrement
follement
foncièrement (4)
fondamentalement
formellement
fortement
fortuitement (5)
fraîchement
franchement
fraternellement
frauduleusement
fréquemment
froidement
fructueusement
frugalement
funestement
furieusement (5)
furtivement
gaîment
gaillardement
galamment
généralement
généreusement
gentiment
géométriquement
glorieusement (5)
gloutonnement
goulument
gracieusement (5)
grammaticalement
grandement
grassement
gratuitement (5)
gravement
grièvement (4)

100

grossièrement (4)
grotesquement
habilement
habituellement
hardiment
harmonieusement
hasardeusement
 (h *asp.*)
hâtivement (h *asp.*)
hantainement
hautement (h *asp.*)
héréditairement
hermétiquement
héroïquement (5)
heureusement
hideusement
 (h *asp.*)
historiquement
honnêtement
honorablement
honteusement
horizontalement
horriblement
hostilement
huitièmement (4)
humainement
humblement
humidement
hyperboliquement
hypothécairement
hypothétiquement
identiquement
ignominieusement
ignoramment
illégalement
illégitimement
illicitement
illusoirement
imbécilement
immanquablement
immatériellement
immédiatement (6)

immensément
immodérément
immodestement
immuablement
imparfaitement
impartialement (6)
impatiemment
impénétrablement
impérativement
imperceptiblement
impérieusement
impersonnellement
impertinemment
imperturbablement
impétueusement
impitoyablement
 (6)
implicitement
impossiblement
improprement
imprudemment
impudemment
impudiquement
impunément
incertainement
incessamment
incestueusement
incidemment
incivilement
incommodément
incommutablement
incomparablement
incompatiblement
incompétemment
incompréhensi-
 blement
incongrûment
inconsolablement
inconsidérément
inconstamment
incontestablement
incorrigiblement

incroyablement (5)
indécemment
indéfiniment
indépendamment
indéterminément
indévotement
indifféremment
indignement
indirectement
indiscrètement
indispensablement
indissolublement
indistinctement
individuellement
 (7)
indivisiblement
indolemment
indubitablement
indulgemment
indûment
industrieusement
 (6)
inébranlablement
inégalement
inespérément
inévitablement
inexorablement
infailliblement
infatigablement
inférieurement (6)
infidèlement
infiniment
inflexiblement
infructueusement
 (6)
ingénieusement (6)
ingénument
inhumainement
iniquement
injurieusement (6)
injustement
innocemment

innombrablement
inopinément
insatiablement (6)
insciemment (4)
insensiblement
inséparablement
insidieusement (6)
insolemment
instamment
insuffisamment
insupportablement
intelligiblement
intérieurement (6)
intimement
intolérablement
intrépidement
intrinsèquement
intuitivement (6)
invariablement (6)
invinciblement
inviolablement (6)
invisiblement
involontairement
inutilement
ironiquement
irréconciliablement
irrégulièrement (6)
irréligieusement (7)
irrémédiablement
(7)
irréparablement
irrémissiblement
irrépréhensiblement
irréprochablement
irrésistiblement
irrésolument
irrévéremment
irrévocablement
isolément
itérativement
joliment
journellement

jovialement (5)
joyeusement
judiciairement (6)
judicieusement (6)
juridiquement
justement
laborieusement (6)
lâchement
laconiquement
lamentablement
langoureusement
languissamment
largement
lascivement
latéralement
légalement
légèrement
légitimement
lentement
lestement
librement
licencieusement (6)
licitement
lisiblement
littéralement
longitudinalement
longuement
louablement
lourdement
loyalement (4)
lubriquement
lugubrement
luxurieusement (6)
machinalement
magistralement
magnanimement
magnifiquement
maigrement
majestueusement
maladroitement
malaisément
malencontreusement

malheureusement
malhonnêtement
malicieusement (6)
malignement
malproprement
manifestement
maritalement
massivement
matériellement (6)
maternellement
mathématiquement
matinalement
maussadement
mécaniquement
méchamment
médiatement (5)
médiocrement (5)
mélancoliquement
mélodieusement
(6)
mêmement
mentalement
mercantilement
mercenairement
méritoirement
merveilleusement
mesquinement
métaphoriquement
métaphysiquement
méthodiquement
mignardement
mignonnement
militairement
miraculeusement
misérablement
miséricordieusement
modérément
modestement
modiquement
mollement
monacalement
mondainement

monstrueusement
moralement
mortellement
mûrement
musicalement
mutuellement (5)
mystérieusement
  (6)
mystiquement
naïvement (4)
naturellement
nécessairement
négativement
négligemment
nettement
neuvièmement (4)
niaisement (4)
noblement
nombreusement
nominativement
nommément
nonchalamment
non seulement
notablement
notamment
notoirement
nouvellement
nuitamment (3)
nullement
numériquement
obligeamment
obliquement
obscurément
obstinément
occasionnellement
odieusement (5)
offensivement
officiellement (6)
officieusement (6)
oisivement
onzièmement (4)
opiniâtrément (6)

opportunément
opulemment
oratoirement
orbiculairement
ordinairement
orgueilleusement
originairement
originellement
outrageusement
outrément
ouvertement
pacifiquement
paisiblement
palpablement
paraboliquement
pareillement
paresseusement
parfaitement
partialement (5)
particulièrement
  (6)
passablement
passionnément (5)
passivement
pastoralement
paternellement
pathétiquement
patiemment (4)
patriotiquement
  (6)
pauvrement
pédantesquement
pédestrement
péniblement
perfidement
périlleusement
périodiquement (6)
pernicieusement
  (6)
perpendiculairement
perpétuellement
  (6)

personnellement
pertinemment
perversement
pesamment
petitement
philosophiquement
physiquement
piètrement (3)
piteusement
pitoyablement
placidement
plaintivement
plaisamment
plantureusement
platement
plausiblement
pleinement
poétiquement
poliment
politiquement
pompeusement
ponctuellement
pontificalement
populairement
posément
positivement
possessoirement
postérieurement
  (6)
préalablement
précairement
précédemment
précieusement (5)
précipitamment
précisément
préférablement
prématurément
premièrement (4)
présentement
présomptueusement
prestement
prévôtalement

primitivement
principalement
privativement
privément
probablement
problématiquement
processionnellement
prodigalement
prodigieusement
    (6)
profondément
profusément
prolixement
prophétiquement
promptement
proportionnément
proportionnellement
proprement
proverbialement
    (6)
provisionnellement
provisoirement
prudemment
publiquement
pudiquement
puérilement
puissamment
purement
quatorzièmement
quatrièmement (4)
quinzièmement (4)
radicalement
raisonnablement
rapidement
rarement
récemment
réciproquement
réellement
réglément
régulièrement (5)
relativement
résolument

respectivement
respectueusement
révérencieusement
richement
ridiculement
rigidement
rigoureusement
robustement
roidement
romanesquement
rondement
roturièrement (5)
royalement
rudement
rustiquement
sacramentalement
sacrilègement
sagement
sainement
saintement
salement
salutairement
satiriquement
savamment
savoureusement
scandaleusement
sciemment (3)
scientifiquement
scolastiquement
scrupuleusement
sèchement
secondement
secrètement
séditieusement (6)
seizièmement
semblablement
sensiblement
sensuellement
sentencieusement
    (6)
séparément
septièmement (4)

sérieusement
serrément
serviablement (5)
servilement
sévèrement
seulement
simplement
sincèrement
singulièrement
sinistrement
sixièmement (4)
sobrement
sociablement (5)
soigneusement
solennellement
solidairement
solidement
solitairement
sommairement
somptueusement
    (5)
sordidement
sottement
soudainement
souplement
sourdement
souverainement
spacieusement (5)
spécialement (5)
spécieusement (5)
spécifiquement
sphériquement
spirituellement (6)
splendidement
stérilement
stoïquement (4)
strictement
studieusement (5)
subitement
subordonnément
subrepticement
subséquemment

subsidiairement (6)
substantiellement
substantivement
subtilement
successivement
succinctement
suffisamment
superbement
superficiellement
supérieurement (6)
superlativement
superstitieusement
supportablement
surabondamment
sûrement
surnaturellement
symétriquement
systématiquement
tacitement
tardivement
tellement,
    quellement
témérairement
temporellement
tendrement
terriblement
théologiquement
    (6)
théoriquement (5)
tièdement (3)
tiercement (3)
timidement
tolérablement
tortueusement (5)
totalement
tragiquement
traîtreusement
tranquillement
transversalement
treizièmement (4)
trigonométriquement

triomphalement
    (5)
triplement
tristement
trivialement (5)
troisièmement (4)
tumultuairement
    (6)
tumultueusement
    (6)
turbulemment
tyranniquement
unanimement
uniformément
uniment
uniquement
universellement
usurairement
utilement
vaguement
vaillamment
vainement
valablement
valeureusement
validement
véhémentement
vénalement
vénérablement
véniellement (5)
verbalement
véritablement
vertement
verticalement
vertueusement (5)
vicieusement (5)
victorieusement (6)
vieillement (3)
vigilamment
vigoureusement
vilainement
violemment (4)
virilement

virtuellement (5)
visiblement
vitement, *fam.*
vivement
vocalement
volontairement
voluptueusement
    (6)
vraiment
vraisemblablement
vulgairement

——— **nent** ———
Voir NANT.

——— **pent** ———
Voir PANT.

——— **quent** ———
Voir QUANT.

——— **rent** ———
Voir RANT.

——— **sent** ———
Voir SANT.

——— **tent** ———
Voir TANT.

——— **uent** ———
Voir UANT.

——— **vent** ———
Voir VANT.

——— **ENTE** ———
Voir ANTE.

——— **ENTRE** ———
Voir ANTRE.

——— **EP** ———

Alep, *g.*
cep *de vigne*
cep, *chaîne, vx.*
julep
salep
sep *de charrue*

[Le *p* est insonore
dans le second et le
dernier de ces mots.
Cependant on les met
en rime.]

——— **ÊPE** *long* ———

crêpe, *sm.*
crêpe, *sf.*
crêpe, *v.*
guêpe

ÈPE, EPPE *bref* —

cèpe, *v.*
Dieppe, *g.* (3)
recèpe, *v.*

[L'usage est de faire
rimer *èpe* bref
avec *êpe* long.]

——— **EPH** ———
Voir EF.

——— **ÈPHE** ———
Voir ÈFE.

——— **EPHTE** ———
clephte

——— **ÊPRE** ———
vêpre *(bref)*
vêpre *(long)*

[Rime tolérée]

——— **EPS** ———

biceps
creps, *jeu*
forceps
princeps *(édition)*
reps *(étoffe)*

——— **EPSE** ———

métalepse
prolepse
syllepse

——— **EPT** ———

sept
transept, *arch.*
tré-sept, *jeu*

[Ces mots riment avec
ceux en *set*, où le *t* se
prononce.]

——— **EPTE** ———

adepte
inepte
précepte

[Verbes]
accepte
excepte
intercepte

——— **EPTRE** ———
sceptre

[Mot sans rime, que
Voltaire a eu tort
d'associer aux mots
en *ectre*.]

——— **ÊQUE** *long* ———
archevêque
évêque

——— **ÈQUE** *bref* ———
arèque (noix d')
bibliothèque
extrinsèque
grecque
hypothèque
intrinsèque
Mecque (la), *g.*
obsèques
pastèque
pecque
pithèque
Sénèque, *np.*

[Verbes]
abecque
défèque
dissèque
hypothèque
rebèque (se)

——— **ER** *dur* ———
Abner, *np.*
amer
Antipater, *np.*
auster
belvéder
calander
cancer
cher
cuiller
eider
enfer
Esther, *np.*
éther
Euler, *np.*
fer
fier (1)

frater
gaster
Gesler, *np.*
Gessner, *np.*
Haller, *np.*
hier, (1 *ou* 2)
hiver
Jenner, *np.*
Jupiter, *myt.*
Kléber, *np.*
lucifer
mâchefer
magister
mer
Mesmer, *np*
messer
Niger, *g.*
outre-mer
partner
pater (le)
Saint-Sever, *g.*
Scaliger, *np.*
spencer, *s.*
stathouder
thaler
ver
Westminster

Voir AIR.

———— ER *doux* ————

[Cette désinence ne
rimant bien que de
l'articulation, nous
allons la présenter
avec les lettres
d'appui dont elle doit
être précédée.]

———— ber ————
absorber
adouber
aramber, *mar.*

bomber
cacaber
courber
cuber
dauber
débourber
dérober
désembourber
ébarber
engerber
englober
enherber
enjamber
exhiber
flamber
fourber
gerber
gober
herber
imbiber
inhiber, *vx.*
plomber
prohiber
radouber
recourber
regimber
retomber
succomber
surplomber
tituber
tomber

———— bler ————
Voir LER.

———— brer ————
Voir RER.

———— cer ————
acquiescer
agacer
agencer

amorcer
annoncer
avancer
balancer
bercer
cadencer
commencer
commercer
courroucer
décontenancer
défoncer
défroncer
délacer
dénoncer
dépecer
dépiécer (3)
déplacer
désenlacer
devancer
divorcer
écorcer
effacer
efforcer (s')
élancer (s')
émincer
enfoncer
engoncer
enlacer
énoncer
ensemencer
entrelacer
épicer
épucer
espacer
évincer
exaucer
exercer
fiancer (3)
financer
foncer
forcer
forlancer, *vén.*

froncer
garancer
gercer
glacer
grimacer
grincer
immiscer (s')
influencer (4)
lacer
lancer
manigancer
menacer
nuancer (3)
percer
pincer
placer
policer
poncer
prononcer
quittancer
rapiécer (3)
recommencer
relancer
remplacer
renfoncer
renforcer
renoncer
replacer
retracer
rincer
saucer
semoncer
sucer
tancer
tercer
tiercer (2)
tracer
transpercer

————— cher —————

archer
boucher

bûcher
clocher
cocher
coucher
gaucher
maraîcher
marcher (le)
nocher
pêcher
plancher
porcher
rocher
rucher
toucher (le)
vacher

[Verbes]

aboucher
accoucher
accrocher
afficher
affourcher
allécher
amouracher (s')
approcher
arracher
assécher
attacher
bâcher
bêcher
boucher
brocher
broncher
cacher
chercher
chevaucher
clicher
cocher
coucher
cracher
débaucher
déboucher

débucher
décocher
découcher
décrocher
défricher
déhancher
démancher
dénicher
dépêcher
dérocher
dessécher
détacher
doucher
ébaucher
ébrancher
ébrécher
écacher
écorcher
effaroucher
embaucher
emboucher
embrocher
emmancher
émoucher
empêcher
empocher
endimancher (s')
enfourcher
enharnacher
ensacher
entacher
enticher
épancher
éplucher
escarmoucher
étancher
fâcher
faucher
ficher
fourcher
gâcher
guillocher

hacher (h *asp.*)
harnacher (h *asp.*)
hocher (h *asp.*)
hucher (h *asp.*), *vx.*
joncher
jucher
lâcher
lécher
locher
loucher
mâcher
marcher
mécher
moucher
nicher
panacher
pêcher, *faire mal*
pêcher *du poisson*
pelucher
pencher
percher
piocher (2)
pleurnicher
pocher
prêcher
rabâcher
raccrocher
rapprocher
rattacher
reboucher
recacher
rechercher
recoucher
relâcher
rembucher (se),
  vén.
repêcher
reprocher
retoucher
retrancher, *fortif.*
retrancher, *ôter*
revancher

ricocher
rucher
sécher
tâcher
tacher
toucher
trancher
trébucher
tricher
trucher

———— **cler** ————
Voir LER.

———— **crer** ————
Voir RER.

———— **der** ————
abonder
aborder
acagnarder
accéder
accorder
accouder
achalander
affriander (4)
aider
amender
appréhender
attarder
badauder
baguenauder
bander
barder
barricader
bavarder
blinder
bombarder
border
bouder
bourder, *pop.*
brelander

brider
brigander
brocarder
broder
cagnarder
canarder
carder
céder
clabauder
coïncider (4)
colluder
commander
concéder
consolider
concorder
contremander
corder
couder
cuider, *vx.*
corroder
darder
débander
débarder
déborder
déborder
débrider
décéder
décider
dégrader
demander
déposséder
dérider
désaccorder
dessouder
dévergonder
dévider
dilapider
discorder
dissuader (4)
échafauder
échauder
élider

éluder
émender
émonder
enquinauder
entr'aider (s')
entrelarder
escalader
estocader
évader
évider
excéder
exhéréder
exsuder
faisander
farder
féconder
fonder
frauder
fronder
galvauder
gambader
garder
goguenarder
gourmander
gronder
guider
guinder
hasarder (h *asp.*)
hourder (h *asp.*)
incommoder
inféoder (4)
inonder
intercéder
intimider
invalider
lapider
larder
lézarder
liarder (2)
liquider
mander
marauder

marchander
mignarder
minauder
monder
musarder
nigauder
obséder
oxyder
palissader
panader
pelauder
persuader
pétarder
placarder
plaider
poignarder
pommader
posséder
précéder
prédécéder
préluder
présider
procéder
quémander
raccommoder
raccorder
ravauder
reborder
rebroder
recarder
recommander
recorder
redemander
redonder
regarder
reguinder
renarder
réprimander
rescinder
résider
ressouder
retarder

rétrograder
rider
rôder
saccader
scander
scinder
seconder
solder
sonder
souder
succéder
surabonder
taillader
tarauder
tarder
transborder, *mar.*
transsuder
trigauder
truander, *pop.* (3)
valider
vider
vilipender

——— **drer** ———
Voir RER.

——— **éer** ———
agréer
béer
créer
dégréer
désagréer
féer, *vx.*
gréer
guéer
maugréer
procréer
ragréer
recréer
récréer
suppléer

— **fer, ffer** *et* **pher** —
agrafer
apostropher
attifer
biffer
bouffer
brifer
chauffer
coiffer
débiffer
décoiffer
dégrafer
échauffer
épouffer (s'), *pop.*
étoffer
étouffer
gaffer
greffer
griffer
parapher
philosopher
piaffer (2)
pouffer
rebiffer (se)
réchauffer
recoiffer
tarifer
triompher
truffer

——— **fler** ———
Voir LER.

——— **frer** ———
Voir RER.

——— **ger** ———
Alger, *g.*
berger
blanc-manger
bocager
boulanger

danger
étranger
horloger
imager
léger
lignager
linger
manger (le)
ménager
mensonger
messager
oranger
passager
péager (3)
potager
usager
verger
viager (3)

[Verbes]
abréger
abroger
adjuger
affliger
agréger
alléger
allonger
aménager
apanager
arpéger
arranger
arrérager
arroger (s')
asperger
assiéger (3)
avantager
bouger
changer
charger
colliger
converger
corriger

décharger
décourager
dédommager
dégager
dégorger
déloger
démanger
déménager
déranger
déroger
désobliger
déterger
dévisager
diriger
échanger
égorger
égruger
émarger
émerger
emménager
encager
encourager
endommager
engager
engorger
engranger
enrager
envisager
éponger
ériger
étager
exiger
figer
forger
fourrager
franger
fustiger
gager
goberger (se)
gorger
gruger
héberger

immerger
infliger
insurger
interroger
jauger
juger
loger
longer
louanger (3)
manger
mélanger
ménager
mitiger
nager
négliger
neiger
obliger
ombrager
outrager
ouvrager
pacager
partager
pleiger
plonger
préjuger
présager
prolonger
propager
proroger
protéger
purger
rager
rallonger
ramager
ranger
ravager
rechanger
recharger
rédiger
regorger
rengorger (se)
replonger

saccager
singer
songer
soulager
submcrgcr
subroger
surcharger
surnager
transiger
vendanger
venger
verbiager (4)
voltiger
voyager

——— **gler** ———
Voir LER.

——— **gner** ———
accompagner
aligner
assigner
baigner
barguigner
besogner, *vx.*
cligner
cogner
consigner
contresigner
daigner
dédaigner
éborgner
égratigner
éloigner
empoigner
enseigner
épargner
forligner
gagner
grogner
guigner

imprégner
indigner
interligner
ivrogner
lorgner
peigner
provigner
réassigner (4)
rechigner
recogner
refrogner (se)
regagner
régner
rencogner
renseigner
répugner
résigner
ressaigner
rogner
saigner
signer
soigner
souligner
soussigner
témoigner
trépigner

——— **grer** ———
Voir RER.

——— **guer** ———
alarguer
alléguer
baguer
bastinguer
biguer
braguer
briguer
carguer, *mar.*
conjuguer
daguer
déléguer

détalinguer, *mar.*
dialoguer (4)
diguer
distinguer
divaguer
divulguer
draguer
droguer
écanguer
élaguer
enverguer
épiloguer
étalinguer, *mar.*
extravaguer
fatiguer
fringuer
haranguer
homologuer
instiguer
intriguer
larguer, *mar.*
léguer
liguer
morguer
narguer
naviguer
préléguer
prodiguer
promulguer
ralinguer, *mar.*
reléguer
seringuer
subdéléguer
subjuguer
tanguer, *mar.*
targuer (se)
vaguer
voguer

—— **ier,** *monosyll.* ——
abricotier
acier

aiguilletier
albergier
alénier
alisier
Allier, *g.*
altier
amandier
anecdotier
ânier
arbousier
argentier
armurier
arquebusier
artificier
atelier
aubier
audiencier
aumônier
avant-dernier
aventurier
azerolier
bachelier
baguenaudier
baguier
balancier
bananier
banqueroutier
banquier
barbier
batelier
bâtonnier
bélier
bénéficier
bénitier
besacier
beurrier, *s. et adj.*
bijoutier
boisselier
bombardier
bonnetier
bordier
bossetier

bottier
boucanier
bouquetier
bourbier
bourrelier
boursier
boutillier
boutiquier
boutonnier
bouvier
braconnier
brancardier
brandevinier
brasier
brelandier
brigadier
briquetier
brouettier (3)
buandier
buissonnier
buvetier
cabaretier
cabotier (*bâtiment*)
cafetier
caféier *ou* cafier
cahier
caissier
cannelier
cancanier
canonnier
cantinier
cantonnier
carabinier
caravanier
cardier
carnassier
carnier
carrier
carossier
caroubier
cartier
cartonnier

casanier
cavalier
ceinturier
cellérier
cellier
censier
centenier
cerisier
chamelier
chancelier
chandelier
chansonnier
chantier
chapelier
charbonnier
charcutier
charnier
charpentier
charretier
châtaignier
chaudronnier
chevalier
chaufournier
chevecier
chicanier
chiffonnier
chipotier
ciergier (2)
cimier
cirier
citronnier
clapier
clavier
cloutier
cocotier
cognassier
cohéritier (4)
collier
colombier
confiturier
contrebandier
coquetier

coquillier
cordelier
cordier
cordonnier
cormier
cornier
costumier
coupletier
courrier
coursier
courtier
coutelier
coutumier
couturier
créancier
créquier
crinier
croupier
cuirassier
cuiratier
cuisinier
cuvier
Cuvier np.
Dacier np.
damier
dattier
demi-setier
denier
dépensier
dernier
devancier
dindonnier
dizainier
doigtier (2)
dossier
douanier (3)
drapier
droitier
ébénier
écaillier
échiquier
écolier

églantier
entier
éperonnier
épervier
épicier
épistolier
escalier
espalier
estafier
étalier
étapier
évier
façonnier
faïencier (3)
faisandier
familier
farinier
fauconnier
faux-saunier
fermier
fessier
figuier, lui
financier
finassier
flibustier
foncier
fontainier
forestier
foulonnier
fournier
fourrier
fraisier
framboisier
fripier
fruitier (2)
fumier
fusilier
gabier
gagne-denier
gaînier
gantier
garennier

gargotier
gâte-métier
gazetier
geôlier (2)
gésier (2)
gibier
glacier
gondolier
gosier
gravier
greffier
grenadier
grainetier
grenier
grimacier
groseillier
grossier
guêpier
guerrier
guichetier
hallebardier (h *a.*)
hallier (h *asp.*)
haut-justicier
hebdomadier
herbier
héritier
hospitalier
hôtelier
huilier
huissier
hunier
infirmier
inhospitalier
irrégulier
janvier
jardinier
jetonnier
joaillier (3)
journalier
justicier
lancier
lanternier

larmier
lavandier
laurier
layetier (3)
levier
limier
limonadier
limonier *(cheval)*
loup-cervier
louvetier
lunetier
luthier
maltôtier
mancenillier
manufacturier
marguillier
marinier
marronnier
massier
matelassier
médaillier
mégissier
ménétrier (3)
menuisier
mercier
merisier
messier
métier
meunier
mi-denier
millier
minaudier
miroitier
mobilier (3)
mortier
moutardier
moutier, *vx.*
moutonnier
muletier
mûrier
nautonnier
noisetier

nourricier
obusier
officier
oiselier
olivier
ordurier
osier
palefrenier
palier
palmier
panetier
panier
papetier
papier
parcheminier
parlier, *vm.*
particulier
passementier
pâtissier
paumier
peaussier (2)
pelletier
pénitencier
perruquier
pierrier (2)
pigeonnier (3)
pilier
pionnier (3)
piquier
pistachier
plombier
plumassier
pluvier
poêlier (2)
poirier
policier
pommier
pompier
pontonnier
portier
potier
pourpier

poussier
prébendier
premier
primicier
princier
printannier
prisonnier
prunier
psautier
quartier
quillier
quincaillier
radier
ramier
rancunier
raquetier
râtelier
ratier
redevancier
Régnier, *np.*
regrattier
régulier
rentier
romancier
rosier
roturier
roulier
routier
rubanier
sabotier
saladier
savetier
saunier
séculier
sellier
semainier
sentier
serrurier
setier
singulier
sommelier
sommier

sorbier
sorcier
sottisier
soulier
survivancier
tabletier
taillandier
tapissier
tavernier
taupier
teinturier
tenancier
terrassier
terrier
timbalier
timonier
tisonnier
toilier
tonnelier
tracassier
trésorier
tripier (?)
tripotier
tuilier (2)
tulipier
usufruitier
usurier
vannier
verdier
verrier
vice-chancelier
violier (3)
vivandier
vivier
Viviers, *g.*
voiturier
volontiers, *adv.*

—— **ier,** *dissyll.* ——
arbalétrier
baudrier
bouclier

calendrier
camérier
caprier
cendrier
chambrier
chartrier
chevrier
cloîtrier
coudrier
destrier
épinglier
étrier
fablier (3)
feutrier
février
gaufrier
genévrier
giroflier
lévrier
madrier
manœuvrier
manouvrier
marbrier
ménétrier
meurtrier
néflier
négrier
ouvrier
peuplier
plâtrier
poivrier
poudrier
sablier
salpêtrier
sanglier
sémestrier
sucrier
tablier
templier
titrier
vinaigrier
vitrier

[Verbes]
à désinence dissyllabique

allier
amodier
amplifier
apostasier
apparier
apprécier
approprier
armorier
associer
balbutier
barbifier
béatifier (5)
bénéficier
bonifier
calligraphier
calomnier
carier
certifier
charrier
circonstancier
clarifier
colorier
communier
confier
congédier
contrarier
copier
crier
crucifier
décrier
dédier
déifier (4)
délier
démarier
dénier
déparier
déplier
déprier
différencier
disgracier
diversifier

domicilier
dulcifier
écrier (s')
édifier, *bâtir*
édifier *son prochain*
effigier, *vx.*
émier
envier
épier
estropier
étudier
excommunier
excorier
expatrier (s')
expédier
expier
exproprier
extasier (s')
falsifier
fier
fortifier
glorifier
gratifier
historier
humilier
identifier
industrier (s')
ingénier (s')
initier
injurier
inventorier
irradier
justicier
justifier
lénifier
licencier
lier
liquéfier
lubrifier
magnifier
manier
marier

méfier (se)
mendier
mésallier
modifier
mortifier
multiplier
négocier
nier
notifier
obvier
officier
orthographier
ossifier
oublier
pacifier
pallier
parier
parodier
pépier
personnifier
pétrifier
pilorier
plier
préjudicier
prier
privilégier
psalmodier
publier
purifier
putréfier
qualifier
quintessencier
rallier
ramifier (se)
rapatrier
raréfier
rassasier
ratifier
réconcilier
recopier
récrier (se)
rectifier

réédifier
réfugier
relier
remanier
remarier
remédier
remercier
renier
replier
reprier
répudier
résilier
sacrifier
salarier
sanctifier
scarifier
scier
scorifier
signifier
simplifier
solacier, *vm.*
solfier
solidifier
soucier (se)
spécifier
spolier
stipendier
stupéfier
supplicier
supplier
tartufier
testifier
torréfier
trier
tuméfier
varier
vérifier
versifier
vicarier
vicier
vitrifier
vivifier

———— **ler, ller** ————
découpler (le), *s.*
parler (le), *s.*
pourparler, *s.*

[Verbes]
accabler
accoler
accoupler
acculer
accumuler
affiler
affoler
affrioler (4)
affubler
agneler
aller
amonceler
annihiler
annuler
appeler
articuler
assembler
assimiler
attabler (s')
atteler
avaler
aveugler
bâcler
bâiller
barioler (4)
batifoler, *fam.*
bêler
beugler
bosseler
botteler
boucler
bourreler
boursoufler
branler
bricoler
brimbaler

brûler
cabaler
cabrioler (4)
cajoler
calculer
caler
canneler
capituler
caracoler
carreler
celer
cercler
chanceler
cingler
circuler
ciseler
coaguler (4)
coller
combler
compiler
congeler
congratuler
consoler
contempler
contrôler
convoler
couler
coupler
créneler
cribler
croquignoler
crouler
cumuler
débâcler
déballer
déboucler
décarreler
déceler
décheveler
décoller
découler
découpler

décupler
dédoubler
déferler, *mar.*
défiler
déficeler
dégeler
dégringoler
démanteler
démêler
démeubler
denteler
dépeupler
dérégler
dérouler
désaveugler
désemballer
désenfler
désensorceler
désoler
désopiler
dessaler
dessangler
desseller
détaler
dételer
dévaler
dévoiler
dissimuler
distiller
doubler
ébouler
ébranler
écaler
écarteler
écornifler
écouler
écrouler (s')
effiler
égaler
emballer
embler
emmieller (3)

emmitoufler
emmuseler
empaler
émorfiler
empiler
enficeler
enfiler
enfler
enjaveler
enjôler
enrôler
ensabler
ensorceler
entabler (s')
entremêler
entrecaler
épauler
épeler
épiler
essouffler
étaler
étinceler
étrangler
exceller
exhaler
exiler
faufiler
fêler
ficeler
filer
fioler, *pop.* (2)
flageller
fouler
gauler
geler
gesticuler
gonfler
grêler
graticuler
griveler
grommeler
hâbler (h *asp.*)

hâler (h *asp.*)
harceler (h *asp.*)
héler (h *asp.*)
huiler
hurler
immatriculer
immoler
inoculer
installer
intercaler
interpeller
interpoler
intituler
jubiler
maculer
marteler
mêler
meubler
miauler (3)
monopoler, *vm.*
morceler
mouler
mutiler
niveler
osciller
ourler
parler
peler
peupler
piauler (3)
piler
pommeler (se)
postuler
pulluler
quadrupler
quereller
racler
racoler
raffoler
rafler
râler
rappeler

rassembler
rambler
ravaler
rebeller (se)
récapituler
recéler
récoler, *t. pa.*
recoller
reculer
redoubler
refouler
régaler
regeler
régler
regonfler
remêler
renacler
rendoubler
renfler
renifler
reniveler
renouveler
rentoiler
reparler
repeupler
repiler
ressembler
ressemeler
révéler
revoler
rigoler
rissoler
ronfler
rossignoler
roucouler
rouler
ruisseler
sabler
sabouler
saler
sangler
sarcler

sceller
seller
sembler
siffler
signaler
simuler
souffler
soûler
spéculer
stimuler
stipuler
styler
tabler
tonneler
trembler
tripler
trôler
troubler
vaciller
ventiler, *t. pa.*
violer (3)
voiler
voler, *dans ses divers*
    sens

—— **ller** *mouillé* ——
andouiller
conseiller
cornouiller
écailler
oreiller
pailler
poulailler

[Verbes]
agenouiller (s')
apostiller
appareiller
avitailler
habiller
bâiller
bailler

batailler
boursiller
bousiller
brailler
bredouiller
brétailler
briller
brouiller
cailler
chamailler
chatouiller
cheviller
conseiller
criailler (3)
croustiller
débarbouiller
débrailler (se)
débrouiller
dépailler
dépareiller
dépouiller
dérailler
dérouiller
désentortiller
déshabiller
dessiller
détailler
déverrouiller
écailler
écarquiller
écheniller
effeuiller
égosiller
émailler
embrouiller
émerveiller (s')
empailler
encanailler (s')
enrouiller
entailler
entortiller
éparpiller

érailler
essoriller
estampiller
étriller
éveiller
exceller
farfouiller
ferrailler
fouailler (2)
fouiller
fourmiller
frétiller
fusiller
gambiller
gaspiller
gazouiller
godailler
gouailler, (2) *pop.*
grapiller
grenailler
gribouiller, *fam.*
grisailler
grouiller
gueusailler
habiller
harpailler (h *asp.*)
houspiller (h *asp.*)
jouailler (3)
mailler *et* (se)
mitrailler
mordiller
mouiller
nasiller
patouiller
patrouiller
pendiller
pétiller
piailler (2)
piller
pointiller
railler *et* (se)
rappareiller

ravitailler
recoquiller (se)
recroqueviller (se)
refouiller
rempailler
retailler
retravailler
réveiller
rhabiller
rimailler
rouiller
roupiller
sautiller
siller
sommeiller
sonnailler
souiller
sourciller
surveiller
tailler
teiller
tenailler
tirailler
tortiller
travailler
veiller
verrouiller
vétiller

—— **mer, mmer** ——

abîmer
acclamer
accoutumer
affamer
affermer
affirmer
aimer
alarmer
allumer
amalgamer
animer
armer

arrimer, *mar.*
assommer
assumer
blâmer
blasphémer
bramer
calmer
charmer
chaumer
chômer
comprimer
confirmer
conformer
consommer
consumer
costumer
damer
décharmer
déchaumer
décimer
déclamer
dédamer
déformer
dégommer, *pop.*
déplumer
déprimer
désaccoutumer
désarmer
désenrhumer
despumer
diffamer
difformer
dîmer
écimer
écrémer
écumer
effumer
élimer (s')
embaumer
empaumer
emplumer
enfermer

enfumer
enrhumer
entamer
enthousiasmer
entr'aimer (s')
envenimer
escrimer (s')
essaimer
estimer
étamer
exclamer
exhumer
exprimer
fermer
former
fumer
gendarmer (se)
germer
gommer
gourmer
grimer (se)
humer
infirmer
informer
inhumer
intimer
légitimer
limer
mésestimer
nommer
opprimer
pâmer *et* (se)
parfumer
parsemer
paumer, *pop.*
périmer
plumer
pommer
présumer
primer
proclamer
raccoutumer

rallumer
ramer
ranimer
réclamer
rédimer (se)
refermer
réformer
réimprimer
relimer
remplumer (se)
renfermer
renommer
rentamer
réprimer
résumer
rimer
semer
sommer
spalmer, *mar.*
sublimer, *chim.*
supprimer
surnommer
tramer
transformer
trimer
vidimer

———— **ner, nner** ————
déjeuner, *s.*
dîner, *s.*

[Verbes]
abandonner
abonner
aborner
acoquiner (s')
acharner (s')
acheminer
actionner (4)
additionner (5)
adonner
affectionner (5)

affiner
agglutiner
ahaner, *pop.*
aiguillonner
ajourner
aleviner
aliéner (4)
alterner
amariner
ambitionner (5)
amener
ânonner
approvisionner (6)
arraisonner
assaisonner
assassiner
asséner
aumôner
auner
avoisiner
badigeonner
badiner
bâillonner
baliverner
bassiner
bâtonner
berner
bichonner
billonner
biner
bistourner
blasonner
bobiner
bondonner
borner
boucaner
bouchonner
bouffonner
bouillonner
bouquiner
bourdonner
bourgeonner (3)

boutonner
braconner
bruiner (3)
buriner
butiner
calciner
câliner
cancaner
canonner
cantonner
caparaçonner
carabiner
caréner, *mar.*
carillonner
caserner
cautionner (4)
cerner
chagriner
chansonner
chantonner
chaperonner
chaponner
charbonner
charlataner
cheminer
chicaner
chiffonner
chopiner
clopiner
combiner
concerner
condamner
conditionner (5)
confiner
consterner
contaminer
contourner
contre-miner
coordonner
corner
cotonner
couronner

cousiner
cramponner
crayonner (3)
cuisiner
culminer
damasquiner
damner
dandiner
débiner, *agr.*
débiner, *pop.*
débondonner
déboutonner
décerner
déchaîner
décharner
décliner
dégainer
déguignonner
déjeuner
démener
déraciner
déraisonner
désarçonner
désordonner
dessiner
destiner
déterminer
détoner
détonner
détourner
détrôner
dîner
discerner
discipliner
disproportionner
dodiner
dominer
donner
ébousiner
échantillonner
échardonner
échiner

écorner
efféminer
égrener
émaner
embabouiner (4)
embéguiner
emmagasiner
emmener
empenner
empoisonner
empoissonner
emprisonner
émulsionner (5)
encapuchonner
enchaîner
enchifrener
endoctriner
enfariner
enfourner
engainer
engrener
enguignonner
enluminer
enraciner
ensaisiner
enseigner
entériner
entonner
entraîner
environner
éperonner
époumonner (s')
escadronner
espadonner
espionner (4)
estramaçonner
étalonner
étançonner
étonner
étrenner
examiner
exterminer

façonner
faner
fasciner
festiner
festonner
flagorner
fleuronner
foisonner
forcener
fourgonner
fractionner (4)
fredonner
frictionner (4)
friponner
frissonner
fulminer
fusionner (4)
gabionner (4)
galonner
gangrener
gasconner
gazonner
gêner
glaner
godronner
goudronner, *mar.*
gouverner
griffonner
grisonner
guerdonner, *vm.*
harponner (h *asp.*)
hiverner
illuminer
illusionner (5)
imaginer
importuner
impressionner (5)
incarner
incliner
incriminer
jalonner
jardiner

jargonner
jeûner
lambiner
laminer
lanterner
lantiponner
lésiner
libertiner
lutiner
machiner
mâchonner
maçonner
malmener
maquignonner
marginer
mariner
marner
mâtiner
médeciner
mener
mentionner (4)
miner
mitonner
mixtionner (4)
moissonner
morigéner
moutonner
moyenner
mutiner (se)
obstiner
occasionner (5)
opiner
ordonner
organiser
orner
paner
papillonner
parangonner
passionner (4)
pateliner
patiner
patronner

pavaner (se)
peiner
pelotonner
pensionner (4)
perfectionner (5)
petuner
piétiner (3)
planer
plastronner
polissonner
pomponner
pouliner
précautionner (5)
prédestiner
prédominer
préopiner
profaner
promener
prôner
proportionner (5)
prosterner (se)
questionner (4)
raffiner
raisonner
ramener
ramoner
rançonner
rapiner
rasséréner
rayonner
réajourner
récriminer
redonner
refaçonner
réfréner
remener
remmener
rempoisonner
rengainer
résonner
retourner
révolutionner (6)

ricaner
routiner
ruiner (3)
ruminer
sablonner
safraner
satiner
savonner
séjourner
sermonner
sillonner
sonner
soupçonner
subordonner
suborner
suranner, *vx.*
surmener
talonner
tambouriner
tamponner
tanner
tatillonner
tâtonner
terminer
tisonner
tonner
tourbillonner
tourner
traîner
trépaner
tronçonner
trottiner
turlupiner
uriner
vaner
vaticiner, *vm.*
voisiner

——— ouer ———

allouer
amadouer
avouer

bafouer
clouer
déclouer
déjouer
dénouer
désavouer
déséchouer
désenclouer
désenrouer
dévouer
douer
ébrouer
échouer
écouer
écrouer
embouer
enclouer
engouer
enrouer
flouer
frouer
houer
jouer
louer
nouer
rabrouer
reclouer
rejouer
relouer
renouer
rouer
secouer
sous-louer
tatouer
touer, *mar.*
trouer
vouer

——— per, pper ———

acclamper, *mar.*
agripper
anticiper

attraper
attrouper
camper
chiper
chopper
constiper
couper
crêper
crisper
décamper
décaper, *chim.*
découper
désoccuper
détaper
détremper
détromper
développer
disculper
dissiper
draper
duper
échapper
écharper
échopper
écloper
égrapper
émanciper
envelopper
équiper
escamper
escarper
estamper
estomper
étouper
exciper
extirper
frapper
friper
galoper
grimper
gripper
grouper

happer
harper (h *asp.*)
houpper (h *asp.*)
inculper
japper
jasper
laper
lamper
nipper
occuper
palper
participer
piper
pomper
préoccuper
pulper
ramper
râper
rattraper
receper
réchapper
recouper
retaper
saper
scalper
souper, *s. et v.*
stéréotyper
super, *mar.*
syncoper
taper
toper
tremper
tromper
usurper

——— **pler** ———
Voir LER.

——— **prer** ———
Voir RER.

——— **quer** ———
abdiquer
abecquer
abouquer
abraquer, *mar.*
alambiquer
antiquer
appliquer
arquer
astiquer
attaquer
authentiquer
baraquer
bifurquer
bisquer
bivaquer
bloquer
bouquer
braquer
brusquer
busquer
calquer
chiquer
choquer
claquer
colloquer
communiquer
compliquer
confisquer
convoquer
craquer
critiquer
croquer
débanquer
débarquer
débloquer
débouquer, *mar.*
débusquer
décalquer
défalquer
déféquer, *chim.*
défroquer

démarquer
démasquer
dépiquer
détorquer
détraquer
disloquer
disséquer
effiloquer
efflanquer
embarquer
emberlucoquer (s')
embouquer, *mar.*
embusquer (s')
encaquer
enfroquer (s')
entre-choquer (s')
équivoquer
escroquer
estomaquer
évoquer
expliquer
extorquer
fabriquer
flanquer
flaquer
forniquer
hypothéquer
impliquer
inculquer
indiquer
interloquer
invoquer
macquer
manquer
marquer
masquer
mastiquer
métaphysiquer
moquer (se)
musquer
obliquer
offusquer

parquer
piquer
plaquer
politiquer
pratiquer
prévariquer
pronostiquer
provoquer
rebéquer (se)
reluquer
remarquer
remorquer
répliquer
requinquer (se)
rétorquer
revendiquer
révoquer
risquer
roquer
rustiquer
sophistiquer
suffoquer
taquer, *imp.*
toquer, *vm.*
trafiquer
traquer
trinquer
triquer
tronquer
troquer
vaquer

———— rer, rrer ————
abhorrer
abjurer
accaparer
accélérer
accoutrer
acérer
adhérer
adjurer
administrer

admirer
adorer
aérer (3)
afférer
affleurer
agglomérer
airer
altérer
amarrer, *mar.*
ambrer
améliorer (5)
ancrer
apurer
arbitrer
arborer
arrher
arriérer (3)
aspirer
assurer
atterrer
attirer
attitrer
augurer
aventurer
avérer
azurer
bâfrer, *pop.*
balafrer
barrer
beurrer
bigarrer
bourrer
cabrer
cadrer
calfeutrer
calandrer
cambrer
capturer
célébrer
censurer
chamarrer
chambrer

chapitrer
châtrer
chavirer
chiffrer
cintrer
cirer
claquemurer
coffrer
colorer
comparer
concentrer
confédérer
conférer
conjecturer
conjurer
consacrer
considérer
conspirer
contrecarrer
coopérer (4)
cuivrer
curer
cylindrer
débarrer
déblatérer
débourrer
déchiffrer
déchirer
décintrer
déclarer
décolorer
décombrer
déconsidérer
décorer
dédorer
déférer
déferrer
défigurer
déflorer
dégénérer
délabrer
délibérer

délivrer	empiffrer, *pop.*	garer
démarrer	empirer	gaufrer
démembrer	empourprer	gérer
demeurer	encadrer	hongrer
démontrer	enchevêtrer	honorer
démurer	encloîtrer	idolâtrer
dénaturer	encoffrer	ignorer
dénigrer	encombrer	illustrer
dénombrer	endurer	impétrer
déparer	enferrer	implorer
dépêtrer	engendrer	inaugurer
déplorer	engouffrer	incorporer
dépoudrer	enivrer	inférer
désancrer	enregistrer	infiltrer
désemparer	enserrer	ingérer (s')
désenivrer	ensoufrer	insérer
désespérer	enterrer	inspirer
désheurer	entourer	intégrer
déshonorer	entrer	invétérer
désirer	épierrer (3)	jurer
desserrer	épurer	labourer
détériorer (5)	errer	lacérer
déterrer	espérer	leurrer
détirer, *v. m.*	évaporer	libérer
dévorer	éventrer	lisérer
diaprer (3)	exagérer	livrer
différer	exécrer	lustrer
digérer	exonérer	macérer
dorer	expectorer	machurer
durer	expirer	manœuvrer
échancrer	exulcérer	manufacturer
éclairer	ferrer	marbrer
écurer	feutrer	massacrer
édulcorer	figurer	mesurer
effarer	filtrer	mirer
effleurer	flairer	mitrer
effondrer	fleurer	modérer
égarer	foirer, *pop.*	montrer
élaborer	folâtrer	murer
émigrer	forer	murmurer
emparer (s')	fourrer	narrer
empêtrer	frustrer	navrer

nombrer
obérer (s')
obtempérer
opérer
opiniâtrer (s')
outrer
ouvrer
parer
persévérer
perpétrer
plâtrer
préférer
proférer
procurer
prospérer
quarrer (se)
rassurer
raturer
récalcitrer
recouvrer
récupérer
redorer
référer
régénérer
registrer, *vm.*
réintégrer (4)
réitérer (4)
rembarrer
rembourrer
remémorer
remesurer
remontrer
rémunérer
rencontrer
rentrer
réparer
replâtrer
respirer
reserrer
restaurer
retirer
révérer

revirer
sabrer
sacrer
saturer, *chim.*
savourer
saupoudrer
saurer
séparer
séquestrer
serrer
sevrer
soufrer
soupirer
soutirer
sucrer
suggérer
suppurer
surdorer
tarer
tempérer
timbrer
tirer
titrer
tolérer
tonsurer
torturer
transférer
transfigurer
transpirer
triturer
ulcérer
vautrer
virer
vitrer
voiturer

———— **ser** *doux* ————

abuser
accuser
adoniser
agoniser
aiguiser

alcaliser
alcooliser (5)
aléser
allégoriser
amenuiser (4)
amuser
anagrammatiser
analyser
anathématiser
anatomiser
anglaiser
animaliser
apaiser
apposer
apprivoiser
araser
aromatiser
arquebuser
arroser
attiser
autoriser
aviser
baiser
baptiser
baser
biaiser (2 *ou* 3)
biser
blaser
blouser
boiser
braiser
briser
brutaliser
canaliser
canoniser
caractériser
caser
catéchiser
causer
cautériser
centraliser
chamoiser

christianiser
cicatriser
civiliser
coaliser (se) (4)
coloniser
composer
cotiser (se)
courtiser
creuser
criminaliser
cristalliser
croiser
déboiser
débourgeoiser
décomposer
décroiser
défriser
dégoiser
dégriser
déguiser
démoraliser
déniaiser (4)
dépayser (4)
dépopulariser
déposer
dépriser
désabuser
désorganiser
détiser
dévaliser
deviser
diéser
disposer
diviniser
diviser
dogmatiser
doser
ébraser, *arch.*
économiser
écraser
égaliser
égriser

électriser
embraser
émétiser
empeser
épouser
épuiser
éterniser
évangéliser
évaser
excuser
exorciser
exposer
familiariser (6)
fanatiser
favoriser
fertiliser
fleurdeliser
formaliser
franciser
fraterniser
friser
galantiser, *vm.*
galvaniser
gargariser
généraliser
gloser
gracieuser (4)
gréciser
gueuser
herboriser
humaniser
idéaliser (5)
immortaliser
impatroniser (s')
imposer
inciser
indemniser
infuser
interposer
jalouser
jaser
judaïser (4)

latiniser
légaliser
léser
magnétiser
maîtriser
martyriser
mépriser
mesurer
métamorphoser
mobiliser
monseigneuriser
moraliser
muser
naturaliser
neutraliser
niaiser (2 *ou* 3)
noliser
organiser
oser
pactiser
paraphraser
paralyser
particulariser
pauser, *mus. vm.*
pédantiser
périphraser
peser
philippiser
phraser
pindariser
poétiser (4)
poser
préconiser
préposer
présupposer
priser
prophétiser
proposer
prosaïser (4)
puiser (2)
pulvériser
raser

raviser
réaliser
recreuser
récuser
refuser
régulariser
remiser
reposer
reviser
ridiculiser
ruser
satiriser
scandaliser
séculariser
singulariser (se)
solenniser
soupeser
spiritualiser (6)
stigmatiser
subdiviser
subtiliser
supposer
symboliser
symétriser
sympathiser
tamiser
temporiser
thésauriser
toiser
transposer
tranquilliser
transvaser
tympaniser
tyranniser
user
utiliser
ventouser, *chir.*
verbaliser
viser
volatiliser

— ser *dur et* sser —
abaisser
accenser
acenser
adosser
adresser
affaisser
amasser
anser
apetisser
avocasser
baisser
blesser
bouleverser
brasser
brosser
cadenasser
caresser
casser
cesser
chasser
chausser
classer
clisser
coasser (3)
compasser
compenser
compulser
concasser
condenser
confesser
controverser
converser
corser
cosser
crevasser
crisser
croasser (3)
crosser
cuirasser
damasser
danser

débarrasser
débourser
décaisser
déchausser
déclasser
décrasser
défausser (se)
dégraisser
délaisser
délasser
délisser
dépasser
dépenser
désintéresser
désosser
détrousser
déverser
dispenser
disperser
dresser
échalasser
éclabousser
éclipser
écosser
embarrasser
embosser
embourser
embrasser
émousser
empresser (s')
encaisser
encenser
enchâsser
endosser
engraisser
engrosser
entasser
esquisser
estrapasser
exhausser
expulser
fausser

fesser
finasser
fracasser
fricasser
froisser
gausser (se)
glisser
glousser
graisser
harasser (h *asp.*)
hausser (h *asp.*)
hérisser (h *asp.*)
herser (h *asp.*)
hisser (h *asp.*)
intéresser
laisser
lambrisser
lisser
malverser
masser
matelasser
mousser
offenser
oppresser
outrepasser
palisser
panser
paperasser
passer
pâtisser
penser
plisser
poisser
pourchasser
pousser
prélasser (se)
presser
professer
rabaisser
ramasser
rapetasser
rapetisser

ratisser
rebaisser
rebrousser
recenser
récompenser
redresser
rehausser
renverser
repasser
repenser
repousser
ressasser
retrousser
rêvasser
reverser
rosser
sasser
strapasser, *vm.*
tapisser
tasser
tergiverser
terrasser
tirasser
tisser
tousser
tracasser
traverser
treillisser
trémousser
trépasser
tresser
trousser
valser
vernisser
verser
visser

Voir CER.

————— ter —————

abouter
abriter
absenter (s')

accepter
acclimater
accointer
accréditer
acheter
accoster
accoter
acquitter
adapter
adenter
admonester
adopter
affecter
affréter
affronter
affûter
aganter, *mar.*
agioter (4)
agiter
aheurter
aimanter
ajouter
ajuster
alimenter
aliter
allaiter
ameuter
amputer
annoter
anuiter (s') (3)
antidater
aposter
apparenter
appâter
appéter
appointer
apporter
apprêter
argenter
argumenter
arpenter
arrenter

arrêter
assermenter
assister
assoter
asticoter
attenter
attester
attrister
augmenter
ausculter
avorter
baisoter
ballotter
banqueter
baratter
barboter
bâter
becqueter
biqueter
bluter
boiter
bonneter
botter
breveter
brillanter
briqueter
brocanter
brouetter (3)
brouter
buffeter
buter
buvoter
cacheter
cahoter
cailleter
calfater
capter
caqueter
chanter
charpenter
chipoter
chuchoter

cimenter
citer
clignoter
clouter
cohabiter
colleter
colporter
commenter
compléter
comploter
comporter
compter
concerter
conforter
confronter
conquêter
consister
constater
consulter
contenter
conter
contester
contracter
contraster
contrister
convoiter
copter
coqueter
coter
coupleter
coûter
cravater
crocheter
crotter
culbuter
culotter
dater
débâter
débiliter
débiter
débotter
débouter

débuter
décacheter
décanter
décapiter
déchanter
déchiqueter
déclimater
décolleter
déconcerter
déconforter
décréter
décrotter
dégoter
dégoûter
dégoutter
déguster
déjeter
délecter
démailloter
démâter
démériter
démonter
dénoter
dépaqueter
dépister
dépiter
déporter
déposter
députer
dérater
dérouter
désappointer
désenchanter
déshériter
désister
désorienter
détester
dévaster
dicter
dilater
diligenter
discuter

disputer
disserter
dompter
dorloter
doter
douter
écarter
éclater
écourter
écouter
écroûter
édenter
égoutter
embâter
emboîter
émietter (3)
emmailloter
emmenotter
empaqueter
empâter
empester
empléter (3)
emporter
empoter
emprunter
enchanter
encroûter
endetter
enquêter (s')
enrégimenter
ensanglanter
enter un arbre
entêter
envoûter
épater
épointer
épousseter
épouvanter
éreinter
ergoter
escamoter
escompter

escorter
essarter
étêter
étiqueter
éventer
éviter
exalter
excepter
exciter
exécuter
exempter
exhorter
expérimenter
exploiter
exporter
faciliter
fagoter
fainéanter
féliciter
fermenter
fêter
feuilleter
filouter
flatter
flotter
flûter
fomenter
fouetter (2)
frelater
fréquenter
fréter, mar.
frisotter
fritter
frotter
fureter
ganter
garrotter
gâter
gigoter, pop.
gîter
gobelotter, pop.
goûter

gratter
graviter
greloter
grignoter
guetter
habiter
haleter (h asp.)
hanter (h asp.)
hâter (h asp.)
hébéter
hériter
hésiter
heurter (h asp.)
humecter
hutter, mar.
imiter
impatienter (5)
importer
imputer
incidenter
inciter
incruster
infecter
infester
injecter
inquiéter (4)
insister
instrumenter
insulter
intercepter
interjeter
interpréter
inventer
inviter
irriter
jaboter
jeter
jouter
lamenter
latter
lester, mar.
liciter, jur.

limiter
lutter
maltraiter
manifester
marmotter
marqueter
mâter, *mar.*
mater, *mortifier*
mécompter
mécontenter
médicamenter
méditer
mériter
mignoter
mijoter
minuter
molester
monter
moucheter
mugueter
natter
numéroter
objecter
opter
orienter
ôter
palpiter
papilloter
parlementer
parqueter
passementer
patenter
patienter (4)
pédanter
peloter
péricliter
permuter
persécuter
persister
pester
picoter
piloter

pinter, *pop.*
pirater
pirouetter (4)
plaisanter
planter
pocheter
pointer
ponter
porter
poster
précipiter
précompter
préexister
préméditer
présenter
prêter
prétexter
profiter
projeter
protester
quêter
quitter
raboter
racheter
raconter
racquitter
radoter
ragoter
rajuster
rapiéceter (4)
rapporter
rater
ravigoter
rebâter
rebuter
recacheter
réciter
récolter
réconforter
recruter
redouter
refêter

refléter
réfracter
réfuter
régenter
regratter
regretter
réhabiliter
rejeter
relater
remboîter
remonter
rempaqueter
remporter
remprunter
renter
répercuter
répéter
replanter
reporter
représenter
réputer
résister
respecter
ressusciter
rester
retâter
rétracter
retraiter
révolter
riposter
sangloter
sauter
sculpter
sergenter
serpenter
siroter
solliciter
souffleter
souhaiter
sous-traiter
subsister
suinter (2)

supplanter	—— **uer,** *dissyll.* ——	obstruer
supporter	abluer	perpétuer
supputer	accentuer	polluer
surmonter	affluer	ponctuer
susciter	arguer	prostituer
sustenter	atténuer	reconstituer
tacheter	attribuer	refluer
tapoter	bossuer	réhabituer
tarabuster	commuer	remuer
tâter	confluer	ressuer
tempêter	conspuer	restituer
tenter	constituer	ruer
tester	continuer	saluer
teter	contribuer	situer
teinter	dégluer	statuer
tinter	dénuer	substituer
toaster *(toster)*	déshabituer	suer
tourmenter	désinfatuer	tortuer
traiter	désobstruer	transmuer
translater, *vm.*	destituer	tuer
transplanter	diminuer	
trembloter	discontinuer	—— **ver** ——
tricoter	distribuer	abreuver
tripoter	effectuer	achever
trompetter	engluer	activer
trotter	éternuer	aggraver
valeter	évacuer	approuver
vanter	évaluer	arriver
végéter	évertuer	aviver
venter	évoluer	baver
vergeter	exténuer	braver
violenter (4)	fluer	captiver
visiter	gluer	caver
vivoter	graduer	cliver
voleter	habituer	conniver
volter	huer (h *asp.*)	conserver
voluter	infatuer	controuver
voter	influer	couver
voûter	insinuer	crever
	instituer	cultiver
—— **trer** ——	muer	cuver
Voir RER.	nuer	dégrever

délaver
dépaver
dépraver
dériver
désapprouver
élever
emblaver
encaver
enclaver
encuver
endêver
énerver
engraver
enjoliver
enlever
entraver
éprouver
esquiver
étuver
graver
grever
improuver
innover
invectiver
laver
lessiver
lever
lever (le), s.
mésarriver
motiver
observer
parachever
paver
prélever
préserver
priver
prouver
rachever
raviver
récidiver
relaver
relever

rénover
réprouver
réserver
retrouver
rêver
river
saliver
sauver
soulever
trouver

——— vrer ———
Voir RER.

——— xer ———
annexer
boxer
fixer
luxer
malaxer
relaxer
surtaxer
taxer
vexer
Voir CER *et* SER *dur.*

——— yer ———
aboyer
aiguayer
apitoyer
appuyer
atermoyer
avoyer, *sm.*
balayer
bayer
bégayer
bornoyer
broyer
charroyer
chatoyer
choyer
convoyer

corroyer
côtoyer
coudoyer
déblayer
défrayer
délayer
déployer
désennuyer
désenrayer
dévoyer
écuyer, *sm.*
effrayer
égayer
ennuyer
enrayer
envoyer
essayer
essuyer
étayer
festoyer
flamboyer
fossoyer
foudroyer
fourvoyer
foyer, *sm.*
frayer
giboyer
grasseyer
grossoyer
gruyer, *sm.*
guerroyer
langueyer
larmoyer
layer
louvoyer
loyer, *sm.*
métayer, *sm.*
monnayer
nettoyer
noyer
noyer, *sm.*
octroyer

ondoyer
papayer, *sm.*
payer
plaidoyer, *s. et v.*
ployer
rayer
relayer
remblayer
remployer
renvoyer
ressuyer
rudoyer
surpayer
tournoyer
tutoyer
verdoyer
voyer, *sm.*

———— zer ————
bronzer
dégazer
gazer
    Voir SER *doux.*

———— ERBE ————
acerbe
adverbe
engerbe, *v.*
enherbe, *v.*
gerbe, *s. et v.*
herbe, *s. et v.*
imberbe
Malherbe, *np.*
Malesherbes, *np.*
proverbe
superbe, *a et s.*
verbe, *gram.*
Verbe *divin* (le)

———— ERC ————
clerc
mauclerc

— **ERCE** *et* **ERSE** —
adverse, *af.*
Artaxerce, *np.*
averse
commerce
controverse
converse
diverse
Erse, *g.*
herse (h *asp.*)
inverse
perce *(vin en)*
Perse, *g.*
Perse, *np.*
perverse
Properce, *np.*
renverse (à la)
tierce (2)
traverse
traverse (à la)
verse (il pleut à)

        [Verbes]
berce
bouleverse
commerce
converse
déverse
disperse
exerce
gerce
herse (h *asp.*)
malverse
perce
renverse
reverse
tergiverse
tierce
transperce
traverse
verse

———— ERCHE ————
cherche, *v.*
perche, *s. et v.*
Perche (le), *g.*
recherche, *s. et v.*

———— ERCLE ————
cercle, *s. et v.*
couvercle

———— ERD ————
    Voir ERT.

———— ERDE ————
perde, *v.*
reperde, *v.*
Valverde *(moine)*

[Plus le mot fameux
de Cambronne.]

———— ERDRE ————
perdre

[Et ses composés :
donc point de rime.]

———— ÈRE ————
Abdère, *g.*
adultère, *s. et a.*
amère
aptère, *s. et adj.*
artère
atmosphère
austère
baptistère
bayadère
belvédère
bergère
bocagère
bouchère
boulangère

calorifère
caractère
cautère
célère
célérifère
Cerbère, *myt.*
chère, *s. et adj.*
chimère
clystère
cochère (porte)
coléoptère
colère
commère
compère
confrère
congénère
conifère
cratère
criocère
Cythère, *g.*
délétère
douce-amère
enchère
éphémère
équilatère
ère
estère
étagère
étrangère
Finistère
fougère
frère, beau-frère
fromagère
fructifère
galère
guère *ou* guères
harengère
hémisphère
hère
Homère, *np.*
horlogère
ibère *ou espagnol*

ictère
impubère
Isère, *g.*
jachère, *sf.*
lactifère
lanifère
légère
léthifère
lingère
Madère, *g.*
magistère
mammifère
Mégère, *myt.*
ménagère
mensongère
mère, grand-mère,
    belle-mère
mésentère
ministère
misère
mortifère
mystère
naguère
ombellifère
orangère
panthère
parère, *sm.*
passagère
patère
père, grand-père,
    beau-père
pestifère
phalanstère
phylactère
planisphère
potagère
presbytère
prière
primevère
prospère
pubère
repère

réverbère
scorsonère
sévère
sincère
somnifère
soporifère
sphère
staminifère, *bot.*
stère
sudorifère
surenchère
Tibère, *np.*
trouvère
ulcère
vachère
vélocifère
viagère (4)
vinifère
vipère
viscère
vitupère, *vx.*

[Verbes]

accélère
acère
adhère
adultère
aère (3)
affère
agglomère
altère
avère
confédère
confère
considère
coopère (4)
déblatère
déconsidère
défère
dégénère
délibère
désaltère

désespère
diffère
digère
dilacère
énumère
espère
exagère
exonère
gère
incarcère
infère
ingère (s')
insère
jachère
lacère
légifère
libère
lisère
macère
modère
obère
oblitère
obtempère
onère
opère
persévère
pondère
préfère
profère
prospère
récupère
réfère
régénère
réitère
rémunère
révère
réverbère
suggère
tempère
tolère
transfère
ulcère

vénère
vocifère

Voir AIRE.

—— ière *et* yère ——
dissyllabes

aiguière
aiguillière
altière
ardoisière
argentière
armurière
arrière, *s. et adv.*
aumônière, *s. et a.*
avant-courrière
aventurière
bandière
bandoulière
bannière
banqueroutière
barrière
batelière
Bavière, *g.*
beurrière
bière *(boisson)*
bièré *(cercueil)*
bijoutière
bonbonnière
bouquetière
boursière
boutonnière
bouvière
braisière
brassière
bruyère
Bruyère (la), *np.*
buissonnière *(école)*
butière
cabaretière
cachotière
caféière
cafetière

canardière
cancanière
canonnière
cantinière
cantonnière
capucinière
carnassière, *sf.*
carnassière, *adj.*
carrière
casanière
cavalière
cellérière
censière
chancelière
chandelière
chapelière
charbonnière
charcutière
charnière
chartière
chatière
chaudière
chaudronnière
chaumière
chenevière
chipotière
chocolatière
cimetière
civadière, *mar.*
civière
clairière
cloyère
confiturière
cordelière
cordière
Cordilières, *g.*
côtière, *s. et adj.*
courrière
courtière
cousinière
coutelière
coutumière

couturière
crapaudière
créancière
crémière
cressonnière
crinière
croisière
croupière
cuisinière
daubière
dentellière
dépensière
derrière
Deshoulières, *np.*
devancière
devantière
dindonnière
dossière
douairière (4)
drapière
écolière
écuyère
entière
épicière
épinière
étrivière
façonnière
faïencière (4)
faîtière
familière
fermière
ferrière
ferronnière
feutrière *(toile)*
fière, *af.*
filandière
filière
financière
foncière, *s. et af.*
fourmilière
fourrière
fraisière

fripière
frontière
fruitière
gantière
garancière
garçonnière
gargotière
gentilhommière
gibecière
glacière
gouttière
grènetière
grimacière
gruyère
herbière
héritière
héronnière
hospitalière
hôtelière
houblonnière
infirmière
inhospitalière
irrégulière
jacobinière, *sf.*
jambière
jardinière
jarretière
journalière
laitière
lanière
lavandière
limonadière
limonière
linière
lisière
litière
lunetière
luzernière
mâchelière
manière
matière
matinière

melonnière
mentonnière
menuisière
mercière
métayère
meunière
minaudière
minière
miroitière
mobilière
moutonnière
muselière
nattière
nitrière
nourricière
oignonière
ordurière
ornière
panetière
pantière
papetière
particulière
pâtissière
paupière
pépinière
perruquière
pétaudière
pissotière
plénière
plombière
Plombières, *g.*
poissonnière
portière
poulinière
poussière
première
princière
printanière
prisonnière
rancunière
rapière
ratière

regrattière
régulière
renardière
rentière
rivière
rizière
rosière
roturière
routière
routinière
rubanière
rudânière
sablonnière
sabotière
salière
sapinière
saucière
savetière
séculière
sommelière
sorcière
soupière
sourcière
souricière
tabatière
tabletière
talonnière
tanière
tapissière
tarière
taupinière
tavernière, *vx.*
teinturière
têtière
théière (3)
toilière
tontinière
tourbière
tourière
tourtière
tracassière
traversière

trémière *(rose)*
trésorière
tripière
tripotière
truffière
usufruitière
verrière
visière
vivandière
volière

——— **ière, trissyll.** ———

chambrière
épinglière
fondrière
Hyères, *g.*
meurtrière, *s. et a.*
nitrière
ouvrière
plâtrière
poivrière
poudrière
prière
sablière
salpêtrière
soufrière
ventrière
vitrière

[La désinence trisyll.
IÈRE ne rime pas très-
exactement avec la
désinence dissyll. IÈ-RE,
où le son de l'*i* est
mêlé à celui de l'*é*.
Cependant l'usage est
de les associer l'une à
l'autre ainsi qu'à *aire,
ère* et *erre.*]

——— **ERF** ———

cerf
nerf
serf

——— **ERG** ———

[Désinence qui
n'appartient guère
qu'à des noms
allemands d'hommes
et de lieux, comme les
suivants :]

Amberg, *g.*
Berg, *g.*
Furstemberg, *g.*
Guttemberg, *np.*
Johannisberg, *g.*
Kœnisberg, *g*
Nuremberg, *g.*
Wurtemberg, *g.*

——— **ERGE** ———

alberge
asperge
auberge
berge
cierge (2)
concierge (3)
flamberge
serge
Serge *(saint)*
verge
vierge

[Verbes]
absterge
asperge
converge
déterge
diverge
émerge
enverge
goberge (se)
héberge
immerge
submerge

—— **ERGNE** ——
Auvergne
vergne, *arbre*

—— **ERGUE** ——
Bergue, *g.*
dévergue, *v.*
envergue, *v.*
exergue
Rouergue
vergue

—— **ERLE** ——
berle, *bot.*
déferle, *v.*
ferle, *v.*
gris de perle
merle
Montmerle, *g.*
perle, *s. et v.*

—— **ERME** ——
berme
derme
épiderme
ferme, *sf.*
ferme, *adj. et adv.*
germe
inerme
Mimnerme, *np.*
Palerme, *g.*
sous-ferme
sperme
terme, *sm.*
Terme *(le dieu)*
terre ferme
thermes

[Verbes]
afferme
enferme
ferme

germe
referme
renferme

[Pour rimer au plur.
on a ces verbes
à la 2ᵉ pers.
du singulier.]

—— **ERNE** ——
alterna, *adj.*
Averne, *myt.*
baliverne, *sf.*
berne, *sf.*
Berne, *g.*
caserne, *s.*
caverne
cerne, *sm.*
citerne
externe
Faërne, *np.* (3)
Falerne, *g.*
galerne *(vent de)*
giberne
Holopherne, *np.*
interne, *s. et adj.*
lanterne
Lerne, *g.*
lierne, *sf.*
Linterne, *g.*
Lucerne, *g.*
luzerne
moderne, *s. et adj.*
paterne
poterne
quaterne
Salerne, *g.*
Sauterne *(vin de)*
Sterne, *np.*
subalterne
taverne
terne, *s.*
terne, *adj.*

verne *(arbre)*

[Verbes]
alterne
baliverne
berne
caserne
cerne
concerne
consterne
décerne
discerne
gouverne
hiverne
interne
lanterne
moderne
prosterne

—— **ERPE** ——
Euterpe, *myt.*
serpe

—— **ERQUE** ——
Albuquerque, *np.*
Dunkerque, *g.*
luperque, *ant.*
Steinkerque, *g.*

—— **ERRE** ——
Angleterre, *g.*
Auxerre, *g.*
cimeterre
desserre, *sf.*
équerre
erre, *sf., vx.*
fumeterre
guerre
Lemierre, *np.* (3)
lierre (2)
paratonnerre
parterre

pierre (2)
Pierre, *np.*
Robespierre, *np.*
Sauveterre, *sf.*
serre *(d'autour)*
serre *(de jardin)*
terre
tonnerre
verre

[Verbes]
atterre
déferre
desserre
déterre
enserre
enterre
épierre (3)
erre
ferre
referre
resserre
serre

   Voir AIRE *et* ÈRE.

——— **ERS** ———
(où r est insonore)
Angers, *g.*
Brinvilliers (la), *np.*
Poitiers, *g.* (2)
volontiers, *adv.* (3)

[Plus des noms de
personnes et de lieux
et le pluriel des mots
en ER, qui ont la
même lettre d'appui.]

——— **ERS** ———
(où r est sonore)
Anvers, *g.*
bers

Boufflers, *np.*
convers *(frère)*
dévers, *s. et adj.*
devers, *prép.*
divers, *adj.*
envers, *sm.*
envers, *prép.*
Gers, *g.*
Nevers, *g.*
pers, *adj.*
pervers
revers
vers, *s.*
vers, *prép.*
tiers
travers
travers (à), *prép.*
univers

[Plus le pluriel des
mots en *air, er, erd* et
ert, avec les formes
verbales suivantes :]
acquiers (2)
conquiers (2)
enquiers (t') (2)
dessers
perds
requiers
sers

——— **ERSE** ———
Voir ERCE.

——— **ERT** *et* **ERD** ———
Albert, *np.*
Bois-Robert, *np.*
Caribert, *np.*
Childebert, *np.*
Colbert, *np.*
concert
couvert, *s. et adj.*
Dagobert, *np.*

découvert, *s. et adj.*
désert, *adj.*
désert, *s.*
dessert, *sm.*
disert
Donawert, *g.*
entr'ouvert
expert, *s. et adj.*
Fabert, *np.*
Gilbert, *np.*
haubert (h *asp.*)
Lambert, *np.*
offert, *adj.*
ouvert, *adj.*
Perth, *g.*
pivert
recouvert, *adj.*
Robert, *np.*
transfert
verd *ou* vert

[Verbes]
acquiert (2)
appert (il)
conquiert (2)
dessert
enquiert (s')
perd
reconquiert (3)
requiert (2)

——— **ERTE** ———
alerte, *s. et adj.*
Berthe, *np.*
Caserte, *g.*
certe *ou* certes
couverte, *sf.*
découverte, *sf.*
déserte, *af.*
desserte, *sf.*
fierte, *sf.* (2)
inerte, *adj.*

Laërte, *np.*
offerte, *sf.*
perte

[Plus les fém. des adj.
en *ert* et les formes
verbales :]
concerte
déconcerte
déserte
disserte

—— **ERTRE** ——
tertre

[Mot sans rime.]

—— **ERVE** ——
conferve, *bot.*
conserve, *sf.*
conserve (de)
Minerve, *myt.*
réserve, *sf.*
serve, *f. de serf.*
verve

[Verbes]
conserve
desserve, *subj.*
énerve
nerve
observe
préserve
réserve
serve, *subj.*

—— **ÉS** *fermé* ——
(*où* s *ne se prononce*
pas)

[Cette finale du
pluriel des mots dont

le sing. se termine par
le même *é*, rime avec
les mots en EZ, où le *z*
ne se fait pas sentir.]

—— **ÈS** *ouvert* ——
(*où* s *ne se prononce*
pas)

abcès
accès
agrès
après
auprès
congrès
cyprès
décès
es (tu), *v.*
excès
exprès
grès
insuccès
près
procès
profès
progrès
regrès
succès

[Ces mots riment avec
ceux en AIS, AITS et
ETS, qui ont la même
articulation et la
même quantité
prosodique.]

—— **ÈS** *ouvert* ——
(*où* s *se prononce.*)

Agnès, *np.*
aloès (3)
aspergès
Bénarès, *g.*
Cérès, *myt.*
cortès, *sf., plur.*
Damoclès, *np.*

florès (faire)
Gygès, *np.*
hermès
honores (ad)
Inès, *np.*
kermès
Manassès, *np.*
Méphistophélès
Ogygès, *np.*
Olivarès, *np.*
Palès, *myt.*
patres (ad)
Périclès, *np.*
Rhodès, *g.*
Thalès, *np.*
Teutatès, *myt.*
Uzès, *g.*
Xerxès, *np.*
Xérès, *g.*
Ximénès, *np.*

[Les rimes de ÈS où *s*
est sonore et de ES où
s est insonore, sont
tolérées, mais *ès* où *é*
est fermé ne rime
jamais avec *ès* où *è* est
ouvert.]

—— **ESCE** ——
Voir ESSE.

—— **ESDE** ——
Dresde, *g.*

[Point de rime.]

—— **ÈSE** *et* **ÈZE** ——
alèze
antithèse
aphérèse
Bellovèse, *np.*
Bèze (Th. de) *np.*

Chersonèse, g.
Corrèze (la), g.
dièse (3)
diocèse (4)
Éphèse, g.
exégèse
Farnèse, np.
Galèse, g.
Genèse
hypothèse
manganèse
mélèze
métathèse
obèse, adj.
parenthèse
Péloponèse, np.
Pergolèse, np.
Sorèze, g.
Sigovèse, np.
syndérèse
synérèse
synthèse
Thérèse, np.
thèse
trapèze
Véronèse, np.

[Verbes]

alèse
désempèse
empèse
lèse
pèse
repèse
soupèse

—— ESQUE ——
arabesque
barbaresque
burlesque
carnavalesque
chevaleresque

dantesque
Fiesque, np. (2)
fresque
gigantesque
grotesque
moresque
pédantesque
pittoresque
presque
romanesque
soldatesque
troubadouresque
tudesque, vm.

—— ESSE long ——
abbesse
cesse, sf.
compresse
confesse, s.
déesse
Édesse, g.
lesse
presse, sf.
professe (sœur)

[Verbes]
cesse
confesse
empresse
oppresse
presse
professe
reconfesse
        Voir AISSE.

—— ESSE bref ——
adresse
aînesse
allégresse
altesse
ânesse
archiduchesse

bassesse
Boèce, np. (3)
boësse, sf. (3)
borgnesse
Bresse, g.
caresse
chanoinesse
chasseresse
comtesse
défenderesse
délicatesse
demanderesse
détresse
devineresse
diablesse (3)
diaconesse (4)
dogaresse
drôlesse
duchesse
enchanteresse
espèce
étroitesse
expresse
faiblesse
fesse
finesse
forteresse
gentillesse
gesse (plante)
Gonesse, g.
grandesse
grand'messe
Grèce
grossesse
hardiesse (h asp.)
hautesse
hôtesse
impolitesse
ivresse
ivrognesse
jeunesse
justesse

kermesse
largesse
larronnesse
lesse
liesse, *sf. vm.* (3)
Lucrèce, *np.*
Lutèce, *g.*
maîtresse
maladresse
messe
mollesse
morbidesse
mulâtresse
négresse
nièce (2)
noblesse
ogresse
pairesse
paresse, *sf.*
pauvresse
pécheresse
Permesse, *fleuve*
petitesse
pièce (2)
politesse
prestesse
prêtresse
princesse
promesse
prophétesse
promesse
qu'est-ce ?
richesse
rudesse
sagesse
scélératesse
sécheresse
simplesse
souplesse
Suissesse
tendresse
tigresse

tresse
tristesse
Végèce, *np.*
vesce
vesse
vicomtesse
vieillesse (3)
vitesse

[Verbes]

adresse
blesse
caresse
dépèce
dépièce (3)
désintéresse
fesse
redresse
transgresse
tresse
vesse

—— **EST** *(pr. è)* ——

est, *v.*
     Voir ET *et* AIT *long.*

———— **EST** ————
(où st *se prononce)*
Brest, *g.*
est *(orient)*
lest, *sm.*
ouest *(occident)* (2)
test, *sm.*
zest, *sm.*

———— **ESTE** ————
agreste
Alceste, *np.*
anapeste
céleste
ceste, *sm.*
conteste, *sf.*
digeste

funeste
geste
immodeste
inceste
indigeste
leste
manifeste *s. et adj.*
modeste
Oreste, *np.*
palimpseste
peste ! *excl.*
peste, *sf.*
preste
reste, *sm.*
Thyeste, *np.* (3)
Trieste, *g.* (3)
sieste, *sf.* (2)
soubre-veste
veste
zeste

[Verbes]

admoneste
atteste
conteste
déteste
empeste
infeste
leste
manifeste
moleste
peste
proteste
reste
teste

———— **ESTRE** ————
(où s *est sonore)*
Alpestre
bourgmestre
Clytemnestre, *np.*
équestre

Hypermnestre, *np.*
orchestre
palestre
pédestre
semestre
séquestre
sylvestre, *adj.*
Sylvestre (la Saint-)
terrestre
trimestre
vaguemestre

———— **ET** *long* ————

acquêt
apprêt
arrêt
benêt
conquêt
est, *v.*
forêt
genêt *(arbrisseau)*
intérêt, *s.*
prêt, *s.*
prêt, *adj.*
protêt
têt

    Voir AID *et* AIT *long.*

———— **ET** *bref* ————

Achmet, *np.*
affiquet
agnelet
aigrelet
alphabet
archet
armet
attifet
Bagnolet, *g.*
ballet
banneret
banquet
baquet

barbet
baronnet
basset
bassinet
batelet
baudet
bavolet
beignet
debet
bilboquet
billet
biset *(pigeon)*
blet *(fruit)*
bluet
bonnet
bosquet
Bossuet, *np.*
boulet
bouquet
bourcet, *mar.*
bourdonnet
bourlet
bourriquet
bracelet
brevet
briquet
brochet
brouet
brunet
budget
buffet
buissonnet
cabaret
cabinet
cadet
cachet
camouflet
caquet
carrelet
cervelet
chapelet
chardonneret

Châtelet
chenet
chevalet
chevet
clairet
cochet
cochonnet
coffret
colifichet
collet
complet
concret
coquet
cordonnet
cornet
corselet
corset
cotret
couperet
couplet
coussinet
creuset
criquet
crochet
croquet
dameret
débet
déchet
décret
discret
doucet
douillet
droguet
duret
duvet
effet
effet (en)
estaminet
farfadet
fausset
ferret
feuillet

fichet
filet
finet
flageolet (3)
fleuret
floquet
fluet (2)
follet *(feu)*
foret, *sm.*
forjet, *arch.*
fouet (1)
freluquet
fret, *mar.*
friquet
fumet
furet
galet
gantelet
genet *(cheval)*
gibet
gilet
ginguet
gobelet
gobet
goret
gourmet
gousset
grandelet
grasset
grassouillet
gringalet
guéret, *sillon*
guet
guichet
guilleret
haquet (h *asp.*)
hareng sauret
hochet (h *asp.*)
hommelet
hoquet (h *asp.*)
Huet, *np.*
indiscret

inquiet (3)
jalet
jardinet
jarret
jet
jeunet
joliet (3)
jonchets, *sm. pl.*
jouet (2)
juillet
lacet
lazaret
livret
longuet
loquet
louchet *(bêche)*
maigrelet
Mahomet, *np.*
maillet
Mairet, *np.*
mantelet
marjolet, *vm.*
marmouset
martelet
martinet
menuet (3)
minaret
minet
millet
miquelet
mollet, *sm. et adj.*
motet
moulinet
mousquet
muet (2)
muguet
mulet
navet
Nazareth
net
objet
œillet

onglet
orgelet
orvet
osselet
ourlet
Pacolet
palet
paltoquet
pamphlet
paquet
Paraclet
parapet
parquet
pauvret
perroquet
pet
piquet
pistolet
placet
plumet
poignet
poulet
préfet
prestolet
projet
propret
quinquet
quolibet
reflet
réglet
regret
rejet
replet
ricochet
robinet
rochet
roitelet
rôlet
rondelet
roquet
rossignolet
rouet (1 *ou* 2)

rouget
sachet
sansonnet
secret
sept
serpolet
seulet
sifflet
signet *(pr. sinet)*
sobriquet
sommet
sonnet
sorbet
soufflet
stylet
sujet
suret *(dim. de sur)*
surget
tabouret
tacet *(garder le)*
tantet, tantinet
tercet
Thibet, *g.*
tiercelet (3)
tiret
tonnelet
toquet
toupet
tourniquet
trajet
tranchet
traquet
trébuchet
triolet (3)
valet
varlet, *vm.*
verdelet
verdet
verset
versiculet
violet (3)
volet

[Verbes]

admet
commet
compromet
démet
entremet
met
omet
permet
promet
remet
soumet
transmet
Voir les verbes en aire.

—— ÈTE *bref* ——
et ETTE

ablette
aigrette
aiguillette
allumette
alouette (4)
amourette
amulette
amusette
anachorète
andouillette
anisette
Annette, *np.*
Antoinette, *np.*
ariette (4)
assiette (3)
athlète
aveuglette (à l')
bachelette
baguette
baïonnette (4)
bandelette
banquette
barrette
bassette *(jeu)*
bavette
belette

bergerette
bergeronnette
bette *(plante)*
bisette
blanquette
blette *(plante)*
bluette
bossette
bouffette
bougette
boulette
boursette
brayette
brebiette (4)
brette *(épée)*
brochette
broquette *(clou)*
brouette (3)
brunette
bûchette
burette
buvette
cachette
cadenette
cadette
caillette
casquette
cassette
cassolette
castagnette
Cette, *g.*
chaînette
chambrette
chansonnette
charrette
chaufferette
chaussette
chemisette
chevrette
chopinette
chouette
ciboulette

civette, *zool.*
claquette
clarinette
clavette
cliquette
collerette
coquette
cordelette
cornette
corvette
côtelette
couchette
coudrette
couette, *vm.*
courbette
crevette
croisette
cueillette
cuvette
Damiette, *g.* (4)
dette
diète, *politiq.* (3)
diète, *méd.* (3)
disette
doucette, *s. et adj.*
douillette
dunette
emplette
épaulette
épinette
épithète
époussette
éprouvette
escarpolette
escopette
espagnolette
estafette
étiquette
fauvette
femmelette
facette
feuillette

fillette
finette
flammette
fleurette
follette
fossette
fourchette
franquette (à la
    bonne)
galette
gazette
gimblette
girouette (3 *ou* 4)
goélette (4)
goguette
gorgerette
gourmette
gouttelette
gribouillette
grisette
guinguette
herbette
historiette (5)
houlette (h *asp*)
indigète *(dieu)*
interprète
jaquette
jeunette
joliette (4)
lancette
languette
layette (3)
levrette
logette
lorgnette
luette (3)
madelonnettes
maisonnette
mallette
manchette
marionnette (5)
mauviette (4)

mazette
miette (2)
mignonnette
minette
mofette
molette
moquette
mouchettes
mouettes, *sf.* (3)
mouillette
muette (3)
musette
navette
nette, *de net*
noisette
nonnette
omelette
oignonette
oreillette
paillette
palette
paquerette
paulette
pauvrette
pierrette (5)
pincette
piquette
pirouette (3 *ou* 4)
planchette
planète
pochette
poète (3)
poudrette
pommette
poulette
poussette, *jeu*
prophète
proxénète
quenouillette
rainette *ou* reinette
raquette
recette

replète
rondelette
roquette
rosette
roulette
sagette, *vx.*
sarriette, *bot.*
secrète
sellette
serinette
serpette
serviette (3)
seulette
silhouette (4)
sonnette
sornette
soubrette
squelette
Suzette, *np.*
tablette
targette
tartelette
tassette
toilette
tripette
trompette
vedette
venette, *pop.*
vergette
vignette
villette
vinaigrette
violette (4)

[Plus les fém. des
mots en ET et AIT
bref.]

[Verbes]
achète
admette, *subj.*
appète

banquète
baquette
béquète
biquette
brevète
briquète
brouette
cachète
caquète
collète
commette, *subj.*
complète
compromette, *subj.*
coquette
couplète
craquète
crochète
décachète
déchiquette
décollète
décrète
déjette
démette, *subj.*
dépaquète
émiette (3)
empaquette
empiète (3)
encornette
endette
entremette, *subj.*
époussète
étiquète
feuillette
fouette (2)
frète
furette
guette
halète
jette
inquiète (4)
interjette
interprète

marquette
mette, *subj.*
mouchette
muguette
omette, *subj.*
parquette
permette, *subj.*
pirouette (4)
projette
promette, *subj.*
rachète
reflète
regrette
rejette
remette, *subj.*
répète
soufflète
soumette, *subj.*
surjette
tachette
tette
transmette, *subj.*
trompète
valette
végète
vergette
volette

—— ÊTE *long* ——
arbalète
arête
bête
conquête
crête
déshonnête
enquête
fête
honnête
malebête
malhonnête
obsolète *(mot)*
prête

quête
requête
tempête
tête
trouble-fête

[Verbes]
acquête, *vm.*
apprête
arrête
conquête
dévête, *subj.*
écrête
enquête
entête
êtes, *d'être*
étête
fête
hébête
prête
quête
refête
requête
revête, *subj.*
tempête
vête, *de vêtir, subj.*
        Voir AITE *long.*

——— ÈTRE *bref*———
    et ETTRE
aéromètre (5)
baromètre
centimètre
chronomètre
décamètre
décimètre
diamètre (4)
gazomètre
géomètre
hexamètre *(vers)*
hydromètre
hygromètre

impètre, *v.*
kilomètre
lettre
lettres (belles-)
mètre, *mesure*
myriamètre (5)
pénètre, *v.*
pentamètre *(vers)*
périmètre
perpètre, *v.*
piètre (2)
pyromètre
urètre
thermomètre

[Verbes]
admettre
commettre
compromettre
démettre
émettre
entremettre
mettre
omettre
permettre
promettre
remettre
soumettre
transmettre

——— ÊTRE *long* ———
ancêtre
archiprêtre
bien-être, *sm.*
champêtre
chevêtre
dépêtre, *v.*
empêtre, *v.*
enchevêtre, *v.*
être, *s. et v.*
êtres, *d'une maison*
fenêtre

gnêtre
hêtre, *s. m.*
mal-être, *sm.*
peut-être, *adv.*
prêtre
reître
salpêtre

        Voir AITRE.

——— ETS ———
aguets (être aux)
entremets
mets
rets

[Faites rimer ces mots
avec le plur. de ceux
en *et, aid,* et *ait.* Sans
vous préoccuper de la
quantité prosodique,
toute syllabe
masculine, qu'elle soit
brève ou non au sing.,
est toujours longue
au plur.
    Ajoutez la 1re et la
2e personne du
présent de l'indic. et
la 2e de l'impér. du
verbe *mettre* et du
verbe *vêtir,* ainsi que
de leurs composés.]
je mets
tu mets
mets
j'admets, etc.
commets, etc.
compromets, etc.
démets, etc.
émets, etc.
entremets, etc.
omets, etc.
permets, etc.
promets, etc.
je vêts

tu vêts
vêts
je revêts
tu revêts, etc.

—— EU *et* IEU ——
adieu
alleu
aveu
bas-bleu
bleu
boutefeu
caïeu
camaïeu (3)
Chaulieu, *np.*
chef-lieu
cheveu
corbleu !
cordon-bleu
couvre-feu
désaveu
Dieu (1)
dieu (demi-)
Dolomieu, *np.*
enjeu
épieu (2)
essieu
fesse-Mathieu
feu
feu, *défunt*
garde-feu
hébreu
Hôtel-Dieu
jarnibleu !
jeu
lieu (1)
milieu (2)
Montesquieu, *rp.*
morbleu !
moyeu
neveu
palsambleu !

parbleu
peu, *adv.*
pieu (1)
porte-dieu
Richelieu, *g. et np.*
têtebleu !
tudieu !
ventrebleu !
vertubleu !
vœu

—— EUBLE ——
démeuble, *v.*
immeuble
meuble, *s. et v.*
meuble, *adj.*

—— EUE *et* IEUE ——
banlieue
bleue, *adj.*
hochequeue
lieue (2)
queue

—— EUF ——
Babeuf, *np.*
bœuf
Brebeuf, *np.*
Elbeuf, *g.*
éteuf
mœuf, *gram.*
neuf, *adj.*
neuf, *adj. et nom
de nombre*
œil-de-bœuf
œuf
Pont-Neuf (le)
veuf

—— EUGLE ——
aveugle

[Verbes]
aveugle
beugle
désaveugle
meugle

—— EUIL ——
Auteuil, *g.*
bouvreuil, *ornit.*
breuil
cerfeuil
chèvrefeuil *(Boiteau
emploie ce mot p.
chèvrefeuille)*
chevreuil
deuil
écureuil
fauteuil
Santeuil, *np.*
seuil

[Avec ces mots riment
les suivants :]
accueil
Arcueil, *g.*
cercueil
écueil
mauvais œil
œil
orgueil
recueil
treuil

—— EUILLE ——
accueille, *v.*
breuille, *v. mar.*
chèvrefeuille
cueille, *v.*
effeuille, *v.*
feuille
portefeuille
recueille, *v.*
veuille, *de vouloir*

——— **EUL** ———
aïeul (2)
bisaïeul
épagneul
filleul
glaïeul (2)
ligneul
linceul
seul
tilleul
trisaïeul (3)

——— **EULE** *bref* ———
aïeule (3)
bégueule
bisaïeule
épagneule
éteule
filleule
gueule, *s. et v.*
seule
trisaïeule

——— **EULE** *long* ———
meule
veule, *adj.*

——— **EUNE** ———
déjeune, *v.*
jeûne, *sm.*
jeûne, *v.*
jeune, *adj.*

——— **EUPLE** ———
dépeuple
peuple, *v. et s.*
repeuple

——— **EUQUE** ———
Pentateuque
phaleuque *(vers)*

——— **EUR** ———

[Quoique cette désinence suffise pour la rime dans la poésie légère, il est bon de l'articuler de même dans la haute poésie, et nous allons la présenter avec les lettres d'appui qu'elle doit avoir en ce dernier cas.]

——— **beur** ———
daubeur
labeur

——— **bleur** ———
Voir LEUR.

——— **breur** ———
Voir REUR.

——— **ceur** ———
amorceur
annonceur
douceur
enfonceur
farceur
laceur
noceur, *pop.*
noirceur
placeur
suceur
traceur
Voir SEUR *dur.*

——— **cheur** ———
accoucheur
afficheur
arracheur
blancheur
brocheur

chercheur
clicheur
coucheur
cracheur
débaucheur
défricheur
dénicheur
écorcheur
embaucheur
emmancheur
émoucheur
éplucheur
faucheur
fraîcheur
gâcheur
harnacheur
hocheur *(singe)*, (h *asp.*)
lécheur
mâcheur
marcheur
moucheur
pécheur
pêcheur
prêcheur
rabâcheur
toucheur
tricheur
trucheur, *pop.*

——— **cleur** ———
Voir LEUR.

——— **creur** ———
Voir REUR.

——— **deur** ———
accommodeur
accordeur
ambassadeur
ardeur
boudeur

bourdeur
brodeur
candeur
cardeur
clabaudeur
commandeur
débardeur
défendeur
demandeur
dévideur
émondeur
entendeur
fadeur
fendeur
fondeur
fraudeur
froideur
frondeur
gardeur
grandeur
grondeur
hideur (h *asp.*)
impudeur
laideur
lourdeur
maraudeur
marchandeur
odeur
plaideur
pondeur
pourfendeur
profondeur
quémandeur
raccommodeur
raideur
ravaudeur
revendeur
rôdeur
rondeur
sondeur
splendeur
strideur

tiédeur (2)
tondeur
vendeur
verdeur

——— **é-eur** ———
agréeur

——— **feur** ———
chauffeur
coiffeur
piaffeur
touffeur

——— **fleur** ———
Voir LEUR.

——— **freur** ———
Voir REUR.

——— **geur** *et* **jeur** ———
changeur
chargeur
déchargeur
égorgeur
forgeur
fourrageur
gageur
jaugeur
largeur
logeur
louangeur
majeur
mangeur
nageur
plongeur
rageur
ravageur
rongeur
rougeur
songeur
tapageur

vendangeur
vengeur
verbiageur (4)
vidangeur
voltigeur
voyageur

——— **gleur** ———
Voir LEUR.

——— **gneur** ———
baigneur
barguigneur (3)
grogneur
lorgneur
monseigneur
peigneur
rogneur
saigneur
seigneur

——— **greur** ———
Voir REUR.

——— **gueur** ———
brigueur
dragueur
drogueur
épilogueur
harangueur
langueur
ligueur
longueur
rigueur
vigueur

——— **i-eur,** *dissyll.* ———
antérieur
citérieur
crieur
extérieur
inférieur

ingénieur
intérieur
lieur
marieur
oublieur
parieur
plieur
postérieur
prieur
rieur
scieur
supérieur
ultérieur

—— ieur *et* yeur ——
monosyllabe

aboyeur
balayeur
bayeur
essayeur
fossoyeur
frayeur
giboyeur
guerroyeur
languéyeur
monnayeur
monsieur
payeur
pourvoyeur
sieur

———— leur ————
ampleur
assembleur
avaleur
bateleur
botteleur
brûleur
cabaleur
cabrioleur (4)
cajoleur
chaleur

chandeleur
chou-fleur
ciseleur
colleur
contrôleur
couleur
coureur
cribleur
doubleur
douleur
écornifleur
emballeur
émouleur
enfileur
enjôleur
enrôleur
ensorceleur
étrangleur
fileur
fleur
fouleur
· hâbleur (h *asp.*)
haleur (h *asp.*)
Harfleur, *g.*
Honfleur, *g.*
jongleur
leur
malheur
monopoleur
mouleur
niveleur
oiseleur
pâleur
parleur
persifleur
pileur
pleur
querelleur
râcleur
raccoleur
recéleur
rémouleur

renifleur
ribleur
ronfleur
saleur
sarcleur
siffleur
souffleur
souleur
valeur
vielleur
voleur

—— lleur *mouillé* ——
appareilleur
artilleur
avitailleur
bâilleur
bailleur
barbouilleur
batailleur
bousilleur
brailleur
bredouilleur
bretailleur
conseilleur
criailleur (3)
écrivailleur
émailleur
empailleur
ferrailleur
gaspilleur
gouailleur, *pop.* (2)
grapilleur
habilleur
houilleur (h *asp.*)
meilleur
orpailleur
pailleur
piailleur (3)
pilleur
railleur
rimailleur

rocailleur
roupilleur
tailleur
tirailleur
travailleur
veilleur
vétilleur

——— **meur** ———
allumeur
clameur
dîmeur
dormeur
écumeur
endormeur
escrimeur
étameur
fumeur
humeur
imprimeur
parfumeur
primeur
rameur
rimeur
rumeur
semeur
tumeur

——— **neur** ———
affineur
baragouineur (4)
berneur
bonheur
bouquineur
camionneur (4)
carillonneur
chicaneur
corneur
crayonneur
damasquineur
déshonneur
devineur

dîneur
donneur
empoisonneur
enlumineur
entrepreneur
faneur
flâneur
flagorneur
glaneur
gouverneur
harponneur
honneur
jeûneur
laineur
meneur
mineur
moissonneur
patelineur
patineur
promeneur
prôneur
questionneur (4)
raffineur
raisonneur
ramoneur
rançonneur
ricaneur
satineur
sermonneur
sonneur
suborneur
tambourineur
tanneur
tâtonneur
teneur
tisonneur
tourneur
traîneur
vanneur
veneur

——— **oueur** ———
boueur
floueur
joueur
loueur

——— **peur** ———
attrapeur
coupeur
dupeur
frappeur
grimpeur
peur
pipeur
sapeur
soupeur
stupeur
torpeur
trompeur
vapeur

——— **queur** ———
chœur
chroniqueur
claqueur
cœur
craqueur
disséqueur
escroqueur
liqueur
marqueur
moqueur
piqueur
plaqueur
pronostiqueur
rancœur, *vm.*
sophistiqueur
traqueur
troqueur
vainqueur

158

—— **reur, rreur** ——
acquéreur
aigreur
assureur
avant-coureur
bâfreur
chiffreur
coureur
couvreur
cureur
déchiffreur
discoureur
éclaireur
écureur
empereur
erreur
ferreur
flaireur
fourreur
fureur
gaufreur
horreur
jureur
laboureur
mesureur
ouvreur
pâtureur
peintureur
pleureur
procureur
sabreur
terreur
tireur

—— **seur** *dur* ——
agresseur
assesseur
bâtisseur
belle-sœur
blanchisseur
boxeur
brasseur

brosseur
brunisseur
casseur
censeur
chasseur
confesseur
connaisseur
convertisseur
damasseur
danseur
défenseur
dégraisseur
détrousseur
écosseur
encenseur
enchérisseur
endosseur
envahisseur
enfouisseur (4)
épaisseur
fesseur
finasseur
fourbisseur
fournisseur
fricasseur
gausseur
grosseur
herseur
intercesseur
nourrisseur
offenseur
oppresseur
penseur
pétrisseur
polisseur
possesseur
précurseur
prédécesseur
professeur
ramasseur
ravisseur
redresseur

régisseur
repasseur
rêvasseur
rousseur
successeur
tousseur
transgresseur
tresseur
vernisseur
        Voir CEUR.

—— **seur** *doux* ——
abuseur
allégoriseur
amuseur
attiseur
baiseur
briseur
causeur
chamoiseur
confiseur
croiseur
diseur
diviseur
dogmatiseur
épouseur
faiseur
friseur
gloseur
jaseur
liseur
magnétiseur
moraliseur
oseur
pindariseur
poseur
préconiseur
priseur
proviseur
reviseur
septembriseur
temporiseur

thésauriseur
toiseur

—— teur, tteur ——

abatteur
abréviateur (5)
accélérateur
accepteur
accompagnateur
accréditeur
accumulateur
accusateur
acheteur
acteur
adjuteur, *ant.*
administrateur
admirateur
adorateur
adulateur
affréteur
affronteur
agioteur (4)
agitateur
agriculteur
ajusteur
amateur
amplificateur
annotateur
appariteur
appositeur
appréciateur (5)
apprêteur
approbateur
argenteur
argumentateur
armateur
arpenteur
auditeur
auteur
bachoteur
barboteur
batteur

bienfaiteur (3)
blasphémateur
bretteur
brocanteur
calculateur
calfateur
calomniateur (5)
calorimoteur
captateur
caqueteur
carotteur
certificateur
chanteur
chuchoteur
circulateur
coadjuteur (4)
collaborateur
collateur
collecteur
colporteur
commentateur
compétiteur
compilateur
complimenteur
comploteur
compositeur
composteur, *imp.*
conciliateur (5)
condensateur
conducteur
conjurateur
consécrateur
conservateur
consolateur
consommateur
conspirateur
constricteur
constructeur
consulteur
contemplateur
contempteur
conteur

continuateur (5)
contradicteur
coopérateur (5)
correcteur
corrupteur
créateur
crocheteur
cultivateur
curateur
débiteur
déchiqueteur
décimateur
déclamateur
décorateur
décrotteur
dégustateur
délateur
délesteur
démonstrateur
dénominateur
dénonciateur (5)
déprédateur
désapprobateur
désolateur
dessinateur
détenteur
détracteur
dévastateur
dévorateur
dictateur
diffamateur
digesteur
dilapidateur
dilatateur
directeur
dispensateur
disputeur
dissecteur
dissertateur
dissimulateur
distillateur
distributeur

docteur
dominateur
dompteur
donateur
écouteur
édificateur
éditeur
émulateur
entremetteur
équateur
ergoteur
escamoteur
estimateur
exacteur
exagérateur
examinateur
excitateur
exécuteur
explorateur
expositeur
exterminateur
extirpateur
fabricateur
facteur
fagoteur
falsificateur
fascinateur
fauteur
flatteur
flûteur
fondateur
fouetteur (2)
frêteur
frotteur
fureteur
généralisateur
générateur
gesticulateur
gladiateur (4)
glossateur
guetteur
hauteur

horticulteur
hotteur (h *asp.*)
illuminateur
imitateur
imposteur
improbateur
improvisateur
inaugurateur
indicateur
infracteur
initiateur (5)
innovateur
inoculateur
inquisiteur
inspecteur
inspirateur
instigateur
instituteur
instructeur
insulteur
interlocuteur
interpolateur
interrogateur
introducteur
inventeur
investigateur
jouteur
justificateur
lecteur
législateur
lenteur
libérateur
licteur
liquidateur
littérateur
lutteur
machinateur
malfaiteur
médiateur (4)
menteur
modérateur
moiteur

moniteur
moralisateur
moteur
multiplicateur
mutilateur
mystificateur
narrateur
navigateur
négociateur (5)
nomenclateur
nominateur
noteur
novateur
numéroteur
objurgateur
observateur
opérateur
orateur
ordonnateur
organisateur
pacificateur
pasteur
percepteur
perturbateur
pesanteur
péteur
planteur
pointeur
porteur
précepteur
prédicateur
présentateur
prestidigitateur
prêteur
prêteur
prévaricateur
procurateur
producteur
profanateur
prometteur
promoteur
prosateur

proscripteur
protecteur
provéditeur
provocateur
puanteur (3)
qualificateur
questeur
quêteur
raconteur
radoteur
rapporteur
réacteur (3)
récitateur
réconciliateur (6)
recruteur
recteur
rédacteur
rédempteur
réflecteur
réformateur
régénérateur
régulateur
rémunérateur
réparateur
répétiteur
restaurateur
rhéteur
riboteur, *pop.*
rioteur (3)
rotateur
sacrificateur
sauteur
scrutateur
sculpteur
sectateur
secteur
séducteur
sénateur
senteur
serviteur
solliciteur
souscripteur

spectateur
spéculateur
spoliateur (4)
subrogateur
tâteur
taxateur
tentateur
testateur
traducteur
traiteur
tricoteur
triomphateur
trotteur
tuteur
usurpateur
vanteur
ventilateur
vérificateur
violateur (4)
visiteur
vulgarisateur
zélateur

———— **u-eur** ————

lueur
sueur
tueur

———— **veur** ————

baveur
buveur
défaveur
encaveur
enjoliveur
faveur
ferveur
graveur
laveur
leveur, *imp.*
paveur
receveur
rêveur

sauveur
saveur
viveur

———— **xeur** ————
Voir CEUR *et* SEUR *dur.*

———— **yeur** ————
Voir IEUR.

— **EURE, EURRE** —
antérieure (5)
babeurre
beurre, *sm.*
chantepleure
citérieure (5)
demeure, *sf.*
Eure, *g.*
extérieure (5)
feurre, *vx.*
heure
inférieure (5)
intérieure (5)
leurre, *sm.*
majeure
malheure (à la)
meilleure
mineure
postérieure (5)
prieure (3)
supérieure (5)
ultérieure (5)

[Verbes]
affleure
beurre
demeure
désheure
écœure
effleure
fleure
leurre

meure, *subj.*
pleure

— **EURE** *(pr. ure)* —
chargeure, *blas.*
gageure
mangeure

[Ces mots riment avec
ceux en *ure.*]

———— **EURS** ————
ailleurs
d'ailleurs
meurs, *v.*
mœurs
pleurs
plusieurs
Vaucouleurs, *g.*

[Et les plur. des mots
en *eur.*]

———— **EURT** ————
heurt, *sm.* (h *asp.*)
meurt, *v.*

———— **EURTE** ————
aheurte (s'), *v.*
heurte, *v.*
Meurthe, *g.*

———— **EURTRE** ————
meurtre

[Mot sans rime.]

———— **EUSE** ————
accoucheuse
acheteuse
affronteuse
baigneuse

berceuse
blanchisseuse
brodeuse
brocheuse
cajoleuse
coureuse
chanteuse
chartreuse
coiffeuse
coureuse
couveuse
Creuse, *g.*
danseuse
dormeuse
enjôleuse
ensorceleuse
entremetteuse
faiseuse
fileuse
glaneuse
gueuse
joyeuse *(épée de
Charlemagne)*
laveuse
macreuse
marieuse (4)
Meuse, *g.*
nébuleuse, *ast.*
orgueilleuse
oublieuse (4)
pondeuse
précieuse (4)
promeneuse
quêteuse
quinteuse
ravaudeuse
religieuse (5)
remueuse (4)
revendeuse
rieuse (3)
scabieuse (4)
tailleuse

travailleuse
tricoteuse
trompeuse
tubéreuse
vaniteuse
vareuse
veilleuse (3)
vielleuse
voleuse
voyageuse
yeuse (3), etc.

[Pour compléter cette
série de rimes, voy. les
mots en *eur* et en *eux,*
dont le féminin est en
euse.]

———— **EUT** ————
émeut, *v.*
meut, *v.*
nœud, *sm.*
peut, *v.*
veut, *v.*

— **EUT** *(pr. ut)* —
eut, *v.*
        Voir UT.

———— **EUTE** ————
ameute, *v.*
émeute, *sf.*
meute, *sf.*
rameute, *v.*
thérapeute

———— **EUTRE** ————
calfeutre, *v.*
feutre, *s. et v.*
maheurtre, *vm.*
neutre
pleutre

——— **EUVE** ———
émeuve, *v., subj.*
épreuve, *sf.*
fleuve, *s.*
meuve, *v., subj.*
neuve, *af.*
pleuve, *v., subj.*
preuve, *sf.*
veuve

——— **EUVRE,** ———
ŒUVRE
couleuvre
œuvre, *sm.*
œuvre, *sf.*
chef-d'œuvre
grand œuvre
manœuvre, *sm.*
manœuvre, *sf.*
manœuvre, *v.*
pieuvre (2)
sous-œuvre

——— **EUX** ———

[L'observation qui a
été faite sur les finales
en *eur* s'applique
également aux finales
en *eux*. Il est bon de
les faire rimer de
l'articulation.]

——— **beux** ———
bœufs
bourbeux
bulbeux
corymbeux
gibbeux
globeux, *vx.*
herbeux
verbeux

——— **bleux** ———
Voir LEUX.

——— **breux** ———
Voir REUX.

——— **ceux** ———
Voir SEUX *dur.*

——— **cheux** ———
fâcheux
faucheux
flacheux
gâcheux

——— **creux** ———
Voir REUX.

——— **deux** ———
deux
entre-deux
filardeux
hasardeux
hideux

——— **dreux** ———
Voir REUX.

——— **freux** ———
Voir REUX.

——— **geux** ———
avantageux
courageux
désavantageux
fangeux
fromageux
jeux, enjeux
marécageux
neigeux
nuageux (3)
ombrageux

orageux
outrageux

——— **gncux** ———
besogneux
cagneux
dédaigneux
hargneux
ligneux
rogneux
saigneux
soigneux
teigneux
vergogneux

——— **gueux** ———
fongueux
fougueux
gueux
Périgueux, *g.*
rugueux

——— **ieux** *et* **yeux** ———
monosyllabe
adieux
aïeux
Bayeux, *g.*
bisaïeux
caïeux
camaïeux
cieux
crayeux
dieux
ennuyeux
épieux
essieux
giboyeux
joyeux
lieux
mieux
milieux
moyeux

pieux, *s. pl.*
rouvieux
soyeux
trisaïeux
vieux
yeux

—— i-eux, *dissyll.* ——
acrimonieux
ambitieux
arsénieux
artificieux
astucieux
audacieux
avaricieux
bilieux
calomnieux
capricieux
captieux
cérémonieux
chassieux
consciencieux (2)
contagieux
contentieux
copieux
curieux
délicieux
dévotieux
disgracieux
dispendieux
élogieux
envieux
facétieux
factieux
fallacieux
fastidieux
furieux
glorieux
gracieux
harmonieux
ignominieux
impérieux

industrieux
ingénieux
injurieux
inofficieux
insidieux
insoucieux
irréligieux
irrévérencieux
judicieux
laborieux
licencieux
litigieux
luxurieux
malgracieux
malicieux
mélodieux
minutieux
miséricordieux
mystérieux
obséquieux
odieux
officieux
oublieux
parcimonieux
pécunieux
pernicieux
pieux, *adj.*
pluvieux
précieux
prestigieux
prodigieux
radieux
religieux
révérencieux
roupieux
sanieux
scabieux
séditieux
sentencieux
sérieux
silencieux
soucieux

spacieux
spécieux
spongieux
studieux
superstitieux
vicieux
victorieux

——— leux ———
anguleux
argileux
bleus
calleux
cauteleux
celluleux
crapuleux
fabuleux
fistuleux
flosculeux, *bot.*
folliculeux, *bot.*
frauduleux
frileux
galeux
glanduleux
globuleux
granuleux
gratteleux
graveleux
grumeleux
houleux
huileux
lamelleux
mielleux (2)
miraculeux
moelleux (2)
musculeux
nébuleux
onduleux
populeux
rateleux
sableux
scandaleux

scrofuleux
scrupuleux
tuberculeux
vasculeux, *anat.*

——— **lleux** *mouillé* ———
casilleux
chatouilleux
coquilleux
croustilleux
écailleux
lentilleux
merveilleux
orgueilleux
périlleux
pointilleux
pouilleux
rocailleux
sourcilleux
vétilleux

——— **meux** ———
brumeux
écumeux
fameux
fumeux
gommeux
rameux
venimeux

——— **neux, nneux** ———
albugineux
albumineux
alumineux
angineux
aréneux
bitumineux
breneux
buissonneux (3)
cartilagineux
caverneux
charbonneux
charneux, *vx.*

cotonneux
crayonneux
épineux
érugineux
farcineux
farineux
ferrugineux
fuligineux
gangreneux
gazonneux, *bot.*
gélatineux
glutineux
haineux (h *asp.*)
laineux
lanugineux
légumineux
libidineux
limoneux
lumineux
matineux
membraneux
mucilagineux
nœuds
oléagineux (5)
poissonneux
résineux
ruineux (3)
sablonneux
savonneux
soupçonneux
tendineux
urineux
vermineux
vertigineux
vineux
volumineux

——— **oueux (2)** ———
boueux
noueux

——— **peux** ———
adipeux, *anat.*
loupeux
peux, *v.*
polypeux
pompeux
pulpeux
sirupeux

——— **queux** ———
acqueux
belliqueux
muqueux
queux, *vx.*
variqueux
visqueux

——— **reux, rreux** ———
affreux
amoureux
aventureux
bienheureux (3)
butyreux
cadavéreux
cancéreux
catarrheux
cendreux
chaleureux
chancreux
chartreux
creux
dangereux
dartreux
désastreux
désireux
doucereux
douloureux
Dreux, *g.*
Évreux, *g.*
fibreux
fiévreux (2)
filandreux

froidureux
généreux
glaireux
goitreux
Hébreux (les), g.
heureux
langoureux
lépreux
liquoreux
malandreux
malencontreux
malheureux
nidoreux
nitreux
nombreux
onéreux
peureux
phosphoreux
pierreux (2)
plantureux
plâtreux
pleureux
poreux
poudreux
preux
rigoureux
savoureux
scabreux
séreux
songe-creux
soporeux
sulfureux
tartareux
ténébreux
terreux
valeureux
vaporeux
véreux
vigoureux
vitreux

—— **seux** *doux* ——
boiseux
gazeux
glaiseux
oiseux
vaseux

— **seux** *dur* **ceux** —
et **sseux**
angoisseux
chanceux
crasseux
glaceux
graisseux
gypseux
mousseux
osseux
paresseux
siliceux

—————— **teux** ——————
acéteux
alimenteux
argenteux
boiteux
calamiteux
capiteux
comateux, *méd.*
convoiteux
coûteux
dépiteux
disetteux
douteux
duveteux
filamenteux
goutteux
honteux
juteux
laiteux
marmiteux
médicamenteux
nécessiteux

œdémateux
pâteux
piteux
pituiteux (3)
quinteux
sarmenteux
souffreteux
tourmenteux
vaniteux
venteux

—————— **treux** ——————
Voir REUX.

—————— **ueux** ——————
affectueux
anfractueux
défectueux
difficultueux
fastueux
flatueux
fluctueux
fructueux
impétueux
incestueux
infructueux
luxueux
majestueux
monstrueux
montueux
onctueux
présomptueux
respectueux
somptueux
spiritueux
tempétueux
torrentueux
tortueux
tumultueux
vertueux
voluptueux

veux

aveux
baveux
cheveux
désaveux
morveux
nerveux
neveux
veux, *v.*
vœux

vreux
Voir REUX.

zeux
Voir SEUX *doux.*

ÈVE *long*
endève, *v.*
Ève, *np.*
Genève, *g.*
Lodève, *g.*
rêve, *s.*
rêve, *v.*
trêve

ÈVE *douteux*
brève
briève (3)
élève, *s.*
fève
grève, *sf.*
griève (3)

[Verbes]
achève
crève
élève
enlève
dégrève
grève
lève

parachève
relève
soulève
ÈVE *douteux rime avec*
ÈVE *long.*

ÈVRE
Bièvre (2)
chèvre
fièvre (2)
genièvre (3)
lèvre
lièvre (2)
Nièvre, *g.* (2)
orfèvre
plèvre (2)
sèvre, *v.*
Sèvres, *g.*

EX *et* AIX
où x *se prononce*
Aix, *g.*
codex
Essex, *g. et np.*
index
Lélex, *np.*
murex
silex
Sussex, *g. et np.*

EXE
annexe, *sf. et v.*
circonflexe
complexe
connexe
convexe
implexe
incomplexe
perplexe
sexe
vexe, *v.*

EXTE
bissexte
contexte
prétexte, *sm. et v.*
prétexte, *sf. ant.*
sexte
texte

EXTRE
dextre
ambidextre

EY
Voir AI.

EYE
grasseye
langueye

[Cette désinence rime
avec celles en *aie* et
aye, où l'*a* prend le
son de l'*é*, comme
dans]
aie, *v.*
balaye, *v.*
bégaye, *v.*
déblaye, *v.*
défraye, *v.*
délaye, *v.*
égaye, *v.*
enraye, *v.*
essaye, *v.*
étaie, *v.*
monnaye
paye, *s. et v.*
raye, *v.*
Voir AIE, *monosyll.*

EZ
(où z *est insonore)*
assez
biez (1)

chez
Fez, *g.*
Forez, *g.*
nez
sonnez

[Ajoutez les formes
verbales en *ez*
insonore et les mots
en *és* également
insonore, dont l'*é* est
fermé.]

——— **EZ** ———
(où z est sonore)
Ambez (bec d'), *g.*
Cortez (Fern.), *np.*
Diez (Saint), *g.*
Natchez (les), *g.*
Retz (de), *np.*
Senez, *g.*
Suez, *g.*
Tropez (saint)

[Et une foule de
noms étrangers, de
personnes et de lieux.
Plus les mots en *ès*
sonore.]

——— **ÈZE** ———
Voir ÈSE.

I

─── I ───

[La finale *i* peut rimer sans articulation dans les mots où elle forme seule une syllabe comme *obéi* et *trahi*. En tout autre cas, il faut qu'elle soit précédée de la même lettre d'appui.]

─── **aï** *dissyll.* ───
Abisaï, *np.* (4)
Adonaï (4)
Aï, *g.* (2)
Bidpaï, *np.* (3)
ébahi (3)
envahi (3)
Ésaï, *np.* (3)
haï (2)
Sinaï, *g.* (3)
spahi (2)
trahi (2)

─── **bi, bbi** ───
Albi, *g.*
alibi
biribi
ébaubi
fourbi
Obi, *g.*
rabbi
subi

─── **bie,** *dissyll.* ───
amphibie
Arabie, *g.*
Fontarabie, *g.*
Gabies, *g.*
hydrophobie

Lesbie, *np.*
Libye, *g.* (3)
lubie
Nubie, *g.*
Tobie, *np.*
Trébie, *g.*
Zénobie

[Plus les fém. des adj. et part. en *bi*.]

─── **bli** ───
Voir LI.

─── **bri** ───
Voir RI.

─── **ci** ───
accourci
ébaubi
fourbi
adouci
aminci
ceci
celui-ci
ceux-ci
chanci
Coucy, *np.*
durci
éclairci
endurci
enforci
étréci
farci
ici, *adv.*
merci, *sm.*
Mercy, *np.*
Nancy, *g.*
noirci

raccourci, *sm. et adj.*
ranci
rétréci
souci

─── **cie,** *dissyll.* ───
accourcie, *sf.*
aéromancie (6)
alomancie
alopécie
Aricie, *np.*
chiromancie
Cilicie, *g.*
Dacie, *g.*
éclaircie, *sf.*
esquinancie
Gallicie, *g.*
Lycie, *g.*
malacie, *sf.*
nécromancie
oniromancie
pharmacie
Phénicie, *g.*
Porcie, *np.*
scie, *sf.*
superficie, *sf.*
turcie, *sf.*
vacie, *sm.*

[Verbes]
apprécie
associe
bénéficie
déprécie
différencie
disgracie
gracie
justicie
licencie

officie
négocie
préjudicie
remercie
scie
sentencie
soucie (se)
supplicie
vicie

[Plus les fém. des adj.
et part. en *ci*.]

———— **chi** ————
affranchi
alouchi, *sm.*
avachi
bostangi-bachi
Clichy, *g.*
enrichi
fléchi
franchi
gauchi
infléchi
irréfléchi
Mamamouchi
rafraîchi
réfléchi
Vichy, *g.*

—— **chie,** *dissyll.* ——
anarchie
bacchie, *sf.*
branchies
entéléchie, *vm.*
gigantomachie
hiérarchie (4)
logomachie
monarchie
naumachie
oligarchie
pentarchie

thalassarchie *(empire
de la mer)*
tétrarchie
Valachie

[Plus les fém. des adj.
et part. en *chi*.]

———— **cli** ————
Voir LI.

———— **cri** ————
Voir RI.

———— **di** *et* **dy** ————
après-midi
Bondy, *g.*
cadi
candi *(sucre)*
dandy
effendi
Gassendi, *np.*
hardi
jeudi
lady
lundi
mardi
mercredi
midi
milady
organdi, *sm.*
samedi
vendredi

[Plus les jours de la
décade républicaine.]
primidi
duodi
tridi
quartidi
quintidi
sextidi

septidi
octidi
nonidi
decadi

[Verbes]
abasourdi
abâtardi
affadi
agrandi
alourdi
anordi
applaudi
arrondi
assourdi
attiédi (3)
bondi
brandi
dégourdi
déroidi
engourdi
enhardi
enlaidi
étourdi
grandi
laidi
ourdi
ragaillardi
ragrandi
raidi
rebondi
refroidi
resplendi
reverdi
tiédi (2)
verdi

—— **die,** *dissyll.* ——
Arcadie
callipédie
Candie, *g.*
Canidie, *np.*

I 171

comédie
cyropédie
encyclopédie
étourdie (à l')
hardie
incendie, *sm.*
Livadie, *g.*
Lombardie, *g.*
Lydie, *g. et np.*
maladie
mélodie
Normandie, *g.*
Numidie, *g.*
orthopédie
palinodie
parodie, *sf.*
perfidie
Picardie, *g.*
prosodie
psalmodie, *sf.*
rapsodie
tragédie

[Plus les fém. des adj.
et part. en *di*, ainsi
que les formes
verbales.]
amodie
congédie
dédie
étudie
expédie
incendie
mendie
parodie
psalmodie
remédie
répudie
stipendie

—— é-i, *dissyll.* ——
désobéi
obéi

—— éie, *trisyll.* ——
désobéie
obéie
Véies, *g.*

[Ajoutez-y le mot
abbaye dans lequel *aye*
se prononce é-i-e.]

—— fi, ffi, phi ——
bouffi
défi
fi ! *excl.*
fifi, *pop.*
sophi
suffi (il a), *v.*

fic *et* phie,
dissyll.
atrophie, *sf.*
autographie
bibliographie (6)
biographie (5)
bouffie
cacographie
calligraphie
chalcographie
chorégraphie
cosmographie
cryptographie
géographie (5)
hydrographie
iconographie
lithographie
monographie
orthographie
Philadelphie *g.*
philosophie
photographie
sténographie
tachigraphie
télégraphie

topographie
typographie

[Verbes]
amplifie
atrophie
barbifie
béatifie (5)
bonifie
certifie
clarifie
confie
crucifie
défie (*ou* se)
déifie (4)
diversifie
dulcifie
édifie
falsifie
fie (*ou* se)
fortifie
fructifie
glorifie
gratifie
identifie (*ou* s')
justifie
lénifie
liquéfie
lithographie
lubrifie
méfie (se)
modifie
mystifie
notifie
orthographie
ossifie
pacifie
personnifie
pétrifie
photographie
purifie
putréfie

qualifie
ramifie (se)
raréfie
ratifie
rectifie
réédifie (5)
revivifie
sacrifie
sanctifie
scarifie
signifie
simplifie
solfie
solidifie
spécifie
stupéfie
terrifie
torréfie
tuméfie
vérifie
versifie
vitrifie
vivifie

———— gi ————
agi, *v.*
bostangi
élargi
hatji
mugi
réagi
régi
rougi
rugi
surgi

———— gie ————
amphibologie
analogie
anthologie
anthropologie
anthropophagie

antilogie
apologie
archéologie (6)
astrologie
battologie
bougie
cardialgie (5)
céphalalgie
chirologie
chirurgie
chronologie
cosmologie
démagogie
effigie
élégie
énergie
éthologie
étiologie (6)
étymologie
eulogies, *sf. pl., lit.*
généalogie (6)
géologie (5)
Géorgie (4), *g.*
hémiplégie
hémorragie
Hygie, *myt.*
ichtyologie (6)
iconologie
idéologie (6)
léthargie
liturgie
magie
métallurgie
météorologie (7)
minéralogie
mythologie
nécrologie
néologie (5)
névralgie
névrologie
nostalgie
odontalgie

œnologie
ontologie
orgie
Orgies, *myt.*
ornithologie
ostéologie (6)
paléontologie (7)
pathologie
pédagogie
philologie
phraséologie (6)
phrénologie
Phrygie, *g.*
physiologie (6)
plagie, *v.*
privilégie, *v.*
psychologie
réfugie (se), *v.*
régie, *sf.*
stratégie
tabagie
tautologie
technologie
théologie (5)
théurgie (4)
vigie
zoologie (5)

———— gni, gny ————
Clugny, *g.*
Coligny, *np.*
Lagny, *g.*
Marigny, *np.*
        Voir NI.

———— gnie, *dissyll.* ————
compagnie
        Voir NIE.

———— gri ————
        Voir RI.

―――― **gui, guy** ――――
alangui
gangui
gui
langui
Tanneguy, *np.*

―――― **li, lli** ――――
alcali
Ali, *np.*
anobli, *sm.*
bengali
brocoli *(chou)*
Chili, *g.*
Delhi, *g.*
établi, *sm.*
Gallipoli, *g.*
hallali *(cri de chas.)*
impoli
joli
Lulli, *np.*
moly, *bot. et myt.*
Nephtali, *np.*
oubli
pali, *sm.*
paroli
pli
poli, *s.*
rempli
repli
Rivoli, *g.*
Sully, *np.*
Tivoli, *g.*
Tripoli, *s. et g.*

[Verbes]
aboli
accompli
affaibli
amolli
anobli
avili

démoli
dépoli
désempli
embelli
empli
ennobli
enseveli
établi
faibli
molli
pâli
poli
ramolli
rempli
rétabli
sali

―――― **lli** *mouillé* ――――
bailli
bouilli
Chantilly g.
débouilli, *sm.*
failli, *sm.*
Neuilly, *g.*

[Verbes]
accueilli
assailli
bouilli
cueilli
débouilli
enorgueilli
failli
jailli
rebouilli
recueilli
rejailli
sailli
tressailli
vieilli

― **lie, llie,** *dissyll.* ―
anomalie
aphélie, *ast.*
Apulie, *g.*
Athalie, *np.*
Aurélie, *np.*
Béthulie, *g.*
Clélie, *np.*
connétablie
Cornélie, *np.*
Délie, *np.*
Élie, *np.*
Éolie, *g.* (4)
Étolie, *g.*
folie
Gétulie, *g.*
homélie
Idalie, *g.*
Italie, *g.*
Julie, *np.*
lie, *sf.*
mélancolie
Nauplie, *g.*
ordalie
oublie, *sf.*
parhélie, *ast.*
poulie
scolie
Thalie, *myt.*
Thessalie, *g.*
Westphalie, *g.*

[Verbes]
affilie
allie
concilie
délie
déplie
domicilie
exfolie
humilie
lie

mésallie (se)
multiplie
oublie
pallie
plie
publie
rallie
réconcilie
relie
replie
résilie
spolie
supplie

—— llie *mouillé* ——
bouillie (3)
saillie (3)

[Plus les fém. des adj.
et part. en *lli*
mouillé.]

———— mi ————
agami, *sm. (oiseau)*
ami, *s. et adj.*
ammi, *sm. (plante)*
demi
endormi
ennemi
fourmi
mi, *mus.*
Noémi, *np.* (3)
parmi
queussi-queumi
Rémi *(saint)*

[Verbes]
affermi
blêmi
dormi
endormi
frémi

gémi
raffermi
rendormi
revomi
vomi

—— mie, *dissyll.* ——
académie
agronomie
alchimie
amie
anatomie
antinomie
astronomie
autonomie
bigamie
bonhomie
boulimie
cacochymie
chimie
demie
économie
émie, *v.*
ennemie
épidémie
gastronomie
homonymie
infamie
Jérémie, *np.*
lamie
latomie, *ant.*
lithotomie
Mésopotamie, *g.*
métonymie
momie
ophtalmie
phlébotomie
physionomie (6)
prud'homie, *vm.*
synonymie
trémie

—— ni, nni ——
Albéroni, *np.*
banni *sm.*
boni, *sm.*
brouillamini
bruni, *sm.*
Cassini, *np.*
catimini (en)
déni
fini
fourni
garni, *sm.*
Goldoni, *np.*
impuni
indéfini
infini
lazzaroni, *sm. pl.*
macaroni
nenni
Rimini, *g.*
Terni, *g.*
uni

[Verbes]
abonni
agoni, *pop.*
ahuri
aplani
assaini
banni
béni
bruni
défini
dégarni
démuni
désuni
embruni
fini
fourni
garni
henni (h *asp.*)
honni (h *asp.*)

jauni
muni
prémuni
puni
raccorni
rajeuni
regarni
rejauni
rembruni
réuni
terni
uni
verni

—— **nie**, *dissyll.* ——

Abyssinie, *g.*
acrimonie
agonie
Albanie, *g.*
anglomanie
aphonie
Arménie, *g.*
atonie
Ausonie, *g.*
avanie
baronnie
bibliomanie (6)
Bithynie, *g.*
Bosnie, *g.*
cacophonie
Calédonie, *g.*
Californie, *g.*
calomnie
Campanie, *g.*
cérémonie
chanoinie, *vx.*
chapellenie
châtellenie
colonie
cosmogonie
démonomanie
diaphonie (5)

épiphanie
Esclavonie
euphonie
félonie
gémonies, *ant.*
génie
Germanie, *g.*
harmonie
hernie (h *asp.*)
Hyrcanie
ignominie
insomnie
Ionie, *g.* (4)
Iphigénie, *np.*
ironie
Laconie, *g.*
Laponie, *g.*
litanie
Lithuanie (5)
Livonie, *g.*
Lusitanie, *g.*
manie
Mauritanie, *g.*
mélomanie
Messénie, *g.*
métromanie
monomanie
monotonie
nénies, *sf. pl.*
néoménie (5)
Océanie, *g.*
Pannonie, *g.*
papimanie
parcimonie
Pensylvanie, *g.*
physiognomonie
    (7)
Polymnie, *myt.*
Poméranie
pulmonie
pyrotechnie
Roumanie, *g.*

sanie
simonie
symphonie
théogonie (5)
Transylvanie, *g.*
Uranie, *myt.*
vilenie
Virginie, *np.*
Virginie, *g.*
zizanie

[Verbes]

calomnie
communie
dénie
excommunie
ingénie (s')
manie
nie
remanie
renie

[Plus les fém. des adj.
et part. en *ni*.]

—— **oui**, *dissyll.* ——

ébloui
écroui
enfoui
épanoui
évanoui
foui
inouï
joui
oui
réjoui, *s. et v.*
roui, *s. et adj.*

[Notez que *oui* adv.
ne fait qu'une
syllabe.]

—— **ouie**, *trisyll.* ——
ouïe, *s.*

[Plus les fém. des adj.
précédents.]

—————— **pi** ——————
api, *sm.*
champi, *sm.*
crépi, *sm.*
épi
képi
Mississipi, *g.*
thlaspi, *bot.* (2)

[Verbes]
accroupi
assoupi
crépi
croupi
déguerpi
glapi
rechampi
recrépi
tapi

—— **pie**, *dissyll.* ——
carpie
charpie
copie, *sf.*
Éthiopie, *g.*
harpie
impie
lycanthropie
misanthropie
myopie (4)
Olympie, *g.*
pépie
philanthropie
pie *(oiseau)*
pie *(œuvre)*
roupie *(au nez)*

roupie, *monnaie*
satrapie
stéréotypie (6)
toupie
utopie

[Plus les fém. des adj.
et des part. en *pi*,
ainsi que les formes
verbales.]
copie
épie
estropie
expie
pépie
recopie

—————— **pli** ——————
Voir LI.

—————— **pri** ——————
Voir RI.

—— **qui** *et* **ki** ——
Créqui, *np.*
qui ? (à *ou* pour)
Poniatowski, *np.* (5)
Sobieski, *np.* (4)

—— **quie**, *dissyll.* ——
Turquie, *g.*
Valaquie, *g. (pour*
Valachie)

—————— **ri, rri** ——————
abri
amphigouri
Barri, *g.*
Berri, *g.*
bistouri
cabri
canari

Cantorbéry, *g.*
carbonari, *pl.*
céleri
Chambéry, *g.*
charivari
colibri
condottieri, *pl.*
cri
décri
émeri
engri *(léopard)*
favori
guilleri, *sm.*
Henri (h *asp.*)
houri (h *asp.*)
hourvari (h *asp.*)
mari
marri, *adj.*
mistigri
péri, *sf.*
pilori
pot-pourri
tilbury
tory, *sm.*
tri, *sm.*

[Verbes]
aguerri
ahuri
aigri
amaigri
amoindri
appauvri
assombri
attendri
atterri
chéri
défleuri
dépéri
enchéri
endolori
équarri

flétri
fleuri
guéri
maigri
meurtri
mûri
nourri
péri
pétri
pourri
rabougri
refleuri
renchéri
repétri
tari
terri, *mar.*

—— **rie,** *dissyll.* ——

aciérie (4)
afféterie
affinerie
affronterie
agacerie
Alexandrie, *g.*
Algérie, *g.*
allégorie
ânerie
apothicairerie
argenterie
armoirie
artillerie
Assyrie, *g.*
aumônerie
avarie, *sf.*
avocasserie
badauderie
badinerie
bain-marie
barbarie
batterie
bavarderie
bégueulerie

bergerie
bigoterie
bijouterie
bizarrerie
blanchisserie
boiserie
boucherie
bouderie
bouffonnerie
boulangerie
bouquinerie
brasserie
braverie
broderie
brouillerie
brusquerie
buanderie
buffleterie
cachoterie
cafarderie
cagoterie
cajolerie
camaraderie
capitainerie
caqueterie
carie
cartonnerie
catégorie
causerie
cavalerie
chamoiserie
chancellerie
chantrerie
charlatanerie
charpenterie
chaudronnerie
chevalerie
chicanerie
chuchoterie
clouterie
coadjutorerie
cochonnerie

commanderie
conciergerie (5)
confrérie
coquetterie
coquinerie
corderie
coterie
craquerie
crierie (3)
datcrie
diablerie (4)
dîmerie
draperie
drôlerie
dysenterie
écorcherie
écorniflerie
écurie
effronterie
enragerie, *vm.*
épicerie
ergoterie
Étrurie, *g.*
escroquerie
fâcherie
fanfaronnerie
féerie
férie, *fête*
filerie
filouterie
finasserie, *pop.*
flagornerie
flatterie
fleurie *(Pâque)*
folâtrerie
fonderie
forfanterie
fourberie
frairie
friperie
friponnerie
furie, *fureur*

furie, *myt.*
galanterie
galerie
ganterie
gausserie
gendarmerie
gentilhommerie
géométrie
gloutonnerie
goguenarderie
gredinerie
grimacerie
grivèlerie
gronderie
gueuserie
hablerie (h *asp.*)
Hespérie, *g.*
hoirie
Hongrie
hôtellerie
Ibérie, *g.*
Icarie, *mn.*
idolâtrie
imprimerie
incurie
industrie
infanterie
infirmerie
intempérie
ivrognerie
joaillerie (5)
jonglerie
jugerie, *vm.*
juiverie (4)
ladrerie
laiterie
lanternerie
latrie *(culte de)*
léproserie
librairie
Ligurie, *g.*
lingerie

lorgnerie
loterie
lourderie
louveterie
maçonnerie
mairie
maladrerie
malandrie
Marie, *np.*
maroquinerie
marqueterie
maussaderie
mégisserie
ménagerie
menterie
mercerie
mesquinerie
messagerie
menuiserie
métairie
mièvrerie (4)
minauderie
moinerie
momerie
moquerie
mousqueterie
mutinerie
Neustrie, *g.*
niaiserie (5)
nigauderie
orangerie
orfèvrerie
pairie
paneterie
papeterie
parcheminerie
parlerie
pâtisserie
patrie
pêcherie
pédanterie
pelleterie

penderie
pénitencerie, *vm.*
pénurie
piaillerie (5)
picoterie
pierreries
piperie *(au jeu)*
piraterie
plaidoirie
plaisanterie
pleurnicherie
pointillerie
poissonnerie
polissonnerie
poltronnerie
poterie
pouillerie, *pop.*
prairie
pruderie
prudoterie
raffinerie
raillerie
rapinerie
ravauderie
renarderie
renchérie (faire la)
rêverie
rubanerie
savonnerie
scorie
secrétairerie
seigneurie
sénatorerie
série
singerie
soierie
sommellerie
sonnerie
sophistiquerie
sorcellerie
sparterie
strangurie

sucrerie
supercherie
Sybérie, *g.*
sylphirie, *demeure des sylphes*
symétrie
Syrie, *g.*
tabletterie
taillanderie
tannerie
tapisserie
taquinerie
Tartarie, *g.*
tartuferie
théorie
tracasserie
trésorerie
tricherie
trigauderie
trigonométrie
tromperie
truanderie (5)
tuilerie (4)
Tuileries
Urie, *np.*
vacherie
vanterie
vénerie
verderie
verrerie
verroterie
vespérie, *vm.*
vétillerie
vieillerie (4)
vitrerie
voirie
volerie

carie
charrie
contrarie
crie
décrie
démarie
déparie
déprie
écrie (s')
cxcorie
expatrie
exproprie
historie
industrie (s')
injurie
inventorie
marie
parie
pilorie
prie
rapatrie
récrie (se)
reprie
rie, *subj.*
salarie
sourie, *subj.*
trie
varie
vicarie

——— **si dur** ———

ainsi
aussi
reversi
roussi, *sm.*
si, *conj.*
si, *mus.*

réussi
roussi
transi

Voir CI.

——— **sie et xie** ———

apoplexie
asphyxie
ataraxie
autopsie
catalepsie
Chassie, *g.*
Circassie
épilepsie
hétérodoxie
messie
orthodoxie
Russie, *g.*
vessie

[Plus les fém. des adj. et part. en *si*.]
Voir CIE.

——— **si doux et zi** ———

cramoisi, *sm. et adj.*
lazzi, *sm.*
moisi, *sm.*
quasi, *adv.*
quasi, *sm.*

[Verbes]

choisi
dessaisi
moisi
ressaisi
saisi

——— **sie doux** ———

acrisie
agérasie
ambroisie

[Verbes]
apparie
approprie
avarie (s')

[Verbes]
dégrossi
épaissi
grossi

Andalousie, *g.*
apostasie
Asie, *g.*
Aspasie, *np.*
Austrasie
bourgeoisie
courtoisie
discourtoisie
étisie
fantaisie
frénésie
génésie
géodésie (5)
hémoptysie
hérésie
hydropisie
hypocrisie
jalousie
magnésie
Malvoisie, *g.*
palingénésie
paralysie
phtisie
pleurésie
Polynésie, *g.*
saisie
Silésie, *g.*
Sosie, *np.*

[Plus les fém. des adj.
et part. en *si* doux et
les formes verbales.]
apostasie
extasie (s')
rassasie

———— **ti** ————
abrouti, *adj.*
agouti, *sm., zool.*
Amati *(violon)*
apprenti
bâti, *sm.*

cati, *sm.*
concetti, *sm. pl.*
Conti, *np.*
converti
démenti, *sm.*
Frascati, *g.*
Haïti, *g.* (3)
lacryma-christi
malbâti, *s. et adj.*
mi-parti
mufti *ou* muphti
palma-christi
parti, *sm.*
rôti, *sm.*
Taïti, *g.* (3)

[Verbes]
abêti
abouti
abruti
amati
amorti
anéanti
aplati
appesanti
assorti
assujetti
averti
bâti
blotti
compati
consenti
converti
débruti
démenti
dénanti
départi
désassorti
diverti
empuanti (4)
englouti
garanti

interverti
investi
loti
menti
nanti
parti
pâti
perverti
pressenti
rabouti, *pop.*
ralenti
ramoiti
rebâti
reparti
réparti
repenti
ressenti
retenti
rôti
senti
sorti
subverti
travesti

———— **tie** *dur* ————
amnistie
antipathie
apathie
apprentie
Carinthie
contre-partie
Côte-Rôtie, *g.*
départie, *sf., vm.*
dynastie
Émathie, *g.*
épizootie (5)
eucharistie
garantie
homœopathie (6)
hostie
immodestie
modestie

ortie
Ostie, *g.*
Parthie, *g.*
partie
Pythie, *myt.*
repartie
rôtie
sacristie
Scythie, *g.*
sortie
sotie
sympathie

[Verbes]
amnistie
châtie

[Plus les fém. des adj.
et part. en *ti.*]

—— tie *doux* ——
argutie
aristocratie
autocratie
Béotie (4)
calvitie
Dalmatie, *g.*
démocratie
diplomatie
facétie
Helvétie
impéritie
ineptie
inertie
minutie
Nigritie
ochlocratie
péripétie
polycratie
primatie
prophétie
stratocratie

suprématie
théocratie

[Verbes]
balbutie
initie

—— ui, *monosyll.* ——
appui
aujourd'hui
autrui
celui
ennui
essui
étui
lui
ressui

[Verbes]
enfui (s'est)
fui (il a)
lui
nui
relui

—— uie, *dissyll.* ——
parapluie
pluie
suie
truie

[Verbes]
appuie
désennuie
enfuie (s'est)
ennuie
essuie
fuie *(au subj.)*

—— vi ——
alouvi
couvi *(œuf)*

envi (à l')
Lévi, *np.*
peccavi, *sm.*
renvi, *sm.*

[Verbes]
asservi
assouvi
desservi
gravi
havi (h *asp.*)
poursuivi
ravi
servi
sévi
suivi

—— vie, *dissyll.* ——
Batavic, *g.*
Bivie, *myt.*
Cracovie, *g.*
eau-de-vie
envie
Fulvie, *np.*
Moldavie, *g.*
Moravie, *g.*
Moscovie, *g.*
Octavie, *np.*
pavie, *sm. (pêche)*
Pavie, *g.*
Scandinavie, *g.*
Ségovie, *g.*
Servie, *g.*
survie
synovie
Varsovie, *g.*
vie

[Plus les fém. des adj.
et part. en *vi*, ainsi
que les verbes.]
convie

dévie
envie
obvie
renvie

—— **IB** *(b sonore)* ——
Sennachérib, *np.*
Typo-Saïb, *np.*

———— **IBE** ————
Antibes, *g.*
bribe
Caraïbe, *g.* (4)
diatribe (4)
exhibe, *v.*
imbibe, *v.*
inhibe, *v.*
Polybe, *np.*
prohibe, *v.*
scribe

———— **IBLE** ————
accessible
admissible
amovible
bible
cessible
cible
comestible
compatible
compréhensible
compressible
concupiscible
contemptible
conversible
corruptible
crible
disponible
divisible
éligible
exigible
extensible

flexible
fusible
horrible
illisible
impassible
impossible
imperceptible
imprescriptible
inaccessible
inadmissible
incessible
incombustible
incompatible
incompréhensible
incorrigible
incorruptible
indéfectible
indestructible
indicible
indivisible
inextinguible
infaillible
inflexible
infrangible
inintelligible
insensible
intelligible
intraduisible (5)
invincible
invisible
irascible
irréductible
irrémissible
irrépréhensible
irrésistible
lisible
loisible
nuisible
ostensible
paisible
passible
pénible

perceptible
plausible
possible
prescriptible
réductible
réfrangible
rémissible
répréhensible
réversible
risible
sensible
submersible
susceptible
terrible
transmissible
visible

———— **IBRE** ————
calibre
équilibre, *s. et v*
fibre, *anat.*
libre
Tibre, *g.*
vibre, *v.*

—— **IC, ICH, ICK** ——
agaric
alambic
Alaric, *np.*
arsenic
aspic
basilic
brick
chic
Copernic, *np.*
cric
Dantzick, *g.*
diagnostic (4)
fic
Genséric, *np.*
hic (le)
mastic

Munich, *g.*
pic
porc-épic
pronostic
public
ric-à-ric, *adv.*
Rurik, *np.*
syndic
Théodoric, *np.*
tic
trafic
Warwick, *np.*
Zurich, *g.*

[Quoique le *c* soit insonore dans *arsenic* et *cric*, on fait rimer ces mots avec les autres.]

— ICE *ou* ISSE —

appendice
artifice
aruspice
auspice
avarice
bénéfice
Bérénice, *np.*
calice
caprice
cicatrice
cilice
compétitrice
complice
coulisse
délice
éclisse
écrevisse
édifice
épice
esquisse
Eurydice, *np.*
exercice

factice
frontispice
Galice, *g.*
génisse
haute lice
hospice
immondice
indice
injustice
interstice
jaunisse
jectisses
jocrisse
lectrice
législatrice
lice *(arène, étoffe, chienne pleine)*
lisse, *adj.*
maléfice
malice
matrice
mélisse *(eau de)*
milice
Narcisse, *np.*
Nice, *g.*
notice
nourrice
novice
obreptice
office
orifice
patrice, *dign.*
pelisse
police
précipice
préjudice
prémices
prémisses
propice
pythonisse
réglisse
sacrifice

saucisse
service
sévices
solstice
Stratonice, *np.*
subreptice
Suisse, *g.*
Sulpice, *np.*
supplice
Ulysse, *np.*
varice
vénéfice
vice

Voir les mots en eur, *dont plusieurs forment leur féminin en* ice.

[Verbes]

apétisse
assisse, *d'asseoir*
déplisse
entrevisse, *d'entrevoir*
épice
esquisse
glisse
hisse (h *asp.*)
immisce (s')
lambrisse
lisse
naquisse, *de naître*
pâlisse
pisse
police
prévisse, *de prévoir*
puisse, *de pouvoir*
rassisse, *de rasseoir*
ratisse, *de ratisser*
revisse, *de revoir*
sursisse, *de surseoir*
tapisse
treillisse
vernisse

visse *(visser ou voir)*
 Voir les subjonctifs de
 plusieurs verbes en
 ir, *sentisse, unisse, etc. ;*
 en ettre, *promisse,*
 permisse, etc. ; en
 erdre, *perdisse,*
 reperdisse ; en ordre,
 mordisse ; en aire,
 que je fisse, etc.

——— **ICHE** ———
acrostiche
affiche
Autriche, *g.*
biche, *zool.*
bourriche
caniche
chiche, *adj.*
corniche
derviche
fétiche
fiche
friche
godiche
hémistiche
miche
niche
pastiche
péniche
pois chiche
postiche
potiche
pouliche
riche

[Verbes]
affiche
cliche
défriche
déniche
entiche

fiche
niche
pleurniche
triche

——— **ICLE** ———
article
bernicle, *pop.*
besicles, *lunettes*
cycle, *ast.*
épicycle
manicle
sicle
tricycle

——— **ICT** ———
district
Maestricht, *g.* (2)
strict, *am.*

——— **ICTE** ———
dicte, *v.*
édicte, *v.*
stricte, *af.*
vindicte, *sf.*

——— **ID** ———
(où le d se fait
sentir)
Cid (le)
David, *np.*
Valladolid, *g.*
Madrid, *g.*

——— **ID** *(où le d* ———
ne se fait pas sentir)
muid
nid

——— **IDE** ———
acide
Aganippide, *myt.*

Alcide *ou Hercule*
androïde (4)
Aonides, *myt.* (4)
aride
Armide, *np.*
Atlantide, *g.*
Atride, *np.*
Aulide, *g.*
avide
bastide
bride
candide
cantharide
cariatide, *arch.* (5)
chrysalide
Colchide, *g.*
cupide
Danaïde, *myt.* (4)
déicide (4)
druide (3)
égide
Élide, *g.*
Énéide (4)
éphémérides
Épiménide, *np.*
Euclide, *np.*
euménide
Euripide, *np.*
fétide
Floride, *g.*
fluide (3)
fratricide
Gnide, *g.*
guide, *sm.*
hémorroïdes (5)
héraclides, *ant.*
héroïde (4)
Hespérides, *myt.*
homérides, *ant.*
homicide
humide
ides

infanticide
insipide
intrépide
invalide
liberticide
limpide
liquide
livide
lucide
Méonides, *myt.* (4)
Minéides, *myt.* (4)
Mnémonides, *myt.*
morbide
Néréide, *myt.* (4)
océanides, *myt.* (5)
ophicléide (5)
Ovide, *np.*
oxyde, *sm.*
parricide
perfide
pyramide
rapide
régicide
ride
rigide
solide
sordide
splendide
stupide
subside
suicide (4)
Thébaïde, *g.* (4)
Thucydide, *np.*
timide
torride *(zone)*
Tyndaride, *myt.*
valide
vide, *a. et s.*
tyrannicide

[Verbes]

bride

coïncide (4)
consolide
débride
décide
déride (se)
dévide
dilapide
guide
lapide
oxyde
préside
réside
ride
survide
valide
vide

——— IDRE, YDRE ———

anhydre, *adj, chim.*
cidre
clepsydre
hydre

——— IF ———

ablatif, *gram.*
abortif, *avorté*
abréviatif (5)
abstersif
abstractif
abusif
accélératif
accusatif, *gram.*
actif
adjectif, *gram.*
adjudicatif
administratif *(corps)*
admiratif
adoptif
affectif
affirmatif
afflictif
agressif

alternatif
ampliatif (4)
annulatif
apéritif
appellatif, *gram.*
appréciatif (5)
appréhensif
approbatif
attentif
atténuatif (5)
attractif
auditif
augmentatif
auscultatif, *mn.*
canif
captif
carminatif, *méd.*
causatif, *gram.*
chérif
chétif
coactif (3)
coagulatif (5)
coercitif (4)
collatif
collectif *(nom)*
commémoratif
communicatif
commutatif
comparatif, *gram.*
confirmatif
confortatif
conglutinatif
conjonctif, *gram.*
consécutif
conservatif
consolatif
constitutif
consultatif
constructif
contemplatif
convulsif
copulatif

correctif
corrélatif
corroboratif
corrosif
corruptif
craintif
cumulatif
curatif
cursif
datif, *gram.*
décisif
déclaratif
défensif
définitif
délibératif
démonstratif
dénominatif
dépilatif
descriptif
désolatif
désopilatif
dessiccatif
destructif
déterminatif
détersif
digestif
diminutif
discursif
disjonctif
dispensatif
dispensif
dispositif
dissolutif
distinctif
distributif
dormitif
dubitatif
dulcificatif
effectif
électif
énonciatif (5)
esquif, *mar.*

estimatif
étrif, *vm., débat*
évacuatif (5)
évaporatif
éversif
excessif
excitatif
exclamatif
exclusif
exécutif
exhortatif
expansif
expéditif
explétif
explicatif
explosif
expressif
expulsif
extinctif
extractif
exulcératif
facultatif
fautif
fédératif
fictif
figuratif
frustratif
fugitif
furtif
gélif
géminatif
génératif
génitif, *gram.*
germinatif
gérondif, *gram.*
glutinatif
hâtif (h *asp.*)
illuminatif
imaginatif
immersif
impératif, *gram.*
impulsif

imputatif
inactif
incisif
indicatif, *gram.*
inductif
infinitif, *gram.*
infirmatif
informatif
initiatif (5)
insinuatif (5)
instructif
instrumentatif
intellectif
interprétatif
interrogatif
intransitif, *gram.*
introductif
intuitif (4)
inventif
itératif
juif (1)
justificatif
lascif
laxatif
législatif
lénitif
limitatif
locatif
lucratif
maladif
massif
maturatif
méditatif
mémoratif
mitigatif
modificatif
motif
naïf (2)
narratif
natif
négatif
nominatif, *gram.*

nuncupatif, *jur.*
nutritif
objectif
obstructif
offensif
oisif
olfactif *(nerf)*
optatif, *gram.*
ostensif
palliatif (4)
partitif
passif, *gram.*
péjoratif
pendentif
pénétratif
pensif
pignoratif
plaintif
plumitif, *sm.*
portatif
positif
possessif, *gram.*
poussif
préparatif
présomptif
primitif
privatif
probatif
processif
productif
progressif
prohibitif
purgatif
putatif
putréfactif
qualificatif
réactif (3)
rébarbatif
récif *ou* rescif
récitatif
récréatif (4)
réductif

réduplicatif
réfrigératif
réitératif (5)
relatif
remémoratif
rémollitif
rémunératif
répercussif
répréhensif
représentatif
répressif
répulsif
répurgatif
résolutif
respectif
responsif
restauratif
restrictif
rétif
rétroactif (4)
rétrospectif
révolutif
révulsif
roboratif
rosbif
sédatif
sensitif
séparatif
shérif
significatif
solutif
soporatif
spéculatif
sternutatif
subjectif
subjonctif, *gram.*
subsécutif
substantif, *gram.*
subversif
successif
suif (1)
superlatif, *gram.*

suppuratif
suspensif
tardif
tarif
tentatif
translatif
transmutatif
turbatif, *vm.*
unitif
végétatif
vif
vindicatif
vocatif, *gram.*
vomitif
votif

—— **IFE** *ou* **IPHE** ——

Apocryphe, *a. t. g.*
atife, *v.*
biffe, *v.*
briffe, *v. pop.*
Calphe, *np.* (3)
calife
chiffe, *sf.*
débiffe, *v.*
escogriffe
généraliffe, *arch.*
griffe
hiéroglyphe (3)
logogriphe
pontife
Ténérife, *g.*
triglyphe, *arch.*

———— **IFLE** ————

mornifle

[Verbes]
écornifle
persifle
renifle
siffle

――――― **IFFRE** ―――――
chiffre, *sm.*
chiffre, *v.*
déchiffre, *v.*
empiffre, *v.*
fifre, *sm.*
piffre, *sm. pop.*

――――― **IGE** ―――――
Adige, *g.*
lige
litige
prestige
prodige
tige
vertige
vestige
voltige

[Verbes]

afflige
collige
corrige
désoblige
dirige
érige
exige
fige
fumige
fustige
inflige
mitige
néglige
oblige
récollige
rédige
transige
voltige

[Plus diverses formes
suivies de *je*, comme
dis-je, fis-je, etc.]

――――― **IGLE** ―――――
bigle, *louche*
sigle

――――― **IGME** ―――――
borborygme, *méd.*
énigme
paradigme, *gram.*

――――― **IGNE** ―――――
bénigne
condigne
consigne
curviligne, *mat.*
cygne
digne
indigne
insigne
interligne, *imp.*
ligne
maligne, *af.*
mixtiligne
rectiligne
signe
vigne

[Verbes]

aligne
assigne
barguigne
cligne
consigne
désigne
égratigne
forligne
guigne
indigne
provigne
rechigne
résigne
signe
souligne

soussigne
trépigne

――――― **IGRE** ―――――
dénigre, *v.*
émigre, *v.*
tigre, *animal*
Tigre, *g.*

――――― **IGUE** ―――――
bec-figue, *oiseau*
brigue, *sf.*
digue, *sf.*
fatigue, *sf.*
figue
gigue, *danse*
intrigue
ligue, *sf.*
prodigue, *sm.*
Rodrigue, *np.*
sarigue, *zool.*

[Verbes]

bigue, *vx.*
brigue
digue
fatigue
instigue
intrigue
ligue
navigue
prodigue

――――― **IL** ―――――
alguazil
Brésil, *g.*
bill
bissextil
cil
civil
exil
fil

il (dit-il)
incivil
mil *(mille)*
mil *(millet)*
morfil
Nil, *g.*
pistil, *bot*
profil
puéril
sextil, *ast.*
subtil
vil, *adj.*
viril
volatil

———— **IL** *Dont le* l ————
est mouillé, et ne se
prononce que très peu
avril
babil
baril
chenil
fournil
fusil
gentil
grésil
gril
nombril
outil
péril
persil, *bot.*
sourcil

———— **ILDE** ————
Clotilde, *np.*
Herménégilde
Mathilde, *np.*
tilde *(accent)*

———— **ILE** *et* **ILLE** ————
non mouillé
Abbeville, *g.*
Achille, *np.*

agile
ancile, *ant.*
antifébrile
aquatile
argile
asile
atrabile, *bile noire*
bibliophile (5)
bile
chyle
civile
codicille
concile
crocodile
croix et pile, *jeu*
dactyle
débile
difficile
docile
domicile
ductile, *adj.*
édile
éolipyle, *phys.* (3)
évangile
facile
fertile
fibrille, *petite fibre*
file
fluviatile (5)
fossile
fragile
Gille, *np.*
gille *(faire), pop.*
habile
hôtel de ville
idylle
imbécile
incivile
indélébile
indocile
infertile
inhabile

inutile
Lille, *g.*
Lucile, *np.*
mille
mobile
nautile, *conchyl.*
nubile
péristyle, *arch.*
pile
puérile, *af.*
pupille
reptile
scurrile, *bouffon*
sébile
servile
sibylle (la)
stérile
style
subtile
textile
Théophile (4)
tranquille
ustensile
utile
vaudeville
versatile
vigile
vile, *af.*
ville
Virgile, *np.*
virile, *af.*
volatile
Zoïle, *np.* (3)

[Verbes]
affile
annihile
assimile
compile
défile
désopile
distille

effile
empile
enfile
épile
exile
faufile
file
jubile
mutile
opile
oscille
parfile
pile
profile
repile
style
vacille

—— ILE *long* ——
huile
huile, *v.*
Île, *g.*
presqu'île, *g.*
tuile (2)

—— ILLE *mouillé* ——
aiguille
anguille
apostille
Bastille
béatilles, *sf. plur.*
belle-fille
béquille
bille
bisbille, *querelle*
broutilles
briscambille, *jeu*
camomille, *bot.*
cannetille
cantatille
Castille, *g.*
castille, *querelle*
cédille, *gram.*

charmille, *bot.*
chenille
cheville
cochenille
coquille
Courtille (la)
croustille
drille *(un bon)*
drilles *ou chiffons*
esquille
étrille
famille
faucille
fille
flotille
gentille
grille
goupille
grenadille
guenille
jonquille
lentille
mandille
mantille
mercantille
morille
pacotille
pastille
peccadille
quadrille
quille, *mar.*
quille *(jeu de)*
ramilles
résille
roquille
soudrille, *vm.*
souquenille
torpille
vanille, *bot.*
vétille
vrille, *sf.*
volatille, *sf.*

[Verbes]
apostille
babille
béquille
boursille
bousille
brandille
brasille
brésille
brille
broutille
cheville
cille
croustille
dessille
dégobille
déshabille
détortille
écarquille
échenille
égosille (s')
émoustille
entortille
éparpille
essorille
estampille
étrille
fendille
fourmille
frétille
fusille
gambille
gaspille
grapille
grésille
grille
guille, *vm.*
habille
houspille (h *asp.*)
mordille
nasille
pendille
pétille

pille
pointille
quille
recoquille
recroqueville
rhabille
roupille
sautille
sille
sourcille
tortille
vétille
vrille

—— ILPHE ——
sylphe

—— ILTRE ——
filtre, *s. et v.*
infiltre, *v.*
philtre, *s.*

—— YLVES ——
sylves

[Mot sans rime.]

—— IM *(pr. in)* ——
Voir IN.

—— IM *(pr. ime)* ——
Abarim, *g.*
Éloïm *(ange)*
Éphraïm, *np.*
Ibrahim, *np.*
intérim, *sm.*
Mezraïm
Naïm
olim, *sm. plur.*
passim, *adv.*
Sélim, *np.*
Zaïm, *sm.*

[Plus un grand
nombre de noms
d'hommes
et de lieux.]

—— IMBE, YMBE ——
Corymbe
limbes
nimbe
regimbe, *v.*

– IMBRE, YMBRE
cimbre, *peuple*
Coïmbre, *g.* (3)
sisymbre, *bot.*
timbre, *sm.*
timbre, *v.*

—— IME *long* ——
abîme, *s. et v.*
dîme, *s. et v.*
Nîmes, *g.*

[On fait rimer avec
le plur. de ces mots
les formes verbales en
imes du prétérit,
comme :]
abattîmes
batîmes
consentîmes
dîmes
entendîmes
fîmes
gravîmes
mîmes
ourdîmes
prîmes
promîmes
punîmes
réunîmes
saisîmes

tarîmes
vîmes

[Mais il faut user très
peu de ces rimes,
qui ne sont pas
agréables.]

—— IME *bref* ——
anonyme
azyme, *sans levain*
bellissime
cacochyme
centime
cime
clarissime
crime
décime
éminentissime
escrime
estime
excellentissimo
fourbissime
frime, *pop.*
généralissime
grandissime
habilissime
homonyme
ignorantissime
illégitime
illustrissime
infime
intime
légitime, *s. et adj.*
lime
maritime
maxime
millésime
mime, *bouffon*
minime, *s. et adj.*
monorime
nobilissime
opimes *(dépouilles)*

pantomime
prime, *s. et adj.*
pseudonyme
pusillanime
quadragésime
quinquagésime
rarissime
régime
révérendissime
rime
savantissime
septuagésime (6)
sexagésime
solyme
sublime
synonyme
unanime
victime

[Verbes]
anime
arrime
comprime
décime
déprime
écime
élime
envenime
escrime
estime
exprime
imprime
intime
légitime
lime
mésestime
opprime
périme
prime
ranime
réimprime (4)
réprime

rime
sublime
supprime
trime, *pop.*

———— IMNE ————
hymne
Méthymne, *g.*

—— IMPE, YMPE ——
grimpe, *v.*
guimpe
Olympe, *myt.*

– IMPHE, YMPHE –
lymphe
nymphe
paranymphe

———— IMPLE ————
simple
simples, *bot.*

———— IN ————
Abyssin
adultérin
aigrefin
alevin
alexandrin *(vers)*
alcalin
Angevin, *de l'Anjou*
anodin *(remède)*
Antonin, *np.*
aquilin *(nez)*
Arétin, *np.*
argentin
argousin
arlequin
assassin
Augustin, *np.*
badin
baladin

baldaquin
ballotin
bambin
basin
bassin
bavardin, *vm.*
bec-de-corbin
béguin
bénédictin
Benjamin, *np.*
bénin
bernardin
biscotin
blondin
boudin
boulin
boulingrin
bouquetin
bouquin
bramin
brandevin
brigantin
brin
brodequin
buccin
bulletin
burin
butin
Caïn, *np.* (2)
calepin
câlin
calotin
Calvin, *np.*
canepin
capucin
carabin
carlin
carmin
casaquin
catin
célestin
chagrin

chemin
chérubin
chevrotin
chicotin
circonvoisin
cisalpin
citadin
citrin
clandestin
clavecin
clopin
confins, *borne*
consanguin
Constantin, *np.*
coquin
cousin
coussin
craquelin
Crépin *(saint)*
crin
crispin
cristallin
cumin
Dandin
dauphin
déclin
dessin
destin
devin
diablotin (3)
diamantin (4)
divin
doguin
dominicain
échevin
écrin
enclin
enfantin
enfin
engin
escalin
escarpin

Euxin (le Pont)
fagotin
fantassin
faquin
farcin
féminin
festin
fin, *s. et adj.*
flandrin *(grand)*
Florentin, *g.*
florin, *monnaie*
fortin
fretin
frontin
frusquin
galantin
galopin
gamin
gandin
garbin *(vent S.-O.)*
gibelin
girondin
Gobelins
Gonin *(maître)*
gourdin
gradin
grappin
gratin
gredin
guépin
hutin, *vm.* (h *asp.*)
ignorantin
intestin
jacobin
jardin
jasmin
juin (1)
Jupin, *Jupiter*
lamantin
lambin
lapin
larcin

latin
Levantin, *g.*
libertin
Limousin, *g.*
lin
lopin
lupin, *bot.*
Lucrin *(lac)*
lutin
lutrin
magasin
maillotin
malandrin
malin
mandarin
mannequin
marasquin
marcassin
marin
maroquin
Martin, *np.*
masculin
Mathurin, *np.*
mâtin
matin
médecin
menin
Merlin, *np. et s.*
mesquin
moulin
murrhin, *ant.*
muscadin
mutin
Nankin, *g., étoffe*
orphelin
paladin
palanquin
palatin
pantin
parchemin
pasquin
patelin

patin
Pékin, *g.*
pèlerin
pépin
Périgourdin
picotin
pin
Poitevin
poupin
poussin
Poussin, *np.*
provin *de vigne*
pulvérin
purpurin
rabbin
raisin
ramequin
ravelin
ravin
requin
réveille-matin
Rhin, *g.*
robin
romarin, *bot.*
rondin
roquentin
rotin
roussin
Saladin, *np.*
salin
sanguin
sanhédrin
sapin
sarrasin
satin
Scapin
scrutin
sequin
séraphin
serin
serpentin
sibyllin

spadassin
strapontin
succin, *ambre*
sultanin
superfin
supin, *gram.*
Tabarin, *bateleur*
tamarin
tambourin
taquin
Tarquin, *np.*
tetin
théatin
thym
tintin
tocsin
traversin
tremplin
trottin
troussequin
Turin, *g.*
turlupin
turquin *(bleu)*
utérin *(frère)*
vaccin
vélin
venin
vertugadin
Vexin, *g.*
vilebrequin
vin
voisin

Voir AIN.

[Nous n'avons pas
distribué les finales en
in d'après les formes
de leur articulation,
parce qu'elles riment
sans la même lettre
d'appui. Mais qu'on
n'oublie pas qu'elles
ne riment bien
qu'avec elle.]

— INC, ING, INQ —

cinq
lasting
pouding
sterling
zinc, *métal*

Voir AINC.

— INCE *ou* INSE —

émince, *v.*
évince, *v.*
grince, *v.*
mince, *adj.*
pince, *s. et v.*
prince
province
rince, *v.*

[Plus diverses
personnes dans les
verbes *tenir, venir,* et
leurs composés *tinsse,
vinsse, soutinsse,* etc. ;
mais ces rimes sont
déplaisantes.]

——— INCT ———

distinct
instinct
succinct

——— INCTE ———

distincte, *af.*
succincte, *af.*

——— INDE ———

Clorinde, *np.*
dinde
guinde, *sf.*
guinde, *v.*
Inde, *g.*
Mélinde, *g.*
Olinde, *np.*

Pinde (le)
poule d'Inde
rescinde, v.
scinde

―――― INDRE ――――
cylindre
gindre, s.
guindre, petit métier
Indre, g.
  Voir AINDRE et EINDRE.

―――― INE, YNE ――――
agneline (laine)
Agrippine, np.
alcaline
Alphonsine, np.
androgyne
angine
argentine
asine (bête)
assassine
aubépine
aubergine
aveline
aventurine
babine
badine, sf.
badine, af.
balsamine
bassine
bécassine
béguine
bénédictine
berline
bernardine
bobine
bottine
bovine (bête)
bramine
bruine (3)
canine

cantine
capucine
carabine
Caroline, g.
cassine
chagrine
chevaline (bête)
chevrotine
Chine, g.
chopine
circonvoisine
cisalpine
citadine
citrine
clandestine
Cochinchine, g.
colline
concubine
contremine
coquine
cornaline
couleuvrine
courtine
cousine
crapaudine
crépine
crinoline
cuisine (3)
czarine
Cyprine (vénus)
dauphine
débine, pop.
discipline
doctrine
doguine
échine
églantine
enfantine
épine
étamine
Euphrosine, myt.
famine

farine
fascine
féminine
feuillantine
fouine (2)
gélatine
geline
gésine, vm.
gourgandine
gradine
gredine
guillotine, sf.
hermine
héroïne (4)
houssine (h asp.)
intestine (guerre)
Jacqueline, np.
javeline
lambine, sf.
latrines
lésine, sf.
lettrine
Libitine, myt.
Lucine, myt.
machine
Malines, g.
mandoline
manteline
marine, s. et adj.
Mathurine, np.
mâtine, af.
matines, lit.
médecine
Médine, g.
Messaline, np.
Mélusine, fée
mine
Mnémosyne, myt.
mousseline
narine
officine
origine

orpheline
palatine
Palestine, *g.*
pateline
Philippines (les), *g.*
piscine
platine
Pline, *np.*
poitrine
poupine
praline
Proserpine, *myt.*
purpurine, *sf.*
quine
racine, *sf.*
Racine, *np.*
rapine
ratine
ravine
résine
rétine
routine
ruine (3)
saline
sardine
scarlatine *(fièvre)*
sentine
serpentine
sourdine (à la)
taquine
térébenthine
terrine
tétine
tontine
urine
ursuline
usine
utérine *(sœur)*
vaccine, *sf.*
vermine
vipérine, *bot.*
visitandine

voisine
zibeline *(martre)*

[Plus les féminins des
adj. en *in.*]

[Verbes]
abomine
achemine
acoquine
affine
alevine
assassine
avoisine
badine
baragouine (4)
bassine
bouquine
bruine (3)
burine
butine
calcine
câline
chagrine
chemine
chopine
clopine
combine
confine
conglutine
contre-mine
coquine
cuisine (3)
damasquine
dandine (se)
débine, *sf. pop.*
décline
déracine
destine
détermine
devine
dîne

discipline
dissémine
domine
échine
effémine
élimine
embéguine
emmagasine
enfarine
enlumine
enracine
entérine
examine
extermine
fascine
festine
fulmine
guillotine
illumine
imagine
incline
incrimine
lancine
lésine
lutine
machine
marine
mâtine
médecine
mine
obstine
opine
pateline
patine
piétine (3)
prédestine
prédomine
préopine
raffine
rapine
récrimine
ruine (3)

rumine
taquine
termine
turlupine
urine
vaccine
voisine

—— **INGE** ——

Cominge, *art. et g.*
linge
méninge
singe, *s. et v.*
Thuringe, *g.*

—— **INGLE** ——

cingle, *v.*
épingle
tringle *de fer*
Zwingle, *np.*

—— **INGRE** ——

malingre
pingre

—— **INGUE** ——

bastingue, *sf., mar.*
bastingue (se), *v.*
bastringue, *sf., pop.*
bilingue
camerlingue
distingue, *v.*
fringue, *v.*
gingue *(toile)*
meringue
Nordlingue, *g.*
poudingue
ralingue, *s. et v.*
ramingue *(cheval)*
seringue, *s. et v.*

[Et des noms de
lieux.]

—— **INQUE** ——

pinque, *mar.*
requinque (se)
trinque, *v.*

[Plus la 1re et la
3e pers. sing. du subj.
des verbes en *aincre* et
de leurs composés]
convainque
vainque

—— **INS** ——

Provins, *g.*
Quinze-vingts (les)
Vervins, *g.*
    Voir les noms en in,
    dont le pluriel fait ins.

[Plus la 1re et la
2e pers. sing. du prét.
des verbes *tenir, venir*
et de leurs comp. *tins,*
vins]

—— **INSE** ——

Voir INCE.

—— **INMES** ——

tînmes (nous)
vînmes

[Et leurs composés.]

—— **INT** ——

Charles-Quint, *np.*
quint, *cinquième*
quint, *sm., jur.*
requint, *sm., jur.*
Sind, *g.*

Sixte-Quint, *np.*
suint (1)
vingt

[Verbes]
au parfait défini
abstint
appartint
contint
contrevint
convint
détint
disconvint
entretint
intervint
maintint
mésavint, *vm.*
obtint
parvint
prévint
provint
ressouvint
retint
revint
soutint
souvint
survint
tint
vint
    Voir les terminaisons
    en aint *et* eint,
    qui riment parfaitement
    avec les précédentes.

– **INTE** *ou* **INTHE** –

absinthe
Aminte, *np.*
coloquinte, *bot.*
Corinthe, *g.*
hyacinthe
labyrinthe
pinte, *s. et v.*

plinthe, *arch.*
quinte
térébinthe
tinte, *v.*
    Voir AINTE, EINTE ;
    et pour rimer au plur.
voy. les prétérits des verbes
        tenir, venir,
    et leurs composés.

—— INTRE ——
cintre, *s. et v.*
    Voir EINTRE.

—— INX *et* YNX ——
larynx
lynx
sphinx
syrinx, *nymphe*

—— INZE ——
quinze

—— IPE *et* YPE ——
Aganipe
archétype
Aristipe, *np.*
cippe, *arch.*
équipe, *sf.*
Euripe, *g.*
fripe, *sf.*
fripe-lippe, *sm.*
grippe, *sf.*
guenipe
Hégésippe, *np.*
lippe, *sf.*
Ménippe, *np.*
municipe
nippe, *sf.*
Œdipe, *np.*
participe, *gram.*
Pausilippe, *g.*

pipe, *sf.*
polype
principe
prototype
ripe *sf.*
stéréotype, *adj.*
tripe
tulipe
type
Xantippe, *np.*

[Verbes]
agrippe
anticipe
chipe
constipe
dissipe
émancipe
équipe
étripe
excipe
fripe
grippe
nippe
participe
pipe
ripe
stéréotype

—— IPLE ——
condisciple
disciple
multiple
périple
triple, *adj.*
triple, *v.*

—— IPRE ——
Cypre, *g.*
Ypres, *g.*

—— IPSE, YPSE ——
apocalypse
éclipse, *sf.*
éclipse, *v.*
ellipse, *sf.*
ellipse, *v.*
gypse, *plâtre*
paralipse, *rhét.*

—— IPTE ——
crypte, *arch.*
Égypte, *g.*

—— IQUE ——
académique
acétique, *sm. et adj.*
achromatique
acousmatique
acoustique
acronyque, *ast.*
Adriatique (5)
aérostatique (6)
Afrique, *g.*
alcaïque, *vers.* (5)
alchimique
algébrique
allégorique
Amérique, *g.*
amphibologique
anacréontique (6)
analogique
analytique
anarchique
anatomique
angélique
antarctique *(pôle)*
antipathique
antique
antiscorbutique
antispasmodique
antithétique
apathique

apocalyptique
apologétique
apoplectique
apostolique
aquatique
Arabique *(golfe)*
Arctique *(pôle)*
aristocratique
aristotélique
arithmétique
Armorique, *g.*
aromatique
ascétique
asthmatique
astrologique
astronomique
athlétique
Atlantique *(mer)*
Attique, *g. et arch.*
aulique *(conseil)*
aurifique
authentique
bachique
balistique
balsamique
Baltique *(mer)*
barique
basilique
béatifique (5)
Bétique, *g.*
biblique
bique
botanique
bourrique
boutique
brique
bucolique
cabalistique
cacique
canonique
cantique
caractéristique

carbonique *(acide)*
cataleptique
catégorique
catholique
catoptrique, *mat.*
caustique
cénobitique
céphalique
chimérique
chimique
chique, *tabac*
chique, *insecte*
chirographique
chirurgique
chromatique, *mus.*
chronique
chronologique
civique
classique
climatérique
clinique
clique
colérique
colique
comique
concentrique
conique, *mat.*
cosmétique
cosmique, *ast.*
cosmogonique
cosmographique
crique
critique
cubique, *mat.*
cyclique
cylindrique
cynique
dalmatique, *lit.*
darique, *ant.*
démocratique
despotique
diabolique (4 *ou* 5)

dialectique (5)
diatonique, *mus.*
didactique
diététique, *méd.* (5)
dioptrique, *phys.* (4)
diplomatique
diptyque, *sm.*
dissyllabique
distique
dithyrambique
diurétique, *méd.* (5)
dogmatique
domestique
dorique, *arch.*
dramatique
drolatique
dynamique
ecclésiastique (6)
écliptique, *ast.*
économique
élastique
électrique
elliptique
émétique
emblématique
emphatique
empirique
emphythéotique
(6)
encyclopédique
endémique
énergique
enharmonique,
mus.
énigmatique
épigrammatique
épileptique
épique
épisodique
érotique
erratique
esthétique

étique
étymologique
eucharistique
évangélique
excentrique
exotique, *étranger*
extatique
fabrique
famélique
fanatique
fantastique
fatidique
féerique (3)
flegmatique
gallique
généalogique
générique
géographique
géométrique
Géorgiques
gnomique
gnomonique
gothique
graphique
gymnastique
gymnique
gymniques *(jeux)*
harmonique
hébraïque (4)
helvétique
héraldique
hérétique
héroï-comique
héroïque
hermétique
hiérarchique
   (h *asp.*)
hiératique (5)
hiéroglyphique (6)
hippocratique
historique
homérique

honorifique
hydraulique
hydrographique
hydropique
hydrostatique
hyperbolique
hypercritique
hypothétique
iambique *(vers)* (4)
ichnographique
iconographique
identique
idolâtrique
impudique
ionique, *arch.* (4)
ironique
Isthmiques *(jeux)*
italique
Jamaïque, *g.* (4)
judaïque (4)
juridique
laconique
laïque (3)
léthargique
lévitique
lexique
linguistique, *sf.*
liturgique
logique
lubrique
lunatique
lymphatique
lyrique
macaronique
magique
magnétique
magnifique
marotique
Martinique, *g.*
mathématique
mécanique
mélancolique

métallique
métallurgique
métaphorique
métaphysique
météorologique (7)
méthodique
métrique
Mexique, *g.*
mimique
mirifique
mnémonique
modique
monarchique
monastique
monosyllabique
morbifique
mosaïque (4)
musique
mystique
mythologique
narcotique
nautique
néologique (5)
néphrétique
nique *(faire la)*
numérique
numismatique
oblique
œcuménique
oligarchique
Olympiques *(jeux)*
optique
organique
ossianique (5)
pacifique
panégyrique
panique *(terreur)*
pantagruélique (6)
parabolique
paralytique
pathétique
patriotique (5)

patronymique *(nom)*
pédagogique
péripatétique
Persique *(golfe)*
pharisaïque (5)
philharmonique
philippique
philologique
philosophique
phlogistique
phosphorique
physique
pique
platonique
pléthorique
pneumatique (4)
poétique (4)
polémique
politique
polytechnique
portique, *arch.*
Portique (le)
pragmatique
pratique
problématique
politique
prophétique
prosaïque (4)
prosodique
publique
pudique
pulmonique
punique
pyrotechnique
pyrrhique
pythagorique
Pythiques *(jeux), m.*
rachitique
relique
reliques
réplique
république

rhétorique
rythmique
romantique
rubrique
runique
rustique
sabbatique
salique *(loi)*
saphique
sardonique *(rire)*
satanique
satirique
scénique
sceptique
schismatique
sciatique (4)
scientifique (5)
scillitique, *bot.*
scolastique
scorbutique
sel attique
sélénographique
septique, *méd.*
séraphique
silique, *bot.*
socratique
sophistique
sorbonique
spasmodique
spécifique
sphérique
splénétique (4)
spondaïque *(vers)*
statique
statistique
stoïque (3)
stomachique
styptique
sudorifique
sulfurique
supplique
syllabique

syllogistique
symbolique, *sf.*
symbolique, *adj.*
symétrique
sympathique
symptomatique
synodique
synthétique
systématique
tactique
Taurique, *g.*
talismanique
technique
télégraphique
teutonique *(ordre)*
théocratique
théologique
théorique
thérapeutique
tonique
topique
topiques, *rhét.*
topographique
toxique
tragi-comique
tragique
trigonométrique
trique, *bâton, pop.*
trochaïque (4)
tropique
tunique
typique
typographique
tyrannique
unique
variolique (5)
vehmique *(cour)*
véridique
véronique
viatique (4)
vitriolique (5)
vivifique

volcanique
vomique

[Verbes]
abdique
alambique
applique
authentique
chique
communique
complique
critique
démastique
dépique
désapplique
duplique
explique
fabrique
fornique
implique
indique
mastique
métaphysique
oblique
pique
politique
pratique
prévarique
pronostique
réplique
revendique
rustique
sophistique
trafique

——— IR, YR ———
Aboukir, *g.*
avenir
Baskir, *g.*
décemvir
déplaisir
désir

duumvir
élixir
Elzévir, *np.*
émir
fakir
Guadalquivir, *g.*
loisir
martyr
nadir, *astr.*
Ophir, *g.*
plaisir
repentir
ressouvenir
saphir
soupir
souvenir
tir
triumvir
Tyr, *g.*
visir
zéphyr

[Les noms en *ir* riment sans prédominante ou lettre d'appui. Mais il n'en est pas ainsi des verbes en *ir*. L'usage des bons poètes est de ne les accoupler, du moins dans la poésie soutenue, qu'autant qu'ils sont articulés de même :]

——— a-ir, *dissyll.* ———
ébahir
envahir
haïr
trahir

[On peut faire rimer avec ces verbes ceux où *ir* forme seul une syllabe, comme :]

bleuir
obéir
ouïr, etc.

——— bir ———
fourbir
refourbir
subir

——— blir ———
Voir LIR.

——— brir ———
Voir RIR.

——— cir *et* sir *dur* ———
accourcir
adoucir
amincir
chancir
dédurcir
dégrossir
durcir
éclaircir
endurcir
enforcir
engrossir
épaissir
étrécir
farcir
grossir
noircir
obscurcir
raccourcir
radoucir
rancir
rendurcir
rétrécir
réussir (3)
roussir
sancir, *mar.*
transir

——— **chir** ———
affranchir
avachir
blanchir
bléchir
déblanchir
dégauchir
enrichir
fléchir
fraîchir
franchir
gauchir
infléchir (s')
rafraîchir
reblanchir
réfléchir

——— **dir** ———
abasourdir
abâtardir
affadir
agrandir
alourdir
anordir
applaudir
approfondir
arrondir
assourdir
attiédir (3)
baudir
blandir
blondir
bondir
brandir
candir
dégourdir
déraidir
désourdir
ébaudir (s')
engourdir
enhardir
enlaidir

étourdir
froidir
gaudir
grandir
ourdir
ragaillardir
raidir
rebaudir, *vén.*
rebondir
refroidir
resplendir
reverdir
tiédir (2)
verdir

——— **drir** ———
Voir RIR.

——— **fir** ———
bouffir

[N'a de rime riche
que parmi les noms
en *phir*.]

——— **frir** ———
Voir RIR.

——— **gir** ———
agir
dérougir
élargir
mugir
réagir (3)
régir
rélargir
rougir
rugir
surgir
vagir

——— **grir** ———
Voir RIR.

——— **guir** ———
alanguir
languir

——— **lir, llir** ———
abolir
accomplir
affaiblir
ameublir
amollir
anoblir
assouplir
avilir
démolir
dépolir
désemplir
désensevelir
embellir
emplir
ennoblir
ensevelir
établir
faiblir
mollir
pâlir
polir
préétablir
raffolir, *p. us.*
ramollir
ravilir
remplir
repolir
rétablir
salir
tripolir

——— **llir** *mouillé* ———
accueillir
assaillir

bouillir
cueillir
débouillir
défaillir
ébouillir
enorgueillir
envieillir (3)
faillir
jaillir
rebouillir
recueillir
rejaillir
saillir
tressaillir
vieillir (2)

——— mir ———
affermir
blêmir
dormir
endormir
frémir
gémir
raffermir
rendormir
revomir
vomir

——— nir ———
abonnir
abstenir (s')
advenir
agonir, *pop.*
aplanir
appartenir
assainir
bannir
bénir
brunir
circonvenir
contenir
contrevenir
convenir

définir
dégarnir
démunir
désunir
détenir
devenir
disconvenir
entretenir
finir
fournir
garnir
honnir (h *asp.*)
intervenir
jaunir
maintenir
mésavenir
munir
parvenir
préfinir
prémunir
prévenir
provenir
punir
rabonnir
racornir
rajeunir
rebénir
reconvenir
regarnir
rembrunir
ressouvenir (se)
retenir
réunir (3)
revenir
soutenir
souvenir (se)
subvenir
survenir
tenir
ternir
unir

venir
vernir

——— ouir, *dissyll.* ———
brouir
conjouir (se), *vm.*
éblouir
éjouir (s'), *vm.*
enfouir
épanouir (s')
fouir
jouir
réjouir
rouir

——— pir ———
accroupir
assoupir
clapir (se)
crépir
croupir
déguerpir
glapir
recrépir
tapir (se)

——— plir ———
Voir LIR.

——— rir ———
accourir
acquérir
aguerrir
ahurir
aigrir
amaigrir
amoindrir
appauvrir
assombrir
attendrir
chérir
concourir

courir
couvrir
découvrir
défleurir
discourir
entr'ouvrir
enchérir
encourir
enquérir
équarrir
férir
flétrir
fleurir
guérir
maigrir
mésoffrir
meurtrir
mourir
mûrir
nourrir
offrir
ouvrir
parcourir
périr
pétrir
pourrir
quérir
rabougrir
ramaigrir
reconquérir
recourir
recouvrir
requérir
rouvrir
souffrir
surenchérir
tarir
terrir

——— **sir** *dur* ———
Voir CIR.

——— **sir** *doux* ———
choisir
désir, *sm.*
dessaisir
déplaisir, *sm.*
gésir
loisir, *sm.*
moisir
plaisir, *sm.*
ressaisir
saisir
visir, *sm.*

——— **tir** ———
abêtir
aboutir
abrutir
amortir
anéantir
aplatir
appesantir
assortir
assujettir
avertir
bâtir
blottir (se)
catir
compatir
consentir
convertir
cotir, *pop.*
débrutir
décatir
démentir
dénantir (se)
départir
désassortir
dévêtir
divertir
empuantir (4)
engloutir
garantir

intervertir
investir
lotir
matir
mentir
nantir
partir *(diviser)*
partir *(s'en aller)*
pâtir
pervertir
pressentir
répartir
repartir
repentir (se)
ressentir
ressortir
retentir
revêtir
rôtir
sentir
subvertir
travestir
vêtir

—— **uir**, *monosyll.* ——
cuir, *sm.* (1)
enfuir (s') (2)
fuir (1)

——— **vir** ———
asservir
assouvir
chauvir
desservir
gravir
hâvir
ravir
servir
sévir

——— **vrir** ———
Voir RIR.

—— **ire** *et* **yre** ——
Anticyre, *g.*
apyre, *adj.*
Cabires, *myt.*
Cachemire, *g.*
Cinyre, *myt.*
cire
Corcyre, *g.*
collyre
Cynégyre, *np.*
Déjanire, *myt.*
délire, *sm.*
dire, *sm.*
empire, *sm.*
Épire, *g.*
hégire
ire *(colère), vm.*
lyre
martyre
messire
mire *(médecin), vm.*
mire *(visée)*
myrrhe
navire
Palmyre
pire
poncire
porphyre
rire *(fou), sm.*
satire, *sf.*
satyre, *myt.*
sbire
sire
sourire, *sm.*
squirre
tire-lire
vampire
Zaïre, *g.* (3)
zéphyre

[Verbes]
au présent de l'infinitif
circoncire
circonscrire
confire
contredire
déconfire
décrire
dédire
dire
écrire
élire
frire
inscrire
interdire
lire
maudire
médire
occire
prédire
prescrire
proscrire
récrire
redire
relire
rire
sourire
souscrire
suffire
transcrire

[Verbes]
au présent de l'indicatif
adire, *jur.*
admire
aspire
attire
chavire
cire
conspire
déchire
délire

désire
détire
empire
étire
expire
inspire
mire
respire
retire
revire
soupire
soutire
tire
transpire
vire

—— **uire,** *dissyll.* ——
bruire
conduire
construire
cuire
déduire
détruire
duire, *vm.*
éconduire
enduire
induire
instruire
introduire
luire
nuire
produire
reconstruire
recuire
réduire
reluire
reproduire
séduire
traduire

— **IRME** *et* **YRME** —
affirme, *v.*
confirme

diasyrme, *rhét.* (4)
infirme, *s., a. et v.*

— IRNE *ou* YRNE —
Smyrne, *g.*

——— IRPE ———
extirpe, *v.*
Hirpe, *g.*

——— IRQUE ———
cirque

— IRSE *ou* YRSE —
thyrse

— IRTE *et* YRTE —
Absyrte, *myt.*
agyrte
Cirte, *ou Cyrta, g.*
myrte
Syrte (*grande*), *g.*
Syrte (*petite*), *g.*

——— IS *ou* YS ———
(*s insonore*)
abatis
acquis
anis
appentis
assis
avis
bardis, *mar.*
bis (pain)
brebis
bris (*droit de*)
cadis (*serge*)
Chablis, *g.*
chamaillis
châssis
chènevis
chervis

circoncis
cliquetis
colis
coloris
commis
compris
compromis
concis
coulis
courlis
croquis
débris
dégobillis
Denys, *np.*
dervis
devis
éboulis
exquis
feuilletis
fidéi-commis (5)
fondis
fouillis
froncis
gâchis
gargouillis
gaulis
gazouillis
glacis
grènetis
grignotis
gris
guillochis
hachis (h *asp.*)
indécis
indivis
lagomys, *zool.*
lambris
latis
lavis
levis (pont-)
logis
Louis (2)

machicoulis
maravédis
margouillis
marquis
mauvis
mépris
nolis
occis
palis
panaris
paradis
Paris, *g.*
Pâris, *np.*
parvis
pâtis
patrouillis
pays (2)
pilotis
pis, *sm. et adv.*
pourpris
précis
pressis
radis
ramassis
rassis
renformis
repris
reversis (*jeu*)
ris
riz
rossolis
roulis
rubis
salmis
salmigondis
salsifis
semis
souris, *sm.*
souris, *sf.*
souris (chauve-)
surplis
surpris

sursis
tabis
taillis
tamis
tapis
tandis
torchis
torticolis
tortis
treillis
vernis
vert-de-gris
viandis, *vén.*
vis-à-vis

— IS, YS (s *sonore*) —
Abaris, *myt.*
Adonis, *myt.*
Agis, *np.*
Amadis, *np.*
Amasis, *np.*
Anacharsis, *np.*
Anaïs, *np.*
Anubis, *myt.*
Apis (*le bœuf*)
Aunis, *g.*
Bancis, *myt.*
Bétis, *g.*
bis, *interj.*
Briséis, *np.* (3)
Busiris, *np.*
cassis
Chloris, *np.*
Chryséis, *np.* (3)
Clovis, *np.*
Cypris, *myt.*
Daphnis, *np.*
de profundis
Doris, *np.*
éléphantiasis (6)
Éleusis, *g.*
Épicharis, *np.*

Érynnis, *myt.*
Eucharis, *np.*
Eupolis, *g.*
gratis, *adv.*
Héliopolis, *g.* (5)
Hiéropolis, *g.* (5)
ibis
in extremis
Iris, *myt.*
iris, *sm.*
Isis, *myt.*
jadis, *adv.*
Lachésis, *myt.*
Laïs, *np.* (2)
lapis
lis (*fleur de*)
maïs (2)
Médicis (les), *np.*
Memphis, *g.*
métis
myosotis (4)
Nabis, *np.*
nécropolis
Némésis, *myt.*
oasis (3)
Osiris, *myt.*
Osmanlis (*Turcs*)
paréatis, *jur.* (4)
Paris, *g.*
Pâris, *np.*
Parisatis, *np.*
parsis (*guèbres*)
Persépolis, *g.*
Phalaris, *np.*
Procris, *myt.*
Raminagrobis
rémotis (à)
Sémiramis, *np.*
Sérapis, *myt.*
Sésostris, *np.*
Smerdis, *np.*
tamaris, *bot.*

Tanaïs, *g.* (3)
Thémis, *myt.*
Téthys, *myt.*
Thamyris, *np.*
Thespis, *np.*
Thétis, *myt.*
Thomyris, *np.*
tourne-vis
vis
volubilis, *bot.*
Zamolxis, *np.*
Zeuxis, *np.*

[Plus le plur. des mots
dont le sing. est en *i,
id* ou *it*, et les formes
verbales en *is.*
Notez que *is*, dans les
verbes, ne doit rimer
qu'avec la même
lettre d'appui, tandis
que dans les noms il
peut se passer de cette
lettre. Mais c'est une
licence dont il faut
s'abstenir surtout
quand il est précédé
de deux *ll* mouillées.
Les poètes ne se font
pas scrupule
d'associer l'*is* sonore à
l'*is* insonore.]

— ISE, IZE, YSE —
accise
alise (*fruit*)
Amphrise, *g.*
analyse
Anchise, *np.*
Artémise, *np.*
assise, *s. et af.*
balise, *mar.*
balourdise
banquise
bâtardise
bêtise

ISE 209

bise, *sf.*
bise, *af.*
brise, *sf.*
cafardise
cagnardise
Cambyse, *np.*
cerise
chalandise
chemise
convoitise
couardise
crise
cytise
Denise, *np.*
devise
église
emprise, *vm.*
entremise
entreprise
expertise
fainéantise (5)
feintise, *vx.*
franchise
friandise (4)
frise, *sf., arch.*
Frise, *g.*
gaillardise
gourmandise
grise, *af.*
guise, *sf.*
hantise, *vm.*
Héloïse, *np.* (4)
incise, *sf.*
maîtrise, *sf.*
marchandise
marquise
méprise, *sf.*
merise
mignardise
mignotise
mise, *sf.*
Moïse, *np.* (3)

paillardise
papelardise
payse (3)
Pise, *g.*
prêtrise
prise, *sf.*
promise
remise, *sf.*
reprise
rize
sottise
surprise
Tamise, *g.*
vaillantise
valise
Venise, *g.*
vocalise, *sf.*

[Verbes]
adonise
agonise
alcalise
alcoolise (5)
algébrise
allégorise
analyse
anagrammatise
anathématise
anatomise
animalise
anise
aromatise
attise
autorise
avise
baptise
bise
brise
brutalise
canalise
canonise
caractérise

catéchise
cautérise
centralise
cicatrise
civilise
coalise (4)
colonise
confise, *subj.*
cotise
courtise
criminalise
cristallise
débaptise
défrise
déguise
démonétise
démoralise
dépayse (4)
dépopularise
déprise
désorganise
dévalise
devise
divinise
divise
dogmatise
économise
égalise
égoïse (4)
égrise
électrise
éternise
évangélise
exorcise
familiarise (6)
fanatise
favorise
fédéralise
féminise
fertilise
fleurdelise
formalise

francise
fraternise
frise
galvanise
gargarise
généralise
grécise
grise
herborise
humanise
idéalise (5)
immobilise
immortalise
impatronise
improvise
incise
indemnise
individualise (7)
intronise
judaïse (4)
latinise
légalise
localise
magnétise
maîtrise
martyrise
matérialise (6)
méprise
métallise
mobilise
monseigneurise
moralise
nationalise (6)
naturalise
neutralise
nolise
organise
pactise
paralyse
particularise
pédantise
personnalise

philippise
pindarise
platonise
poétise (4)
polarise
popularise
porphyrise
précise
préconise
prise
prophétise
prosaïse (4)
pulvérise
ravise (se)
réalise (4)
rebaptise
régularise
remise
reprise
revise
ridiculise
rivalise
satirise
scandalise
séculaarise
sinapise
singularise
solennise
spécialise (5)
spiritualise (6)
stigmatise
subdivise
subtilise
symétrise
sympathise
tamise
temporise
thésaurise
tranquillise
tympanise
tyrannise
utilise

verbalise
vise
vocalise
volatilise
vulgarise

[Plus les fém. des adj. et part. en *is*, ainsi que la 1re et la 3e pers. du prés. du subj., dans plusieurs verbes en *ire*, comme :]
dise
élise
lise
prédise
suffise, etc.

— **UIS**, *monosyll.* —

buis
depuis, *adv.*
fuis, *de fuir*
huis, *vm.*
millepertuis, *bot.*
pertuis
poursuis, *v.*
puis, *av.*
puis, *de pouvoir*
puits
suis, *v., d'être*
suis, *v., de suivre*

[Ajoutez le plur. des mots en *ui* et en *uit*, plus la 1re et la 2e pers. du présent de l'indicatif et la 2e de l'imp. des verbes en *uire*.
On a fait rimer quelquefois *uis* avec *is*. C'est une licence dont il ne faut pas user. *Uis*, où le son de l'*u* est mêlé à celui de l'*i*

ne doit rimer qu'avec
    lui-même.]

— **UISE,** *dissyll.* —
Guise *(le duc de)*

[Verbes]
aiguise
amenuise
conduise, *subj.*
construise, *subj.*
cuise, *subj.*
déduise, *subj.*
détruise, *subj.*
enduise, *subj.*
épuise
induise, *subj.*
instruise, *subj.*
introduise, *subj.*
luise, *subj.*
nuise, *subj.*
produise, *subj.*
puise
reconstruise, *subj.*
recuise, *subj.*
réduise, *subj.*
reluise, *subj.*
reproduise, *subj.*
séduise, *subj.*
traduise, *subj.*

[On fait rimer la
finale *uise* avec *ise.*
Mais elle ne rime bien
qu'avec elle-même]

— **ISME, YSME** —
absolutisme
anachronisme
anévrisme
anglicanisme
anglicisme
aphorisme

archaïsme (4)
arianisme (5)
aristocracisme
aristotélisme
ascétisme
astéisme (4)
astérisme, *astr.*
athéisme (4)
atomisme
atticisme
babouvisme
barbarisme
bardisme
bouddhisme
cagotisme
calvinisme
carbonarisme
cartésianisme (6)
cataclysme
catéchisme
catholicisme
charlatanisme
christianisme (5)
civisme
communisme
crétinisme
cultisme
cynisme
déisme (3)
despotisme
druidisme (4)
dialogisme (5)
dualisme (4)
éclectisme
égoïsme (4)
embolisme
empirisme
épicuréisme (6)
ergotisme
euphémisme
exorcisme
fanatisme

fatalisme
fédéralisme
fétichisme
figurisme
gallicanisme
gallicisme
galvanisme
gargarisme
gasconisme
germanisme
grécisme
hébraïsme (4)
hellénisme
héroïsme (4)
hispanisme
idéalisme (5)
idiotisme (5)
illuminisme
incivisme
individualisme
islamisme
jacobinisme
janotisme
jansénisme
journalisme
judaïsme (4)
laconisme
lamaïsme (4)
latinisme
luthéranisme
lyrisme
machiavélisme (6)
magnétisme
mahométisme
molinisme
monachisme
mutisme
naturalisme
néologisme (5)
népotisme
nestorianisme (6)
newtonianisme (6)

optimisme
organisme
ostracisme
paganisme
panthéisme (4)
papisme
parallélisme
paralogisme
parasitisme
paroxysme
pédantisme
péripatétisme
pétalisme
pharisaïsme (5)
philosophisme
platonisme
polythéisme (5)
positivisme
prisme
probabilisme
prosaïsme (4)
prosélytisme
protestantisme
purisme
pyrrhonisme
quiétisme (4)
rabbinisme
rachitisme
rationalisme (6)
réalisme (4)
rhumatisme
rigorisme
romantisme
sabéisme (4)
saint-simonisme
scepticisme
schisme
scopélisme
servilisme
sinapisme
socialisme (5)
solécisme

sophisme
spinosisme
spiritualisme (6)
stoïcisme (4)
strabisme
syllogisme
synchronisme
syncrétisme
terrorisme
thomisme
tolérantisme
torysme
ultramontanisme
vandalisme
whiggisme (3)

———— ISQUE ————

astérisque, sm.
bisque, sf.
bisque, v., pop.
brisque (jeu)
confisque, v.
disque
francisque
lentisque
ménisque
obélisque
odalisque
risque, sf.
risque, v.

———— ISSE ————
Voir ICE.

———— IST ————
Antéchrist
Christ

—— ISTE, YSTE ——
absolutiste
alarmiste
algébriste

aliéniste (5)
améthyste
anabaptiste
analyste
anarchiste
anatomiste
annaliste
antagoniste
aoriste (3)
apanagiste
apologiste
archiviste
arrêtiste, jur.
artiste
aubergiste
babouviste
baliste
banquiste
Baptiste, np.
batiste (toile de lin)
bâtonniste
botaniste
bouddhiste
bouquiniste
buraliste
cabaliste
calembouriste
calviniste
caMériste, sf.
canoniste
capitaliste
carliste
casuiste (4)
catéchiste
chimiste
choriste
chronologiste
clubiste
coloriste
communiste
conclaviste
conformiste

congréganiste
controversiste
copiste
criminaliste
déiste (3)
dentiste
dialogiste (5)
droguiste
duelliste (4)
ébéniste
échangiste
économiste
Égiste, *np.*
empiriste
encyclopédiste
engagiste
épigrammatiste
étalagiste
étuviste
étymologiste
évangéliste
évantailliste
exorciste
fabuliste
fataliste
fantaisiste
fédéraliste
fétichiste
feudiste
figuriste
fleuriste
flûtiste
formaliste
formuliste
fumiste
fusionniste (5)
gagiste
grammatiste
guitariste
gymnosophiste
harmoniste
harpiste (h *asp.*)

herboriste
humaniste
humoriste
hymniste
idéaliste (5)
impérialiste (6)
improviste (à l')
instrumentiste
janséniste
journaliste
juriste
kyste, *méd.*
lampiste
latiniste
lazariste
légiste
légitimiste
linguiste
liquoriste
liste
machiavéliste (6)
machiniste
matérialiste (6)
médailliste
métallurgiste
méthodiste
minéralogiste
modiste
moliniste
monarchiste
monothéiste
moraliste
mythologiste
naturaliste
nominaliste
nouvelliste
oculiste
optimiste
organiste
orientaliste (6)
ornemaniste
orphéoniste (5)

orthopédiste
palmiste
panégyriste
panthéiste (4)
papiste
parodiste
paysagiste (5)
pépiniériste (5)
périodiste (5)
pessimiste
philosophiste
phrénologiste
physionomiste (6)
piste
polythéiste (5)
portraitiste
progressiste
psalmiste
publiciste
puriste
quiétiste (4)
rabbiniste
rapsodiste
réaliste (4)
récidiviste
réformiste
régaliste
rigoriste
royaliste
séminariste
sensualiste (5)
sinécuriste
sophiste
sorboniste
spinosiste
symphoniste
talmudiste
terroriste
théiste (3)
thomiste
touriste
trappiste

trismégiste
triste
ubiquiste
universaliste
utopiste
violoniste (5)
vocabuliste
xyste, *ant.*

[Verbes]
assiste
attriste
coexiste (4)
consiste
contriste
dépiste
désiste
existe
insiste
persiste
préexiste (4)
résiste
subsiste

—— ISTHME ——
isthme

— ISTRE, YSTRE —
administre, *v.*
bistre, *sm.*
Caystre, *g.* (3)
cuistre, *sm.*
enregistre, *v.*
ministre
mystre, *sm., ant.*
registre, *sm. et v.*
sinistre, *adj.*
sistre, *sm.*

—— IT *(t sonore)* ——
accessit
aconit

bardit
déficit
granit
introït (3)
Judith, *np.*
obit
Pitt, *np.*
prétérit
prurit
rit
sanscrit
transit
zénith, *astr.*

— IT *(t insonore)* —
acabit
acquit
appétit
bandit
châlit
chie-en-lit (3)
ci-gît
circonscrit
conflit
conscrit
contrit
crédit
débit
déconfit
dédit, *sm.*
décrépit
délit
dépit
discrédit
dit, *sm.*
écrit
édit
érudit
esprit
frit
gagne-petit
gambit
habit

inédit
inscrit
interdit, *sm.*
lit, *sm.*
manuscrit
maudit, *sm.*
petit
pissenlit
profit
proscrit
rescrit
subit
susdit

[Plus la 3ᵉ pers. sing.
du prés. de l'indic.,
du prétérit défini et
de l'imparfait du subj.
des verbes réguliers
en *ir* et de quelques
autres dont l'infinitif
a une terminaison
différente, comme]

fit, *de faire*
lit, *de lire*
mit, *de mettre*
oignit, *d'oindre*
peignit, *de peindre*
perdit, *de perdre*
plaignit, *de plaindre*
pondit, *de pondre*
rendit, *de rendre*
tordit, *de tordre*
vit, *de voir*, etc.

[Les rimes en *it* sont
soumises aux mêmes
règles que celles en *is.*
Ce qui a été dit de ces
dernières (page 208)
doit s'appliquer aux
autres.]

—— **ITE** *et* **YTE** ——
acolyte
acrolithe
adamite
aérolithe (5)
aérophyte (5)
Amalécite, *g.*
Ammonite, *g.*
Amphitrite, *myt.*
Aphrodite *(Vénus)*
archimandrite
aréopagite (6)
arsénite
barnabite
bélemnite, *min.*
bénite *(eau)*
bonite, *poisson*
bronchite
calamite
carmélite
cénobite
chattemitte
chrysolithe
clématite
Cocyte, *myt.*
comite
commandite
composite, *arch.*
cosmopolite
cucurbite
démérite, *sm.*
Démocrite, *np.*
dendrite
dendrolithe
élite
émérite
ermite
explicite
faillite
favorite
frite
gastrite

gîte, *sm.*
guérite
hématite
Héraclite, *np.*
hermaphrodite
hétéroclite
Hippolyte, *np.*
Hussite, *g.* (h *asp.*)
hypocrite
illicite
implicite
insolite
invite, *sf.*
Israélite, *g.* (5)
Lapithe, *myt.*
laryngite
léchefrite
lévite
licite, *adj.*
limite, *sf.*
lithophyte
Madianite, *g.* (5)
malachite
marcassite
marguerite
marmite
Maronite, *g.*
méningite
mérite, *sm.*
mite
Moabite, *g.* (4)
monolithe
Moscovite, *g.*
mythe, *sm.*
néophyte (4)
néphrite
nérite
nitrite
ophite
opposite (à l')
orbite
ostracite

palmite
parasite
phalangite
pitte
plébiscite
préadamite (5)
prosélyte
pyrite
quirite, *ant.*
quitte, *adj.*
redite
réussite (4)
rite
satellite
Scyte, *g.*
site
sorite
spirite, *mn.*
stalactite
stalagmite
stylite
Sulamite, *np.*
sulfite
sybarite
Tacite, *np.*
Théocrite, *np.* (4)
Thersite, *np.*
troglodyte
turbinite
tympanite
vélite
visite, *sf.*
vite
zoophyte (4)

[Plus le fém. des adj.
et part. en *it.*]

[Verbes]
abrite
accrédite
acquitte
agite

alite
cite
cohabite (4)
cohérite (4)
commandite
crédite
débilite
débite
décapite
décrédite
démérite
dépite
déshérite
discrédite
édite
effrite
évite
excite
facilite
félicite
fritte
gîte
gravite
habilite
hérite
hésite
imite
incite
invite
irrite
licite
limite
médite
mérite
milite
nécessite
palpite
périclite
précipite
prémédite
profite
quitte

récite
réhabilite
ressuscite
sollicite
suscite
visite

——— UIF ———
Cette finale n'a que
les monosyll.
juif
suif

[Qu'on fait rimer avec
les noms en *if.*]

——— UIT *et* UID ———
monosyllabes
biscuit
bruit, *sm.*
circuit
conduit, *sm.*
déduit, *sm.*
enduit, *sm.*
fortuit, *am.* (2 *ou* 3)
fruit
gratuit, *am.* (3)
huit
in-dix-huit
instruit, *am.*
minuit
muid
nuit, *sf.*
produit, *sm.*
réduit, *sm.*
sauf-conduit
usufruit

[Verbes]
bruit
conduit
construit

cuit
déduit
détruit
duit, *vm.*
éconduit
enduit
enfuit (s')
fuit
induit
instruit
introduit
luit
nuit
poursuit
produit
réduit
recuit
reconstruit
refuit
reluit
reproduit
séduit
suit
traduit

[La finale *uit*, où le
son de l'*u* est mêlé à
celui de l'*i* ne doit
rimer qu'avec elle-
même, au pluriel
comme au singulier.]

——— UITE ———
anuite (s'), *v.*
conduite
cuite
ébruite
ensuite, *adv.*
fuite
inconduite
jésuite
pituite
poursuite

recuite
suite
truite

[Plus le fém. des adj.
et part. en *uit*.
La finale *uite* rime
suffisamment avec *ite*.]

—— **ITHME** ——
et YTHME
algorithme
logarithme
rythme

—— **ITRE** ——
arbitre, *s.*
bélître
chapitre, *sm.*
décalitre
épître
hectolitre
huître (2)
litre, *mesure*
litre (*d'église*)
mitre, *sf.*
nitre
pupitre
titre
vitre

[Verbes]
arbitre
attitre
chapitre
mitre, *vx.*
récalcitre
titre
vitre

—— **ITS** *et* **IDS** ——

[Ces deux finales
équivalentes, qui

appartiennent au
pluriel des mots
terminés par *it* ou par
id au singulier, riment
avec celles en *is.*]

—— **ITZ** ——
Austerlitz
Biarritz, *g.*
Sedlitz (*eau de*)
strélitz

[Et des noms
étrangers d'hommes
et de lieux.]

—— **IVE** ——
adversative
affirmative
alternative
archives
captive, *a. et sf.*
censive
cive
conjonctive
convive
copulative
cursive
déclive, *adj.*
défensive
définitive (en)
dérive (à la)
disjonctive
endive
expectative
explétive
gencive
grive
imaginative
initiative (6)
invective
ive, *bot*
juive

législative (la)
lessive, *sf.*
locomotive
Maldives, *g.*
missive
négative
Ninive, *g.*
offensive
ogive
olive
perspective
prérogative
qui vive ?
récidive, *sf.*
rive
salive
sensitive
solive
tentative
Tite-Live, *np.*

[Plus les fém. des
mots en *if.*]
Voir IF.

[Verbes]
active
arrive
avive
captive
circonscrive, *subj.*
connive
cultive
déclive
décrive, *subj.*
dérive
écrive, *subj.*
enjolive
esquive
inscrive, *subj.*
invective
lessive
mésarrive

motive
poursuive, *subj.*
prescrive, *subj.*
prive
proscrive *subj.*
ravive
récidive
revive, *subj.*
rive
salive
souscrive, *subj.*
suive, *subj.*
survive, *subj.*
transcrive, *subj.*
vive, *subj.*

——— **IVRE** ———
cuivre, *sm.*
délivre, *sm.*
givre
guivre, *blas.*
ivre
livre, *sm.*
livre, *sf.*
vivres, *au plur.*

[Verbes]
cuivre

délivre
désenivre
enivre
ensuivre (s'), *inf.*
livre
poursuivre, *inf.*
revivre, *inf.*
suivre, *inf.*
survivre, *inf.*
vivre, *inf.*

——— **IX et YX** ———
(*pr. ikse.*)
Ambiorix, *np.* (4)
Béatrix, *np.* (3)
Cadix, *g.*
Félix, *np.*
hélix
larix *(mélèze)*
onyx *(agate)*
phénix
préfix
Styx, *myt.*
Vercingétorix, *np.*

— **IX** (*pr. is dur.*) —
dix
six

——— **IX** (*pr. i.*) ———
crucifix
perdrix
prix

——— **IXE** ———
affixe, *gram.*
fixe, *adj.*
fixe, *adv.*
fixe, *v.*
Péréfixe, *np.*
préfixe, *af.*
prolixe, *adj.*
rixe, *sf.*

——— **IXTE** ———
Calixte, *np.*
mixte, *adj.*
sixte, *sf., mus.*
Sixte, *np.*

——— **IZ** ———
Voir IS.

O

[Les finales en *o*, soit brèves, soit longues, riment sans prédominante ou lettre d'appui. Cependant nous allons les offrir sous les différentes formes que cette lettre leur donne.]

ô !
oh !
ho !

—— **ao, *monosyll.*** ——
curaçao (*pr. sô*)

—— **ao, *dissyll.*** ——
Bilbao, *g.* (3)
cacao (3)
Lao, *g.* (2)
Macao, *g.* (3)
Néchao, *np.* (3)

—— **bo** ——
Abo (*archipel d'*)
Bembo, *np.*
bobo
lavabo

— **co, cho, ko, quo** —
abaco, *arch.*
apoco
banco
baroco (*in*)
caraco
coco
coquerico
écho

fiasco (*faire*)
franco, *adv.*
Jéricho, *g.*
jocko
Mexico, *g.*
Monaco, *g.*
musico
Porto-Rico
quiproquo
rococo
siroco
statu quo
Vasco, *np.*
Vico, *np.*

—— **cho** ——
Sancho, *np.*

—— **do** ——
ab absurdo
credo
crescendo
do *ou ut, mus.*
dodo
Eldorado
grosso-modo
Prado
quasimodo
Quevedo, *np.*
Sangrado, *np.*
secundo, *adv.*

—— **dro** ——
Voir RO.

—— **éo, *dissyll.*** ——
Bornéo, *g.*
Roméo, *np.*

—— **fo, pho** ——
Fo, *np.*
Sapho, *np.*

—— **go** ——
albugo
Ango (Mme)
Argo, *myt.*
Congo, *g.*
conjungo
embargo
ergo
fandango
go (tout de)
gogo (à)
hidalgo
indigo
largo
lumbago
Marengo, *g.*
pongo
quos ego
Tabago, *g.*
vertigo
virago

—— **gro** ——
Voir RO.

—— **io, *dissyll.*** ——
adagio
agio
Ajaccio, *g.*
brio
Chio, *g.*
Clio, *myt.*
folio
imbroglio (4)
in-folio

220

Io, *myt.*
Mincio, *g.*
oratorio
tertio, *adv.*
trio

——— lo ———
Bartholo, *np.*
Dandolo, *np.*
Fra-Diavolo, *np.*
halo (h *asp.*)
kilo
Masaniello, *np.*
méli-mélo
Murillo, *np.*
Saint-Lô, *g.*
Saint-Malo, *g.*
silo
solo

——— mo ———
ecce homo (4)
prestissimo
primo

[Et autres adv. en *mo.*
Notez que *ecce homo*
n'est pas censé faire
hiatus.]

——— no ———
Arno, *g.*
Bruno *(saint)*
casino
Céléno, *myt.*
domino
forte-piano (5)
Ino, *myt.*
piano (3)
Théano, *np.*

——— oo, *monosyll.* ———
kanguroo (3)
Vanloo, *np.* (2)
Venloo, *g.* (2)
Waterloo, *g.* (3)
oo *se prononce* ô

——— po ———
da-capo, *mus.*
Pô, *fleuve*

——— ro ———
allégro
boucaro
Cagliostro, *np.* (4)
carbonaro
Caro (Annibal), *np.*
cicéro, *imp.*
Cornaro, *np.*
Faliéro, *np.* (4)
Figaro, *np.*
Garo, *np.*
haro (h *asp.*)
Héro, *myt.*
Inès de Castro, *np.*
maëstro (3)
Monténégro, *g.*
numéro
Pedro *(don)*, *np.*
Trocadéro
zéro

——— so *dur et* sso ———
Calypso, *myt.*
ex professo
verso

——— so *doux et* zo ———
Alonzo, *np.*
amoroso, *mus.*
aviso
Toboso, *g.*

Valparaiso, *g.*
Viso *(mont)*

——— to ———
ab irato
Alecto, *myt.*
allégretto
alto
Callisto, *myt.*
Clotho, *myt.*
concerto
contralto
dito
Érato, *myt.*
ex abrupto
ex-voto
incognito
in petto
in-quarto
ipso facto
libretto
loto
memento
Porto, *g.*
presto
recto
san-bénito
véto

——— uo, *dissyll.* ———
duo

——— vo ———
ab ovo
bravo
in-octavo

[On fait rimer les
finales en *o* avec celles
en *au,* quoique la
consonance ne soit
pas tout à fait la
même.]

——— **OB** ———
Jacob, *np.*
Job, *np.*
rob, *méd.*
rob *(du whist)*

——— **OBE** ———
antilobe
Arnobe, *np.*
Déiphobe, *np.* (4)
garde-robe
globe
gobbe, *sf. (appât)*
hydrophobe
lobe
Macrobe, *np.*
orobe, *sf. (légume)*
probe, *adj.*
robe

[Verbes]
cohobe
dérobe
englobe
gobe

[Il n'y a dans ces mots
que *globe* et *lobe* qui
soient longs et
puissent rimer avec
ceux en *aube*.]

——— **OBLE** ———
Grenoble, *g.*
ignoble
noble
vignoble

——— **OBRE** ———
octobre
opprobre
robre

sobre

— **OC, OCH, OK,** —
   OQ *(c, k et q*
      sonores.)
ad hoc
bloc
choc
coq
dock
Énoch, *np.*
estoc
foc
froc
Gog, *g.*
grog
hoc (h *asp.*)
Languedoc, *g.*
looch (1)
Magog, *g.*
manioc (3)
Maroc, *g.*
Moloch, *myt.*
oc (langue d')
Og *(le roi)*
ploc
roc
Roch *(saint)*
Sadoc, *np.*
Shylock, *np.*
soc
stock
troc

— **OC** (c *insonore.*) —
accroc
broc
croc
escroc
raccroc

[On prétend à tort

que *oc* insonore rime
au singulier avec *ot*
insonore. La rime des
syllabes consonantes
est défectueuse,
quand clles ne sont
pas terminées par la
même lettre ou par
une lettre
équivalente.]

——— **OCE** ———
Voir OSSE *bref.*

——— **OCHE** ———
anicroche
Antioche, *g.*
approche, *sf.*
bamboche, *sf.*
bancroche
basoche
brioche (3)
broche, *sf.*
caboche
cloche, *sf.*
coche, *sm.*
croche, *sf., mus.*
croche, *adj.*
filoche
galoche
hoche, *sf.* (h *asp.*)
loche, *sf.*
mailloche
médianoche, *sm.*
   (5)
mioche, *sm. pop.* (2)
pioche, *sf.* (2)
poche, *sf.*
proche *(voisin)*
proche *(parent)*
proche *(de proche en)*
reproche, *sm.*
roche
sacoche

taloche

[Verbes]
accroche
approche
bamboche, *pop.*
broche
coche
décoche
décroche
déroche
effiloche
embroche
empoche
encoche
guilloche
hoche (h *asp.*)
loche
pignoche
pioche (2)
poche
raccroche
rapproche
recoche
rempoche
reproche
ricoche

[Les finales en *oche*
diffèrent tellement
par le son de celles en
auche, qu'il faut éviter
de les associer à la
rime.]

——— OCLE ———
Agathocle, *np.*
binocle
Empédocle, *np.*
Étéocle, *np.*
monocle
Patrocle, *np.*

socle
Sophocle, *np.*
Thémistocle, *np.*

——— OCRE ———
médiocre (4)
ocre, *sf.*
Locres, *g.*

——— OCTE ———
docte

——— OD *sonore* ———
Éphod
Nemrod
palinod

[Plus des noms de
personnes et de lieux.
Cette finale rime avec
celle en *ot* sonore.]

——— ODE ———
antipode
apode
code
commode, *sf.*
commode, *adj.*
custode
épisode
épode
exode
Hérode, *np.*
Hésiode, *np.* (4)
iode (3)
méthode
mode, *sm.*
mode, *sf.*
ode
pagode
période, *rhét.* (4)

période, *astr.* (4)
rapsode
Rhodes, *g.*
synode
Vayvode

[Verbes]
accommode
brode
corrode
gode
incommode
inféode
raccommode
rôde

[Ces mots en *ode*, qui
sont tous brefs, à
l'exception de *rôde*, ne
riment pas bien avec
ceux en *aude*, qui sont
tous longs.]

——— ŒIL ———
Voir EUIL.

——— ŒU ———
Voir EU.

——— ŒUD ———
Voir EUT.

——— ŒUF ———
Voir EUF.

——— ŒUR ———
Voir EUR.

——— OF ———
Azof *(mer d')*
lof, *sm., mar.*

— **OFFE** *et* **OPHE** —
antistrophe
apostrophe, *sf.*
catastrophe
étoffe, *sf.*
limitrophe
philosophe, *sm.*
strophe

[Verbes]
apostrophe
étoffe
lofe, *mar.*
philosophe
Voir AUFFE.

——— **OFLE** ———
girofle

——— **OFFRE** ———
coffre, *sm.*
cottre, *v.*
encoffre, *v.*
mésoffre, *v.*
offre, *sf.*
offre, *v.*
Voir AUFRE.

——— **OG** ———
Voir OG sonore.

——— **OGE** ———
Allobroge, *g.*
doge
éloge
épiloge
eucologe
horloge
Limoges, *g.*
loge, *sf.*
martyrologe
ménologe

nécrologe
toge
Vosges, *g.*

[Verbes]
abroge
arroge (s')
déloge
déroge
interroge
loge
proroge
subroge
Voir AUGE.

——— **OGME** ———
dogme

——— **OGNE** ———
alogne, *sf. (bouée)*
besogne, *sf.*
Bologne, *g.*
Boulogne, *g.*
Bourgogne, *g.*
Catalogne, *g.*
charogne
cigogne
Cologne, *g.*
Corogne, *g.*
Dordogne, *g.*
Gascogne, *g.*
Gigogne *(la mère)*
ivrogne, *sm.*
Pologne, *g.*
rogne, *sf.*
Sologne
trogne
Valogne, *g.*
vergogne
vigogne

[Verbes]
besogne

cogne
grogne
hogne
ivrogne
recogne
rencogne
renfrogne (se)
rogne

——— **OGRE** ———
dogre, *sm., mar.*
ogre

——— **OGUE** ———
analogue, *adj.*
apologue
archéologue (5)
astrologue
bogue
catalogue, *sm.*
décalogue
démagogue
dialogue, *sm.* (4)
dogue
drogue, *sf.*
églogue
épilogue, *sm.*
géologue (4)
Hogue (la), *g.*
homologue, *adj.*
idéologue
monologue
mythologue
mystagogue, *ant.*
néologue (4)
pédagogue
philologue
pirogue
prologue
psychologue
rogue, *adj.*

synagogue
vogue, *sf.*

[Verbes]
catalogue
dialogue (4)
drogue
épilogue
homologue
vogue

———— **OI** *et* **OY** ————
aboi
aloi
arroi, *vx.*
beffroi
charroi
coi, *adj.*
convoi
corroi
désarroi
effroi
émoi
emploi
envoi
foi
Fontenoy, *g.*
Godefroy, *np.*
interroi
loi
moi
octroi
orfroi
palefroi
paroi
pourquoi
pourvoi
quoi
remploi
renvoi
Rocroi, *g.*
roi

soi
toi
tournoi
vice-roi

———— **OID** ————
Voir OIT.

———— **OIDE** ————
froide
roide

———— **OIE** ————
baudroie
broie, *sf.*
charmoie
claire-voie
courroie
foie
joie
lamproie
oie
ormoie
patte-d'oie
proie
rabat-joie
Savoie, *g.*
soie
Troie, *g.*
ver à soie
voie

[Verbes]
aboie
apitoie
atermoie
bornoie
broie
charroie
chatoie
choie
convoie

corroie
cotoie
coudoie
croie, *subj.*
déploie
dévoie
emploie
entrevoie, *subj.*
envoie
flamboie
festoie
fossoie
foudroie
fourvoie
giboie
grossoie
guerroie
larmoie
louvoie
nettoie
noie
octroie
ondoie
plaidoie
ploie
pourvoie, *subj.*
prévoie, *subj.*
remploie
renvoie
reploie
revoie, *subj.*
rudoie
tutoie
verdoie
voie, *subj.*

———— **OIF** ————
soif

———— **OIFFE** ————
coiffe, *sf.*
coiffe, *v.*

décoiffe, *v.*

recoiffe, *v.*

———— **OIGNE** ————

[Cette finale ne se
trouve que dans les
verbes en *oigner* et
oindre.]

adjoigne, *subj.*
conjoigne, *subj.*
déjoigne, *subj.*
disjoigne, *subj.*
éloigne
empoigne
enjoigne, *subj.*
joigne, *subj.*
poigne, *subj.*
rejoigne, *subj.*
soigne
témoigne

———— **OIL** ————

contre-poil
passepoil
poil
tire-poil

———— **OILE** ————

entretoile
étoile, *sf.*
moelle *(pr. moile)*
poêle *(pr. poile)*
toile
voile, *sm.*
voile, *sf.*

[Verbes]
dévoile
entoile
envoile (s')
étoile (s')

rentoile
voile

—— **OIN** *et* **OUIN** ——

babouin (2)
baragouin (3)
bédouin (2)
benjoin
besoin
chafouin
coin
foin, *sm.*
foin !
groin (1)
loin
marsouin (2)
pingouin (2)
recoin
sagouin (2)
sainfoin
témoin
tintouin (2)

———— **OINDRE** ————

adjoindre
conjoindre
déjoindre
disjoindre
enjoindre
joindre
moindre, *adj.*
oindre
poindre
rejoindre

———— **OINE** ————

antimoine
avoine
Chalcédoine, *g.*
chanoine
idoine, *vm.*
Macédoine, *g.*

macédoine, *sf.*
moine
patrimoine
péritoine
pivoine
sardoine

———— **OINFRE** ————

goinfre (2)

———— **OING** ————

coing
oing
poing

[Les mots en *oing* ne
riment pas avec ceux
en *oin*, quoiqu'ils se
prononcent de même.
Il faut appliquer
encore ici la règle que
nous avons rappelée
au sujet des rimes en
oc et en *ot*.]

———— **OINS** ————

moins
néanmoins (3)

[Ajoutez le plur. des
mots en *oin*, *oing*, *ouin*
et *oint*. Plus la 1re et la
2e pers. sing. du
présent de l'indic. et
la 2e de l'impér. des
verbes en *oindre*.]
je joins
tu joins
joins, etc.

———— **OINT** ————

adjoint, *sm.*
appoint
conjoint, *sm.*

contrepoint
embonpoint
joint, *sm.*
point, *sm.*
point, *adv.*
pourpoint
rond-point

[Verbes]
adjoint
conjoint
déjoint
disjoint
enjoint
joint
oint
point
rejoint

—————— OINTE ——————
accointe (s'), *v.*
appointe, *v.*
contrepointe, *sf.*
courtepointe, *sf.*
désappointe, *v.*
épointe, *v.*
pointe, *sf.*
pointe, *v.*

[Plus les fém. des adj.
et part. en *oint.*]

—————— OIR ——————
abattoir
abreuvoir
accordoir
accottoir
accoudoir
affinoir
agenouilloir
ajoutoir
ajustoir

alésoir
amorçoir
aplatissoir
arrosoir
aspersoir
baignoir
battoir
blé noir
blutoir
bouchoir
boudoir
bougeoir
bouloir
boutoir
brisoir
brunissoir
chauffoir
comptoir
couloir
coupoir
crachoir
cueilloir
désespoir
déversoir
dévidoir
devoir
dortoir
dressoir
ébarboir
échaudoir
égouttoir
égrugeoir
embauchoir
embouchoir
émouchoir
encensoir
entonnoir
épanchoir
épluchoir
équarrissoir
espoir
éteignoir

étendoir
étouffoir
fermoir
fouloir
frottoir
grattoir
hachoir (h *asp.*)
haloir (h *asp.*)
heurtoir (h *asp.*)
hoir, *héritier*
houssoir (h *asp.*)
juchoir
laminoir
lavoir
lissoir
loir, *zool.*
manoir
miroir
montoir
mouchoir
nichoir
noir, *am.*
ostensoir
ouvroir
parloir
peignoir
perchoir
perçoir
plantoir
polissoir
pouvoir, *sm.*
pressoir
promenoir
râcloir
rafraîchissoir
rasoir
reposoir
repoussoir
réservoir
revoir (au)
saloir
sarcloir

sautoir
savoir, *sm.*
séchoir
semoir
soir (le)
terroir
tiroir
traçoir
tranchoir
trottoir
vouloir, *sm.*
voussoir, *arch.*

[Verbes]
apercevoir
apparoir, *t. pal.*
asseoir
avoir
chaloir, *vm.*
choir, *vm.*
comparoir, *t. pal.*
concevoir
condouloir (se), *vx.*
décevoir
déchoir
dépourvoir
devoir
douloir (se), *vm.*
échoir
émouvoir
entrevoir
équivaloir
falloir
mouvoir
percevoir
pleuvoir
pourvoir
pouvoir
prévaloir
prévoir
prémouvoir
ramentevoir, *vm.*

rasseoir
ravoir
recevoir
revaloir
revoir
savoir
seoir
souloir, *vm.*
surseoir
valoir
voir
vouloir

——— OIRE ———
accessoire
accroire, *v.*
aléatoire (5)
ambulatoire
amusoire
aratoire
armoire
attentatoire
attrapoire
auditoire
avaloire
baignoire
balançoire
bassinoire
blasphématoire
boire, *s. et v.*
bouilloire
brandilloire
branloire
caquetoire
ciboire
circulatoire
collusoire
comminatoire
compulsoire
conservatoire
consistoire
consolatoire

contradictoire
croire, *v.*
déboire, *sm.*
déclamatoire
déclaratoire
déclinatoire
décrottoire
dédicatoire (*épître*)
dépuratoire
dérogatoire, *t. pal.*
diffamatoire
dilatoire, *t. pal.*
dimissoire
dînatoire
directoire
distillatoire
divinatoire
échappatoire
écritoire
écumoire
émonctoire
exécutoire
expiatoire (5)
foire (*marché*)
fumigatoire
glissoire
gloire
grimoire
histoire
illusoire
imprécatoire
inflammatoire
interlocutoire
interrogatoire
invitatoire
invocatoire
ivoire, *sm.*
jaculatoire (*oraison*)
laboratoire
lacrymatoire
lardoire
Loire, *g.*

mâchoire
mangeoire
mémoire
méritoire
moire, *s. et v.*
monitoire
nageoire
natatoire
noire, *af.*
notoire
obligatoire
observatoire
offertoire
oratoire
passoire
péremptoire
pétitoire, *jur.*
poire
polissoire
possessoire, *jur.*
préparatoire
prétoire
promontoire, *g.*
propitiatoire (6)
provisoire
purgatoire
purificatoire
ratissoire
réfectoire
répertoire
réquisitoire
rescisoire, *t. pal.*
résolutoire
révocatoire
rogatoire, *t. pal.*
sécrétoire, *méd.*
sternutatoire
territoire
transitoire
vésicatoire
vexatoire, *adj.*
vomitoire

victoire
voire, *vm.*

— **OIS** *ou* **OIX** —

abois
anchois
Angoumois, *g.*
Arbois, *g.*
Artois, *g.*
autrefois
Autunois, *g.*
Auxerrois, *g.*
Barrois, *g.*
Bavarois, *g.*
Blois, *g.*
bois
bourgeois
carquois
chamois, *zool.*
Champenois, *g.*
Chinois, *g.*
choix
contrepoids
courtois
croix
Danois, *g.*
discourtois
Dunois, *np. et g.*
empois
fois (à la)
Foix, *g.*
Gaulois
gravois
grégeois *(feu)*
grivois
guingois (de)
hautbois
Iroquois, *g.*
Louvois, *np.*
matois
minois
mois

narquois
Navarrois, *g.*
noix
pantois
parfois
patois
pavois
poids
pois
poix
putois
quelquefois
rose-croix
Siamois, *g.* (3)
sournois
Suédois, *g.* (3)
tapinois (en)
tournois
toutefois
trois
Valois, *np.*
Vaudois, *g.*
villageois
voix

[Verbes]

accrois
aperçois
asseois
bois
chois
conçois
crois, *de croire*
croîs, *de croître*
déchois
déçois
décroîs
dois
échois
entrevois
mécrois
perçois

pourvois
prévois
rasseois
reçois
recroîs
revois
sois, *de être*
surseois

[Ajoutez le plur. des
mots en *oi, oid* et *oit.*]

———— OISE ————

Amboise, *g.*
Ambroise, *np.*
ardoise
armoise
bavaroise
bourgeoise
cervoise
framboise, *sf.*
noise
Oise, *g.*
Pontoise, *g.*
siamoise *(étoffe)*
toise, *sf.*
turquoise

[Verbes]

apprivoise
boise
chamoise
croise
décroise
dégoise
emboise
entre-croise
framboise
pavoise
toise

[Plus le fém. des adj.
en *ois.*]

———— OISSE ————

angoisse
paroisse

[Plus les verbes :]
accroisse, *subj.*
angoisse
croisse, *subj.*
décroisse, *subj.*
empoisse
froisse
poisse
recroisse, *subj.*
surcroisse, *subj.*

——— OIT *et* OID ———

adroit, *am.*
avant-toit
benoit, *am.*
croît, *sm.*
décroît, *sm.*
détroit
doigt
droit, *sm.*
droit, *am.*
endroit
étroit, *am.*
exploit
froid, *am.*
maladroit
passe-droit
sang-froid
surcroît
toit

[Verbes]
accroît
aperçoit
asseoit
boit
choit
conçoit

croit, *de croire*
croît, *de croître*
déchoit
déçoit
décroît
doit
échoit
entrevoit
mécroit
pourvoit
prévoit
rasseoit
reboit
reçoit
redoit
revoit
seoit
soit
voit

———— OITE ————

adroite, *af.*
benoîte, *a. et sf.*
boîte, *sf.*
coite, *af.*
droite, *sf.*
droite, *af.*
étroite, *af.*
maladroite, *af.*
moite, *af.*

[Verbes]
boite
convoite
déboite
doigte
emboîte
exploite
miroite

——— OITRE ———
cloître, *sm.*
goître, *sm.*

[Plus les infinitifs :]
accroître
croître
décroître
recroître
surcroître

——— OIVE ———

[Cette finale n'a que
les formes verbales :]
aperçoive
boive
conçoive
déçoive
doive
perçoive
reboive
reçoive
redoive

——— OIVRE ———
poivre, *sm.*
Poivre, *np.*
poivre, *v.*

——— OIX ———
Voir OIS.

——— OK ———
Voir OC.

——— OL ———
alcool (3)
bémol
bol
capiscol
col

dol
entresol
Espagnol, *g.*
fol, *am.*
girasol
hausse-col
licol
Mogol, *g.*
mol, *am.*
parasol
rossignol
sol, *sm.*
sol, *mus.*
tournesol
Tyrol, *g.*
viol (2)
vitriol (3)
vol *(d'oiseau)*
vol *(larcin)*

——— OLD ———
Arnold, *np.*
Child-Harold, *np.*
Léopold, *np.*

——— OLDE ———
solde, *sm.*
solde, *sf.*
solde, *v.*

——— OLE *long* ———
et AULE
Candaule, *np.*
contrôle
drôle
épaule, *sf.*
gaule, *sf.*
Gaule, *g.*
geôle
môle
pôle
rôle

saule
tôle

[Verbes]
contrôle
enjôle
épaule
frôle
gaule
miaule (3)
piaule (3)
rôle
trôle

——— OLE *bref* ———
acropole
agricole
alvéole (4)
Arcole, *g.*
aréole (4)
auréole (4)
azorole
babiole (4)
banderole
barcarolle
bénévole, *adj.*
bestiole (4)
boussole
bouterolle
bricole
cabriole (4)
camisole
Capitole
caracole, *sf.*
carmagnole
carriole (4)
casserole
cavagnole
chrysocolle
cicerolle
colle, *sf.*
console, *sf.*

corolle
coupole
créole (3)
croquignole
dariole (4)
dévole, sf.
discobole
école
Éole, myt. (3)
escarole
espingole
étole
étudiole (5)
farandole
faribole
féverolle
fiole (2)
foliole (4)
folle, af. et s.
frivole
gaudriole (4)
girandole
gloriole (4)
gondole
hyperbole
idole
ignicole
lauréole (4)
luciole (4)
malévole, adj.
malléole (4)
Mausole, np.
métropole
molle, af.
monopole
moucherolle
muserolle
nécropole
obole
Pactole, g.
parabole
parole

Pentapole, g.
pétrole
pistole
protocole
régnicole
remole
rigole
rissole, sf.
rocambole
rougeole (3)
sole
symbole
taurobole
tavaïolle (5)
variole (4)
vinicole
vole, sf.
vérole (petite)
viole, sf. (3)
virole

[Verbes]

accole
affole
affriole (4)
bariole (4)
batifole
bricole
cabriole
cajole
caracole
colle
console
convole
décolle
dégringole
désole
dessole
dévirole
dévole
dole
envole (s')

étiole (4)
flageole (3)
grisolle
immole
insole, chim.
interpole
isole
racole
raffole
récole
recolle
revole
rissole
rossignole
viole (3)
vole

– OLFE et OLPHE –
Adolphe, np.
golfe
Rodolphe, np., etc.

—— OLSQUE ——
Volsque, g.

——— OLTE ———
archivolte, arch.
récolte, sf.
récolte, v.
révolte, sf.
révolte, v.
virevolte
volte, sf.
volte, v.

——— OLVE ———
absolve, v.
dissolve, v.
résolve, v.

— OM (pr. ome) —
hom, interj.
Mahom, np.

sel d'Epsom

[Et autres noms de
personnes et de lieux,
qu'il est inutile de
rapporter.]
Voir UM.

—— **OM** *(pr.* on*)* ——

nom
prénom
prête-nom
pronom
renom
surnom

[Les lettres *m* et *n*
étant équivalentes, les
finales *om* et *on*
riment ensemble,
même quand elles
sont articulées
différemment.]

—————— **OMB** ——————

aplomb
Colomb, *np.*
plomb
surplomb
tire-plomb

[Le *b* étant insonore
dans ces mots, on les
associe par licence à
om, à cause de leur
rareté.]

—————— **OMBE** ——————

bombe, *sf.*
colombe
hécatombe
outre-tombe
palombe
rhombe

strombe
tombe, *sf.*
trombe

[Verbes]
bombe
incombe
plombe
retombe
succombe
surplombe
tombe

[Pour rimer au plur.,
ajoutez les noms]
catacombes
Dombes, *g.*
lombes

[Plus la 2e personne
sing. du présent de
l'indic. et du subj. des
verbes précédents :]
bombes
incombes, etc.

—————— **OMBLE** ——————

comble, *sm.*
comble, *v.*

—————— **OMBRE** ——————

concombre
décombres
encombre, *sm.*
hombre, *jeu*
nombre, *sm.*
ombre, *sf.*
pénombre
scombre
sombre, *adj.*

[Verbes]
décombre

dénombre
désencombre
encombre
nombre
obombre
ombre
sombre

—————— **OME** *long* ——————
et **AUME**

agronome
amome
astronome
atome
autonome, *adj.*
axiome (4)
baume
Baume *(grotte)*
binome
Brantôme, *np.*
chaume
chrome
Chrysostome, *np.*
cinnamome
Côme, *np.*
Côme, *g.*
deutéronome
diplôme
dôme
Drôme (la), *g.*
économe
fantôme
gastronome
gnome
Guillaume, *np.*
heaume (h *asp.*)
hippodrome
idiome
Jérôme, *np.*
majordome
métronome

nome
osmazôme
paume *(de la main)*
paume *(jeu de)*
psaume
royaume
Sodome, *g.*
symptôme
tome

[Verbes]
chôme
embaume
empaume
paume, *pop.*

—— OME *bref et* ——
OMME
bonhomme
comme (c'est tout)
gentilhomme
gomme
homme
pomme
prud'homme
rogomme
Rome, *g.*
somme, *sm.*
somme, *sf.*
somme (en)
Somme (la), *g.*

[Verbes]
assomme
consomme
dégomme
dénomme
gomme
nomme
pomme
renomme
somme

surnomme

[On remarquera qu'il
n'y a qu'une finale en
ome (celle de Rome)
qui soit brève et qui
puisse être mise en
rime avec celles en
omme.]

—— OMNE ——
Voir ONE *bref.*

—— OMPE ——
estompe, *sf.*
pompe, *sf.*
Théopompe, *np.*
trompe, *sf.*

[Verbes]
estompe
corrompe, *subj.*
dérompe, *subj.*
détrompe
interrompe, *subj.*
pompe
rompe, *subj.*
trompe

—— OMPHE ——
triomphe, *sm.*
triomphe *(jeu), sf.*
triomphe, *v.*

—— OMPRE ——
corrompre, *v.*
dérompre, *v.*
interrompre, *v.*
rompre, *v.*

—— OMPS ——

[Cette finale ne se
trouve que dans les

verbes en *ompre*, à la
1re et à la 2e pers. sing.
du présent de
l'indicatif et à la 2e de
l'impératif.]
je romps
tu romps
romps, etc.

[Elle rime avec le
plur. des mots en *on,
ond, ont* et *ompt.*]

—— OMPT ——
prompt, *am.*

[Plus la 3e pers. sing.
du présent de
l'indicatif des verbes
en *ompre.*]
corrompt
interrompt
rompt

[*Ompt* rime avec *ond*
et *ont.*]

—— OMTE ——
et OMPTE
acompte, *sm.*
comte
compte, *sm.*
décompte, *sm.*
escompte, *sm.*
mécompte, *sm.*
prompte, *af.*
vicomte

[Verbes]
compte
décompte
dompte
escompte

mécompte (se)
précompte
recompte
    Voir ONTE.

——— ON ———
on, *pronom.*

[Ce pronom indéfini
ne peut être placé à la
fin d'un vers que
lorsqu'il vient après
un verbe, dont il est
toujours le sujet,
comme :]
dit-on
fait-on, etc.

[Il a, comme tous les
monosyllabes le
privilège de rimer
sans lettre d'appui
avec toutes les
terminaisons
homophones.]

——— aon, *monosyll.* ———
    (*pr.* on)
taon (*ton*)
    Voir TON.

——— aon, *monosyll.* ———
    (*pr.* an)
faon (*fan*)
Laon, *g.*
paon (*pan*)
    Voir AN.

——— aon, *dissyll.* ———
Craon, *g.*
Lycaon, *myt.*
Mahon, *g.*
Phaon, *np.*
Pharaon, *np.*

pharaon (*jeu*)

[Les poètes font rimer
aon sans
prédominante, surtout
avec les mots où *on*
forme une syllabe
détachée et précédée
d'une voyelle, comme
dans *léon, Laocoon,
Huon.*]

——— bon, bbon ———
Abbon, *np.*
ambon
barbon
bon, *sm.*
bonbon
Bourbon, *np.*
bubon
charbon
Gibbon, *np.*
jambon
revenant-bon
Sorbon, *np.*
Strabon, *np.*

——— blon ———
    Voir LON.

——— bron ———
    Voir RON.

——— chon ———
barbichon
Berrichon, *g.*
bichon
bouchon
cabochon
califourchon (à)
capuchon
cochon
coqueluchon

cornichon
cruchon
Fanchon, *np.*
folichon
fourchon
manchon
tire-bouchon
torchon

——— con ———
Bacon, *np.*
balcon
boucon, *vm.*
catholicon
cocon
Dracon, *np.*
faucon
flacon
flocon
Gascon, *g.*
Hélicon, *myt.*
lexicon
Mâcon, *g.*
Montfaucon, *g.*
Rubicon, *g.*
Tarascon, *g.*

——— çon ———
arçon
caleçon
caparaçon
charançon
colimaçon
contrefaçon
estramaçon
étançon
façon
franc-maçon
garçon
glaçon
hameçon
leçon

limaçon
maçon
pinçon
poinçon
rançon
seneçon
soupçon
tronçon

——— **don** ———
abandon
amidon
Automédon, *myt.*
bedon
bidon
bondon
bourdon
brandon
bridon
cardon
Céladon
chardon
cordon
Cupidon, *myt.*
Didon, *np.*
dindon
don, *sm.*
dondon
édredon
espadon
fredon
guerdon, *vm.*
guéridon
guidon
Ladon, *g.*
Laomédon, *np.* (4)
lardon
pardon, *np.*
Phédon, *np.*
Pradon, *np.*
rigodon

Sidon, *g.*
tendon

——— **dron** ———
Voir RON.

——— **con, *dissyll.*** ———
Actéon, *myt.*
Anacréon, *np.*
caméléon
Gédéon, *np.*
Léon, *np.*
Napoléon
Odéon
orphéon
Panthéon
Siméon, *np.*
Timoléon, *np.*

— **fon, ffon, phon** —
Bellérophon, *myt.*
bouffon
Bouffon, *np.*
carafon
chiffon
griffon
siphon
typhon
Xénophon

——— **flon** ———
Voir LON.

——— **fron** ———
Voir RON.

——— **geon, jon** ———
badigeon
bourgeon
Dijon, *g.*
donjon
drageon

escourgeon
esturgeon
goujon
Goujon (J.), *np.*
haubergeon
pigeon
plongeon
sauvageon
surgeon

——— **glon** ———
Voir LON.

— **gnon** *mouillé* —
Avignon, *g.*
Bourguignon, *g.*
brugnon
champignon
chignon
compagnon
grognon
guignon
Lignon, *g.*
lorgnon
lumignon
maquignon
mignon
moignon
oignon
pignon
quignon
rognon
tignon, *pop.*
trognon

——— **gon** ———
angon
Aragon, *g.*
bougon
Dagon, *myt.*
dragon
estragon

fourgon
Harpagon
jargon
misopogon (le)
parangon, *vm.*
Patagon, *g.*
perdrigon *(prune)*
sagon
wagon

———— ion, yon ————

[Toutes les finales en
ion sont dissyllabiques,
et ne riment qu'avec
elles-mêmes.]

abdication
aberration
abjection
abjuration
ablution
abnégation
abolition
abomination
abréviation (6)
abrogation
absolution
absorption
abstention
abstraction
accélération
accentuation (6)
acceptation
acception
accession
acclamation
acclimatation
accommodation
accumulation
accusation
acquisition
action
addition

adhésion
adjudication
adjuration
administration
admiration
admission
admonition
adoption
adoration
adulation
affabulation
affectation
affection
affiliation (6)
affirmation
affliction
agglutination
agitation
agrégation
agression
Albion, *g.*
alcyon
aliénation (6)
allégation
allitération
allocation
allocution
allusion
altération
altercation
ambition
amélioration (7)
amodiation (6)
amphictyons, *ant.*
Amphion, *myt.*
Amphitryon, *np.*
ampliation (5)
amplification
amputation
animadversion
animation
annexion

annihilation
annonciation (6)
annotation
annulation
anticipation
apparition
appellation
application
apposition
appréciation (6)
appréhension
approbation
appropriation (6)
approximation
ardélion
argumentation
Arion, *myt.*
arrestation
articulation
ascension
aspersion
aspiration
assertion
assignation
assimilation
association (6)
Assomption, *lit.*
attention
atténuation (6)
attestation
attraction
attribution
attrition
audition
augmentation
autorisation
auscultation
aversion
bastion
béatification
bénédiction
bifurcation

billion, *mat.*
Bion, *poète grec*
brimborion
calcination
camion
canonisation
capitation
capitulation
captation
carnation
cassation
castramétation
castration
cavillation
cautérisation
caution
célébration
centralisation
centurion
certification
cessation
cession
champion
circoncision
circonlocution
circonspection
circonvallation
circonvention
circulation
citation
clarification
classification
coaction (4)
coagulation (6)
coalition (5)
coction
coercition (5)
cohabitation
cohésion
collaboration
collation
collection

collision
collocation
collusion
combustion
comessation
commémoration
commination
commisération
commission
commotion
communication
communion
comparution
compassion
compellation, *jur.*
compensation
compilation
complexion
complication
componction
composition
compréhension
compression
computation
concentration
conception
concession
conciliation (6)
concision
conclamation
conclusion
concussion
condamnation
condensation
condition
confabulation
confection
confédération
confession
confirmation, *lit.*
confiscation
conflagration

conformation
confortation
confrontation
confusion
congélation
congestion
congratulation
congrégation
conjonction
conjuration
connexion
conscription
consécration
conservation
considération
consignation
consolation
consolidation
consommation
consomption
conspiration
constatation
constellation
consternation
constipation
constitution
construction
consubstantiation
consultation
contagion
contemplation
contention
contestation
continuation (6)
contorsion
contraction
contradiction
contravention
contrefaction
contrevallation
contribution
contrition

contusion
convention
conversation
conversion
conviction
convocation
convulsion
coopération (6)
cooptation (5)
coordination
copulation
corporation
correction
corrélation
corrosion
corruption
cotisation
création
crispation
cristallisation
croupion
damnation
débilitation
décapitation
déception
décimation
décision
déclamation
déclaration
déclination
décoction
décollation
décomposition
décoration
décurion
déduction
défalcation
défection
définition
défloration
dégénération
déglutition

dégradation
dégustation
déification (6)
déjection
délectation
délégation
délibation
délibération
démarcation
démission
démolition
démonstration
dénégation
dénomination
dénonciation
dentition
dépopulation
déportation
déposition
dépossession
dépravation
déprécation
dépréciation (6)
déprédation
dépuration
députation
dérision
dérivation
dérogation
désappropriation
descension
description
désertion
désignation
désinfection
désoccupation
désolation
désorganisation
dessiccation
destination
destitution
destruction

désunion
détention
détérioration (7)
détermination
détersion
détestation
détonation
détraction
Deucalion, *np.* (4)
dévastation
déviation (5)
dévolution
dévotion
diction
diffamation
diffusion
digestion
digression
dilacération
dilapidation
dilatation
dimension
diminution
direction
discontinuation
discrétion
disculpation
discussion
disjonction
dislocation
disparition
dispensation
dispersion
disposition
disproportion
disquisition
dissection
dissension
dissertation
dissimulation
dissipation
dissolution

dissuasion (5)
distillation
distinction
distraction
distribution
divagation
diversion
divination
division
divulgation
domination
donation
dotation
dubitation
dulcification
duplication
ébullition
éclosion
édification
édition
éducation
effraction
effusion
égalisation
élaboration
élection
élévation
élision
élocution
élucidation
élucubration
émanation
émancipation
embryon (3)
émersion
émigration
émission
émotion
émulation
émulsion
Endymion, *myt.*
énonciation (6)

entonation
énumération
épuration
équation
équitation
éradication
érection
érosion
éructation
érudition
éruption
espion
estimation
évacuation (6)
évaluation (6)
évaporation
évasion
éversion
éviction, *jur.*
évocation
évolution
exaction
exagération
exaltation
exaspération
excavation
exception
excitation
exclamation
exclusion
excommunication
excoriation (6)
excrétion
excursion
exécration
exécution
exemption
exercitation
exfoliation (6)
exhérédation
exhibition
exhortation

exhumation
exonération
expansion
expatriation (6)
expectation
expectoration
expédition
expérimentation
expiation (5)
expiration
explication
exploitation
exploration
explosion
exportation
exposition
expression
expropriation (6)
expulsion
expurgation
exsudation
extension
exténuation
extermination
extinction
extirpation
extorsion
extraction
extradition
extrême-onction
exulcération
exultation
fabrication
faction
falsification
fascination
fashion
félicitation
fécondation
fermentation
fiction
fidéjussion, *t. pal.*

filiation (5)
filtration
fion (avoir le)
fixation
flagellation
fluctuation
fluxion
fomentation
fonction
fondation
formation
formication
fornication
fortification
fourmi-lion, *insecte*
fraction
fréquentation
friction
fruition, *vx.* (4)
fulguration
fulmination
fumigation
fusion
fustigation
futurition
gabion
galion
génération
génuflexion
Géryon, *myt.*
gestation
gesticulation
gestion
glorification
gradation
graduation (5)
granulation
gratification
gravitation
gustation
habitation
herborisation

hibernation
histrion
homologation
horion
horripilation
humectation
humiliation (6)
Ilion, *Troie*
illumination
illusion
illustration
imagination
imbibition
imitation
immersion
immodération
immolation
imperfection
impétration
implantation
implication
importation
imposition
imprécation
impression
improbation
improvisation
impulsion
imputation
inaction
inanition
inapplication
inattention
inauguration
incantation
incarcération
incarnation
incinération
incision
inclination
inconsidération
incorporation

incorrection
incorruption
incrustation
incubation
inculpation
incursion
indécision
indétermination
indication
indiction
indigestion
indignation
indiscrétion
indisposition
induction
inexécution
infamation
infatuation (6)
infection
infiltration
infirmation
inflammation
inflexion
information
infraction
infusion
inhalation
inhibition
inhumation
initiation (6)
injection
injonction
innovation
inobservation
inoculation
inondation
inquisition
inscription
insertion
insinuation (6)
inspection
inspiration

installation
instauration
instigation
instillation
institution
instruction
insurrection
intégration
intention
intercalation
intercession
interdiction
interjection, *gram.*
intermission
interpellation
interpolation
interposition
interprétation
interrogation
interruption
intersection
intervention
interversion
intimation
intimidation
intonation
intronisation
introduction
intrusion
intuition (5)
invasion
invention
inversion
investigation
invitation
invocation
involution
irradiation (6)
irréflexion
irréligion
irrésolution
irritation

irruption
jonction
jubilation
juridiction
jussion
justification
lacération
lamentation
lampion
lapidation
lapidification, *min.*
légalisation
légation
légion
législation
légitimation
lésion
libation
libération
libration, *astr.*
licitation
limitation
lion
liquéfaction
liquidation
location
locution
lotion
lucubration
lustration
luxation
Lyon, *g.*
macération
machination
malédiction
malversation
manducation
manifestation
manipulation
manumission
manutention
médiation (5)

médication
méditation
mellification
mention
migration
million
mission
mixtion
modération
modification
modulation
mortification
motion
multiplication
munition
mutation
mutilation
mystification
narration
nation
natation
naturalisation
navigation
négation
négociation (6)
neutralisation
nomination
notification
notion
novation
numération
nutrition
objection
objurgation
oblation
obligation
obsécration
observation
obsession
obstination
obstruction
obtention

occasion
occision
occupation
omission
onction
ondulation
opération
opinion
opposition
oppression
option
ordination
organisation
oscillation
osculation
ostentation
ovation
pacification
pagination
palliation (5)
palpitation
participation
partition
parturition
passion
Pélion, g.
pénétration
pension
perception
percussion
perdition
perfection
permission
permutation
perquisition
persécution
persuasion
perturbation
perversion
pétition
pétrification
pion

plantation
pollution
ponction
ponctuation
population
portion
position
possession
potion
postulation
précaution
précipitation
précision
préconisation
prédestination
prédication
prédiction
prédilection
prédisposition
préfoliation (6)
préméditation
prélation
prénotion
préoccupation
préparation
préposition
prescription
présentation
préservation
présomption
pression
prestation
prestidigitation
présupposition
prétention
prétérition
prétermission
prévarication
prévention
prévision
privation
probation

procession
proclamation
procuration
production
profanation
profession
profusion
progression
prohibition
projection
prolongation
promission (terre de)
promotion
promulgation
prononciation (6)
pronostication
propagation
propension
propitiation (6)
proportion
proposition
prorogation
proscription
prostitution
prostration
protection
protestation
provision
provocation
publication
pulsation
pulvérisation
punition
purgation
purification
putréfaction
Pygmalion, myt.
qualification
question
radiation (5)
ramification
raréfaction

ratification
ration
réaction (4)
réalisation (6)
rebaptisation
rébellion
récapitulation
réception
récitation
réclamation
réclusion
recommandation
réconciliation (7)
réconduction, *t. pal.*
réconfortation
reconstruction
reconvention, *t. pal.*
récréation
récrimination
rectification
récusation
rédaction
reddition
rédemption
réduction
réduplication, *gram.*
réfection
réflexion
réformation
réfraction, *phys.*
réfrigération
réfutation
régénération
région
réhabilitation
réimpression (5)
réintégration (6)
réitération (6)
relation
relaxation
religion
rémission

rémunération
renonciation (6)
rénovation
réparation
répartition
répercussion
répétition
réplétion
répréhension
représentation
répression
réprobation
reproduction
répudiation (6)
répulsion
réputation
réquisition
rescription
résignation
résiliation (6)
résolution
respiration
restauration
restitution
restriction
résurrection
rétention
rétorsion
rétractation
rétribution
rétroaction (5)
rétrocession
rétrogradation
rétrospection
révélation
revendication
réverbération
réversion, *t. pal.*
revision
réunion (4)
révocation
révolution

rogations
rotation
salivation
salutation
sanctification
sanction
satisfaction
scarification
scintillation
scion
Scipion, *np.*
scission
scorpion
sécrétion
section
sécularisation
sédition
séduction
ségrégation
sensation
séparation
septentrion
séquestration
session
signification
Sion, *g.*
situation (5)
solennisation
sollicitation
solution
sommation
soumission
souscription
soustraction
spécification
spéculation
spoliation (5)
sputation
stagnation
station
stellion
stipulation, *t. pal.*

strangulation
stupéfaction
sublimation, *chim.*
subdélégation
subdivision
subhastation, *encan*
subjection
submersion
subordination
subornation
subreption, *t. pal.*
subrogation
substitution
subtilisation
subvention
succession
succion
suffocation
suggestion
sujétion
superstition
supplantation
supplication
supposition
suppression
suppuration
supputation
surannation, *jur.*
surérogation
suscitation
suscription
suspension
sustentation
tabellion
talion *(loi du)*
taxation
tension
tentation
testification, *t. pal.*
titillation
titubation

torréfaction
torsion
tradition
traduction
transaction
transcription
transfiguration
transformation
transfusion
transgression
transition
translation
transmigration
transmission
transmutation
transpiration
transplantation
transposition
transsubstantiation
trépidation
trillion, *mat.*
trisection
trituration
tuméfaction
unification
union
ustion, *chim.*
usucapion, *jur.*
usurpation
vacation
vaccination
vacillation
validation
variation (5)
vaticination
végétation
vendication
vendition, *t. pal.*
vénération
ventilation
vérification

vernation
versification
version
vexation
vibration
vindication
violation (5)
vision
visitation
vitrification
vivification
vocation
vocifération
volatilisation
volition
votation

——— ions ———

[Les rimes en *ions* se forment du pluriel des mots ci-dessus qui en ont un, *attentions, fictions, passions*, etc. Elles se forment encore du pluriel de plusieurs temps des verbes *aimions, lisions, dansions, voulions, puissions*, etc. ; mais *ions* dans ces verbes est monosyllabe. Il est dissyllabe, au contraire, lorsqu'il est précédé de deux consonnes, l'une muette et l'autre liquide, et l'on sait que les deux liquides sont *l* et *r, peupli-ons, suppli-ons, voudri-ons, viendri-ons vendri-ons, prendri-ons*, etc.]

——— jon ———
Voir GEON.

—— lon, llon ——

Absalon, *np.*
aiglon
Apollon, *myt.*
aquilon
ballon
boulon
colon
diachylon (1)
doublon
échelon
étalon
félon
Fénelon, *np.*
filon
foulon
frelon
gallon
galon
Ganelon, *np.*
gonfalon
grêlon
houblon (h *asp.*)
Jagellon, *np.*
jalou
mamelon
melon
Milon, *np.*
mœllon (2)
pantalon
pilon
poêlon (2)
reculons (à)
sablon
salon
scabellon
selon, *prép.*
Simplon, *g.*
Solon, *np.*
talon
Toulon, *g.*
tromblon

vallon
Villon, *np.*
violon (3)
Wallon, *g.*

—— llon *mouillé* ——

aiguillon
ardillon
bâillon
barbillon
bataillon
billon
bouillon
bouvillon
brouillon
carillon
carpillon
Cavaillon, *g.*
Cendrillon
Chatillon, *g.*
corbillon
cotillon
Crébillon, *np.*
crémaillon
Crillon, *np.*
durillon
échantillon
écouvillon
émerillon
faucillon
goupillon
grapillon
grillon
haillon (h *asp.*)
Massillon, *np.*
médaillon
moinillon
morillon
négrillon
oisillon
oreillons
orillon

paillon
papillon
pavillon
penaillon
postillon
réveillon
Roussillon, *g.*
sillon
souillon
taillon
Tasillon, *np.*
tatillon
taupe-grillon
tortillon, *vm.*
toupillon
tourbillon
tourillon
tourtillon
vermillon
vrillon

—— mon ——

Ammon, *myt.*
artimon, *mar.*
Aymon, *np.*
Cimon, *np.*
démon
flegmon
gnomon
goémon (3)
ichneumon
limon
Mammon
Philémon, *myt.*
poumon
ramon *(balai)*, *vm.*
Salomon, *np.*
saumon
sermon
Simon, *np.*
Strimon, *g.*
timon, *s.*

Timon, *np.*

———— **non** ————
Agamemnon, *np.*
alganon
ânon
cabanon
canon
chaînon
Conon, *np.*
fanon
gonfanon
guenon
Hannon, *np.*
Junon, *myt.*
lanternon
linon
Maintenon, *np.*
Manon, *np.*
Memnon, *np.*
minon *(chat)*
Ninon, *np.*
non
Parthénon
pennon
sinon, *conj.*
Sinon, *np.*
tenon
Trianon, *g.* (3)
tympanon
Voisenon, *np.*
Zénon, *np.*

———— **pon** ————
capon
chapon
Colin-Tampon
coupon
crampon
crépon
fripon
harpon (h *asp.*)

Japon, *g.*
jupon
Lapon, *g.*
pompon
poupon
tampon
tapon
tarare-pon-pon

———— **phon** ————
Voir FON.

———— **plon** ————
Voir LON.

———— **pron** ————
Voir RON.

———— **ron** ————
Aaron, *np.*
Abiron, *np.*
Achéron, *myt.*
Acron, *np.*
aileron
aliboron
aoûteron (3)
Aveyron, *g.*
aviron
baron
biberon
bûcheron
Byron, *np.*
capron *ou* caperon
Caron, *myt.*
ceinturon
chaperon
charron
chaudron
chevron
Chiron, *myt.*
Cicéron, *np.*
ciron

citron
clairon
Cythéron, *g.*
décaméron
environ, *adv. et prép.*
éperon
escadron
fanfaron
fleuron
forgeron
fumeron
giron
goudron
Hébron, *g.*
héron (h *asp.*)
Huron, *g.* (h *asp.*)
juron
laideron
laiteron
lamperon
larron
levron
liseron
litron
luron
Lycophron, *np.*
macaron
marron
mascaron
mitron
moucheron
mouron
mousseron
Néron, *np.*
paleron
patron
paturon
perron
Piron, *np.*
plastron
poltron
potiron

puceron
Pyrrhon, *np.*
quarteron
Quiberon, *g.*
Scarron, *np.*
tendron
vairon
Varron, *np.*
vigneron

——— son *dur* ———
Addison
Aubusson, *g.*
basson
besson
boisson
bourson
buisson
caisson
casson
chanson
chausson
cosson
cresson
cuisson
échanson
écusson
frisson
Gerson, *np.*
Grandson, *g.*
hérisson
maudisson
moisson
mousson
nourrisson
ourson
paillasson
paisson
Pélisson, *np.*
pinson
poisson
polisson

Robinson, *np.*
salisson
Samson, *np.*
saucisson
taisson *(blaireau)*
tenson
tesson
unisson
Vaucanson, *np.*
Voir CON.

— son *doux et* zon —
artison
avalaison
bison
blason
Boson, *np.*
calaison
cargaison
cervaison
cloison
combinaison
comparaison
conjugaison
couvaison
déclinaison
démangeaison (4)
déraison
diapason
échauffaison
effeuillaison
exhalaison
fanaison
fauchaison
fenaison
floraison
flottaison
foison
garnison
gazon
grison
guérison

horizon
inclinaison
Jason, *myt.*
liaison (3)
livraison
lunaison
maison
nuaison, *mar.* (3)
oison
olivaison
oraison
pamoison
pendaison
péroraison
peson
poison
porchaison
prison
raison
saison
salaison
scazon *(vers)*
terminaison
tison
toison
tondaison
trahison
venaison

——— ton ———
Alecton, *myt.*
avorton
baryton
bâton
béton
boston *(jeu)*
bouton
Breton, *g.*
brocheton
caneton
canton
capiton

carton
Caton, *np.*
centon
Charenton, *g.*
chaton
Clothon, *myt.*
coton
croûton
Danton, *np.*
demi-ton
dicton
ducaton
esponton
feston
feuilleton
fronton
glouton
gueuleton
Hamilton, *np.*
hanneton
hoqueton
jeton
laiton
liston
Marathon, *g.*
marmiton
menton
Milton, *np.*
mirliton
miroton
miton
molleton
mousqueton
mouton
Newton, *np.*
œilleton
Othon, *np.*
panneton
peloton
peton
Phaéton, *myt.* (3)
Phlégéton, *myt.*

piéton (2)
piston
piton
planton
Platon, *np.*
Pluton, *myt.*
ponton, *mar.*
Python, *myt.*
raton
rejeton
rogaton
santon
séton
singleton
taon *(ton)* (1)
tatons (à)
teston
teton
Teuton, *g.*
Tithon, *myt.*
thon
ton, *sm.*
toton
triton, *myt.*
truiton (2)
valeton
Washington, *np.*

——— von ———

Esclavon
Ivon, *np.*
savon

——— vron ———
Voir RON.

— yon, *monosyll.* —
broyon
crayon
lamproyon
noyon, *sm.*
Noyon, *g.*

pleyon
rayon
sayon
trayon

[Ces mots riment avec
ceux en *ion*.]

——— yon, *dissyll.* ———
Voir ION.

——— zon ———
Voir SON doux.

— ONC, ONCK —
ONG

adonc, *adv., vm.*
ajonc
barlong, *sm.*
donc, *conj.*
jonc
long
Monck, *np.*
onc, *adv., vm.*
tronc

[Ces mots riment
ensemble, quoique la
lettre finale soit
sonore dans les uns et
insonore dans les
autres. Mais aucun de
ces derniers ne doit
rimer avec ceux en *on*.
Molière, accouplant
long et *tourbillon*, a pris
une licence qui n'est
admise qu'au pluriel.]

— ONCE, ONSE —
Alphonse, *np.*
annonce, *sf.*
fronce, *sf.*
internonce

Léonce, *np.*

nonce

once

pierre-ponce (4)

quinconce

raiponce

renonce, *sf.*

réponse

ronce

semonce, *sf.*

[Verbes]

annonce

défonce

défronce

dénonce

enfonce

engonce

énonce

fonce

fronce

ponce

prononce

renfonce

renonce

semonce

—— ONCHE ——

bronche, *sf. anat.*

bronche, *v.*

jonche, *v.*

tronche, *pop.*

[On ajoute *lunch* et
punch, en écrivant
pour le besoin de la
rime :]

lonche

ponche

—— ONCLE ——

bisoncle, *vm.*

carboncle

furoncle

oncle

pétoncle

—— **OND** *et* **ONT** ——

affront

amont, *adv.*

bas-fond

blond

bond

entrepont

faux bond

fécond

fond, *sm.*

front

furibond

gond

Hellespont, *g.*

infécond

mont

moribond

nauseabond (4)

Négrepont, *g.*

Pharamond, *np.*

Piémont, *g.* (2)

plafond

pont

profond

pudibond

rodomont

rond

rubicond

second

tire-fond

vagabond

[Verbes]

confond

correspond

fond

morfond (se)

pond

refond

répond

retond

semond, *vm.*

tond

[Ajoutez la 3e pers
plur. de l'indic.
présent des verbes :]

font, *de faire*

ont, *d'avoir*

sont, *d'être*

vont, *d'aller*

[Ajoutez la 3e pers
plur. du futur de tous
les verbes.]

aimeront

finiront

recevront

rendront

suivront

tireront, etc.

[Mais évitez la rime
de deux futurs, qui est
peu agréable, et si
vous en accouplez un
à un nom, que la
consonne d'appui soit
identique, si ce nom
n'est pas
monosyllabe.]

—— ONDE ——

aronde

blonde

bonde, *sf.*

Burgunde, *g.*

émonde, *sf.*

faconde

Frédégonde, *np.*

fronde

Fronde (la), *hist.*

Gironde, *g.*

Golconde, *g.*

immonde

intermonde

Joconde, *np.*

mappemonde

monde, *sm.*

monde, *adj.*

onde

ronde

ronde (à la)

Rosemonde, *np.*

rotonde

seconde

sonde

Trébisonde, *g.*

[Ajoutez le fém. des
mots en *ond* et les
verbes :]

abonde

bonde

confonde, *subj.*

débonde

émonde

féconde

fonde

fronde

gronde

monde

morfonde (se), *subj.*

ponde, *subj.*

redonde

réponde, *subj.*

retonde, *subj.*

seconde

surabonde

tonde, *subj.*

—— **ONDRE** ——

effondre, *v.*

hypocondre

Londres, *g.*

[Verbes *à l'infinitif*]

confondre

correspondre

fondre

morfondre (se)

pondre

refondre

repondre

répondre

retondre

semondre

tondre

[Cette finale n'a pour
rimer au pluriel que
les trois mots :]

effondres (tu), *v.*

hypocondres

Londres, *g.*

—— **ONDS, ONTS** ——

fonds, *sm.*

fonts, *sm. pl.*

tréfonds, *sm.*

[Plus le plur. des mots
en *ond* et *ont* ; ainsi
que les formes de
l'indicatif présent et
de l'impératif des
verbes en *ondre*, cités
dans l'article
précédent.]

confonds (je)

confonds (tu)

confonds, etc.

Voir ONS.

—— **ONE** *long* ——
et **AUNE**

amazone

Ancône, *g.*

aumône, *sf.*

aune, *sf.*

Babylone

Beaune, *g.*

béjaune

cône

Dodone, *g.*

Faune, *myt.*

hexagone

Hippone, *g.*

jaune

matrone

polygone

prône, *sm.*

Rhône, *g.*

Saône, *g.* (2)

trône

zone

[Verbes]

aumône

aune

détrône

prône

saune

trône

—— **ONE** *bref* ——
et **ONNE**

Alcyone, *myt.*

anémone

Antigone, *np.*

Ausone, *np.*

automne

Barcelone, *g.*

baronne

Bellone

bonne

bouffonne

Bretonne

carbone

chaconne

colonne
consonne
couronne
Crémone, g.
cretonne
Crotone, g.
Desdémone, np.
dragonne
Érigone, myt.
folichonne
friponne
Garonne, g.
Gorgone, myt.
Hermione, np.
Lacédémone, g.
Latone, myt.
lazzarone
lionne
Lisbonne, g.
luronne
madone
Maguelonne, np
mignonne
monotone
Narbonne, g.
nonne
Œnone, np.
patronne, sf.
pentagone
Péronne, g.
personne
Pétrone, np.
Pomone, myt.
Ratisbonne, g.
Salone, g.
Savone, g.
Sorbonne
Suétone, np. (4)
tonne, sf.
trombone
Vérone, g.
Yonne, g. (3)

[Plus les fém. des
mots en *on* et les
verbes :]
abandonne
abonne
actionne (4)
additionne (5)
adonne (s')
affectionne (5)
aiguillonne
ambitionne (5)
amidonne
ânonne
approvisionne (6)
arraisonne
assaisonne
avironne
badigeonne (4)
bâillonne
balonne
bâtonne
billonne
blasonne
bondonne
bouchonne
bouffonne
bougonne
bouillonne
bourdonne
bourgeonne (3)
boutonne
braconne
brandonne
canonne
cantonne
caparaçonne
capitonne
carillonne
cautionne (4)
chansonne
chantonne
chaperonne
chaponne

charbonne
chardonne
chiffonne
citronne
cochonne
collationne (5)
conditionne (5)
confectionne (5)
coordonne (4)
couronne
cotonne
cramponne
crayonne
débondonne
déboutonne
découronne
déguignonne
déraisonne
désarçonne
désemprisonne
désordonne
dessaisonne
détone
détonne
disproportionne
donne
dragonne
durillonne
échantillonne
échardonne
écouvillonne
écussonne
embataillonne
émotionne (5)
empoisonne
empoissonne
emprisonne
émulsionne (5)
encapuchonne
enchaperonne
entonne
environne

éperonne
époinçonne
époumone (s')
escadronne
espadonne
espionne (4)
estramaçonne
étalonne
étançonne
étonne
façonne
festonne
fleuronne
foisonne
fonctionne (4)
fourgonne
fredonne
frictionne (4)
friponne
frissonne
fusionne (4)
gabionne (4)
galonne
gasconne
gazonne
godronne
goudronne
goupillonne
griffonne
grisonne
guerdonne, *vm.*
harponne (h *asp.*)
impressionne (5)
jalonne
jargonne
lantiponne
mâchonne
maçonne
maquignonne
marmonne
marronne
mentionne (4)

mitonne
mixtionne (4)
moissonne
moutonne
nasillonne
occasionne (5)
œilletonne
ordonne
papillonne
pardonne
passionne (4)
perfectionne (5)
pétitionne (5)
plastronne
polissonne
pomponne
précautionne (5)
proportionne (5)
questionne (4)
raisonne
ramone
rançonne
rayonne
redonne
résonne
révolutionne (6)
rognonne
sanctionne (4)
savonne
sermonne
sillonne
sonne
soumissionne (5)
soupçonne
subordonne
talonne
tamponne
tatillonne
tâtonne
testonne
tisonne
tonne

tourbillonne
tronçonne
vermillonne

——— ONFLE ———

dégonfle, *v.*
gonfle, *v.*
regonfle, *v.*
ronfle

——— ONG ———

Voir ONG.

——— ONGE ———

allonge, *sf.*
axonge
conge
éponge, *sf.*
longe, *sf.*
mensonge
oronge
prolonge, *sf.*
rallonge
ronge, *sm.*
Saintonge, *g.*
songe, *sm.*

[Verbes]

allonge
éponge
longe
plonge
prolonge
rallonge
replonge
ronge
songe

——— ONGLE ———

jongle, *v.*
ongle
strongle

—— **ONGRE** ——
congre
hongre (h *asp.*)
Tongres, *g.*

—— **ONGUE** ——
barlongue, *sf.*
diphtongue
longue, *af.*
oblongue, *sf.*
triphtongue

—— **ONQUE** ——
adonque, *vm.*
conque
jonque
oncque, *vm.*
quelconque
quiconque
tronque, *v.*

— **ONS** (s *sonore.*) —
mons *(monsieur)*
Mons, *g.*

— **ONS** (s *insonore*) —
Châlons, *g.*
reculons (à)
répons
Soissons, *g.*
tâtons (à)

[Plus le plur. des mots
en *on, ond, ont,* et les
premières pers. du
plur. dans plusieurs
temps de tous les
verbes, en les faisant
rimer de
l'articulation.]
Voir ONDS *et* OMPS.

—— **ONSE** ——
Voir ONCE.

—— **ONSTRE** ——
monstre

—— **ONT** ——
Voir OND.

—— **ONTE** ——
Amathonte, *g.*
archonte
conte, *sm.*
fonte
Géronte, *np.*
honte (h *asp.*)
junte *(pr. jonte)*
mastodonte
Oronte, *g.*
ponte, *sm.*
ponte, *sf.*
refonte
remonte, *sf.*
Sagonte, *g.*
tonte

[Verbes]
affronte
confronte
conte
démonte
monte
ponte
raconte
reconte
remonte
surmonte
Voir OMTE.

—— **ONTRE** ——
basse-contre
contre, *prép.*

encontre (à l')
haute-contre
malencontre
montre, *sf.*
rencontre, *sf.*

[Verbes]
démontre
montre
remontre
rencontre

—— **ONZE** ——
bonze
bronze, *sm.*
bronze, *v.*
onze (*asp.*)

— **OP** (p *insonore*) —
galop
sirop
trop

— **OP** (p *sonore*) —
bishop *(vin chaud)*

— **OPE** *et* **AUPE** —
antilope
apocope, *gr.*
Calliope, *myt.* (4)
Canope, *g.*
cyclope, *myt.*
Dryope, *np.* (3)
échoppe
enveloppe, *sf.*
épitrope, *rhét.*
escopc *ou* écope
Ésope, *np.*
Europe, *g. et myt.*
Eutrope, *np.*
gaupe
hélioscope (5)

héliotrope
héméralope
horoscope
hysope
interlope
kaléidoscope (6)
lycanthrope
Mérope, *np.*
métope, *arch.*
microscope
misanthrope
myope (3)
nyctalope
Parthénope, *g.*
Pénélope, *g.*
philanthrope
pope, *sm.*
Pope, *np.*
Rhodope, *g.*
salope, *pop.*
Sinope, *g.*
syncope, *sf.*
taupe
télescope
tope ! *interj.*
trope, *sm., rhét.*
uranoscope
varlope

[Verbes]
développe
enveloppe
choppe
galope
syncope
tope

——— OPHE ———
Voir OFE.

——— OPLE ———
Andrinople, *g.*
Constantinople, *g.*
sinople, *blas.*

——— OPRE ———
amour-propre
impropre
malpropre
propre

——— OPS ———
Cécrops, *np.*
Ops, *myt.*
Pélops

——— OPTE ———
adopte, *v.*
coopte, *v.* (3)
copte, *v.*
Copte *ou* Cophte, *g.*
opte, *v.*

——— OQ ———
Voir OC.

——— OQUE ———
baroque
berloque
bicoque
breloque
colloque, *sm.*
coque
défroque, *sf.*
époque
équivoque, *sf.*
loque
Orénoque, *g.*
pendeloque
phoque
réciproque, *a. et s.*
socque

soliloque
synecdoque, *rhét.*
toque, *sf.*
univoque
uscoque, *mar.*
ventriloque
Voir AUQUE.

[Verbes]
bloque
choque
colloque
croque
débloque
défroque
disloque
enfroque
équivoque
escroque
évoque
interloque
invoque
moque (se)
ploque
provoque
réciproque
révoque
roque
suffoque
toque
troque

——— OR *et* AUR ———
alligator
Almanzor, *np.*
Belphégor
butor
castor, *zool.*
Castor, *myt.*
condor
confiteor
cor *(durillon)*

cor, *mus.*
corrégidor
corridor
Crantor, *np.*
décor
encor
Endor, *g.*
essor
fluor, *chim.*
for
fructidor
saur (hareng)
Hector, *np.*
Labrador, *g.*
Luxor, *g.*
major
matador
Médor, *np.*
Mentor, *np.*
messidor
Montmaur, *np.*
Nabuchodonosor,
  np.
Nestor, *np.*
or, *s. et conj.*
portor *(marbre)*
quatuor (3)
Saint-Maur
similor
stentor, *myt.*
ténor
Thabor, *g.*
thermidor
trésor
tricolor, *sm.*

— ORE *et* AURE —
Açores
amphore
aurore
bicolore, *adj.*
Bosphore, *g.*

bucentaure, *sm.*
canéphore, *ant.*
carnivore
Centaure
chlore
Christophore
cistophore, *ant.*
claymore
Éléonore, *np.*
ellébore
Épidaure, *g.*
Flore, *myt.*
fumivore
herbivore
inodore
Isaure, *np.*
Isidore, *np.*
Lahore, *g.*
Laure, *np.*
lendore
madrépore
mandore
mandragore
matamore
maure *ou* more
métaphore
Métaure, *g.*
météore (4)
Minotaure, *myt.*
mirliflore
multiflore
Pandore, *myt.*
pécore
phosphore
pléthore
pore
saure *(cheval)*
sémaphore
sonore
store
sycomore
Théodore, *np.*

terpsichore
tricolore

[Verbes]
abhorre
adore
améliore (5)
arbore
clore, *inf.*
colore
corrobore
décolore
décore
dédore
déflore
déplore
déshonore
dévore
dore
éclore, *inf.*
édulcore
élabore
enclore, *inf.*
essore
évapore
explore
forclore, *inf.*
fore
honore
ignore
implore
incorpore
méliore (4)
odore
perfore
pérore
redore
remémore
restaure
saure
surdore

256   ORBE

——— ORBE ———
absorbe, v.
Euphorbe, np.
euphorbe, bot.
orbe
sorbe
théorbe

——— ORC, ORK ———
porc
York (2)

——— ORCE, ORSE ———
amorce, sf.
Corse, g.
divorce, sm.
écorce, sf.
entorse
force, sf.
retorse, af.
torse, sm.
torse, af.

[Verbes]
amorce
corse
divorce
écorce
efforce (s')
force
renforce

——— ORCHE ———
écorche, v.
porche, sm.
torche, sf.
torche, v.

——— ORD ———
abord, sm.
abord (d')
accord, sm.

accord (d')
bâbord, sm.
bord, sm.
Chambord, g.
débord
désaccord
discord, sm.
discord, am., mus.
lord
mylord
nord
ord, am. (sale), vm.
Périgord, g.
raccord, sm.
rebord, sm.
rouge bord, sm.
sabord, sm.
tribord, sm.

[Verbes]
démord
détord
mord
remord
retord
tord
Voir ORT.

——— ORDE ———
concorde, sf.
corde, sf.
discorde, sf.
exorde
horde
miséricorde
monocorde
pentacorde
tétracorde

[Verbes]
aborde
accorde

borde
concorde
corde
déborde
décorde
démorde, subj.
désaccorde
déborde
discorde, mus.
morde, subj.
reborde
recorde
remorde, subj.
retorde, subj.
torde, subj.
transborde, mar.

——— ORDRE ———
contre-ordre
désordre
ordre
ordre (sacrement)
sous-ordre

[Plus les infinitifs,]
démordre
détordre
mordre
remordre
retordre
tordre

——— ORDS ———
Voir ORS.

——— ORF ———
Altorf, g.
Puffendorf, np.

——— ORGE ———
coupe-gorge
forge, sf.

George, *np.*
gorge, *sf.*
orge
rouge-gorge
salorge

[Verbes]
dégorge
égorge
engorge
forge
gorge (*et* se)
reforge
regorge
rengorge (se)

—— ORGNE ——
borgne, *sm.*
éborgne, *v.*
jean-lorgne
lorgne, *v.*

—— ORGUE ——
morgue (*orgueil*)
morgue (*lieu*)
morgue, *v.*
orgue, *sm.*

—— ORLE ——
orle, *sm.*

—— ORME ——
aériforme (5)
conforme, *adj.*
corme
cunéiforme (5)
difforme, *adj.*
énorme
forme, *sf.*
informe, *adj.*
multiforme
orme

Panorme, *g.*
plate-forme
réforme, *sf.*
uniforme

[Verbes]
conforme
déforme
difforme
dorme, *subj.*
endorme, *subj.*
forme
informe
réforme
rendorme, *subj.*
transforme

—— ORNE ——
bigorne, *sf.*
borne, *sf.*
capricorne, *sm.*
corne, *sf.*
licorne
maritorne, *pop.*
morne, *adj.*
morne, *sm.*
orne (*frêne*)
Orne, *g.*
tricorne
viorne (3)

[Verbes]
aborne
borne
corne
écorne
encorne
flagorne
orne
suborne

—— ORPS ——
Voir ORS.

—— ORQUE ——
détorque, *v.*
extorque, *v.*
Majorque, *g.*
Minorque, *g.*
orque, *sm.*
remorque, *sf.*
remorque, *v.*
rétorque, *v.*

— ORS, ORDS —
ORPS *et* ORTS
alors, *adv.*
boute-hors, *sm.*
Cahors, *g.*
consorts, *sm. plur.*
corps
dehors, *sm.*
dehors, *adv.*
fors, *prép. vm.*
haut-le-corps
hors, *prép.*
justaucorps
mors
recors
remords
retors, *am.*
tors, *am.*

[Ajoutez le plur. des
mots en *or*, *ord* et *ort*,
plus les verbes :]
démords
détords
dors
endors
mords
remords
rendors

retords
sors
tords

——— ORT ———
accort, *am.*
Alfort, *g.*
apport
Bedfort, *np.*
Béfort, *g.*
coffre-fort
confort
contrefort
déconfort
déport
effort
fort, *sm.*
fort, *am.*
Francfort, *g.*
maillechort
malemort
mort, *sf.*
mort, *am.*
nasitort
passeport
port
raifort
rapport
reconfort
renfort
report
ressort
Rochefort, *g.*
sort
sport
support
tort
transport

[Verbes]
dort
endort

rendort
ressort
sort

Voir ORD.

——— ORTE ———
accorte, *af.*
bistorte, *sf. bot.*
cohorte
cloporte
escorte, *sf.*
forte, *af.*
mainmorte
morte, *a. et sf.*
porte, *sf.*
Porte (la), *g.*
retorte, *sf.*
sorte, *sf.*

[Verbes]
apporte
avorte
colporte
comporte
conforte
déporte
emporte
escorte
exhorte
exporte
importe
porte
rapporte
réconforte
remporte
reporte
ressorte, *subj.*
sorte, *subj.*
supporte
transporte

——— ORVE ———
morve

[Point de rime.]

——— ORZE ———
quatorze

——— OS (s sonore) ———
Abydos, *g.*
albatros, *orn.*
albinos
Amos, *np.*
Argos, *g.*
Athos, *g.*
Atropos, *myt.*
Booz, *np.*
Burgos, *g.*
Colchos, *g.*
Cos, *g.*
custodinos
Délos, *g.*
Éros, *myt.*
fueros (2)
Lemnos, *g.*
Lesbos, *g.*
los, *sm. vm.*
lotos
Minos, *np.*
Naxos, *np.*
nescio vos (4)
os *(au sing.)*
Paphos, *g.*
Pangloss, *np.*
Paros, *g.*
Pathmos, *g.*
Pylos, *g.*
quipos
rhinocéros
Samos, *g.*
Scyros, *g.*
Sestos, *g.*

Ténédos
tétanos

— **OS** (*s insonore*) —
ados
campos
chaos
clos, *sm.*
dispos
dos
enclos, *sm.*
endos
forclos, *am.*
gros, *sm.*
gros, *am.*
héros
huis clos (h *asp.*)
os *(au plur.)*
propos
repos

[Plus les formes
verbales :]
clos
éclos
enclos

[Et le plur. des mots
dont le sing. est en *o*.
La finale en *os* rime
avec celles en *auds,
auts, aux* et *ots*.]

— **OSE** *et* **AUSE** —
(*pr.* **oze**)
alose
amaurose
anastomose, *sf.*
ankylose
apothéose (5)
cause, *sf.*
chose
clause

close, *af.*
couperose
dose, *sf.*
éclose, *af.*
emphytéose
enchymose
exostose
forclose, *af.*
Formose, *g.*
glose, *sf.*
grandiose (4)
hypotypose, *rhét.*
métamorphose
métempsycose
morose, *adj.*
nécrose
névrose
nivôse
pause, *sf.*
pluviôse (4)
pose, *sf.*
Potose, *g.*
prose
rose
ventôse
virtuose (4)

[Verbes]
anastomose (s')
ankylose
appose
arrose
cause
compose
décompose
dépose
dispose
dose
entrepose
expose
glose
impose

indispose
métamorphose
ose
oppose
pause, *vm.*
pose
présuppose
propose
recompose
repose
suppose
transpose

——— **OSQUE** ———
kiosque (3)
manosque
Osque, *g.*

- **OSSE** *long* AUCE -
et AUSSE
Beauce, *g.*
chausse, *sf.*
chaussés, *sf. plur.*
endosse, *sf.*
fausse, *af.*
fosse, *sf.*
gausse, *sf. pop.*
grosse, *af.*
grosse, *sf.*
hausse, *sf.*
sauce

[Verbes]
adosse
chausse
déchausse
défausse (se)
dégrosse
désosse
endosse
engrosse
exauce

exhausse
fausse
gausse (se)
hausse
rehausse
sauce
surhausse

- **OSSE** *bref et* **OCE** -
atroce, *adj.*
bosse
brosse, *sf.*
cabosse, *sf.*
Cappadoce, *g.*
Carabosse (fée)
carrosse
colosse
cosse
crosse
drosse, *sf., mar.*
Écosse, *g.*
féroce
molosse
négoce
noce
précoce
rosse
sacerdoce
Saragosse, *g.*
véloce

[Verbes]
brosse
cabosse, *pop*
crosse
écosse
embosse
noce, *pop.*
rosse

— **OST** *et* **AUST** —
Alost, *g.*
Faust, *np.*
ost, *vm.*
toast *(pr. tost)*

– **OSTE** *et* **AUSTE** –
anagnoste, *ant.*
Aoste, *g.* (3)
Arioste, *np.* (4)
balauste
Fauste, *np.*
holocauste
imposte
périoste (4)
poste, *sm.*
poste, *sf.*
riposte, *sf.*
staroste
toste, *sm. (même mot que toast)*

[Verbes]
accoste
aposte
déposte
poste
riposte
toaste *(p. toste)*

—— **OSTRE** ——
colostre
rostre
rostres, *sm. plur.*
ténuirostres

—— **OT** *long* ——
(**t** *insonore*)
aussitôt
bientôt
clôt, *v.*
dépôt

éclôt, *v.*
enclôt, *v.*
entrepôt
impôt
plutôt
plus tôt (au)
prévôt
rôt *(rôtir)*
sitôt
suppôt
tantôt
tôt

Voir AUT.

—— **OT** *bref* ——
(**t** *insonore*)
abricot
Amiot, *np.* (3)
angelot
archerot
argot
bachot
ballot
bardot
bellot
berlingot
bigot
billot
bimbelot
bot (pied)
bousingot
brûlot
cachalot
cachot
cahot
caillot
calicot
calot
Callot, *np.*
camelot
canot
capot

chariot (3)
chicot
complot
coquelicot
cuissot
culot
dalot, *mar.*
dévot
Diderot, *np.*
écot
ergot
escarbot
escargot
fagot
falot, *sm.*
falot, *am.*
flibot
flot
fricot
garrot
gavot
gigot
godenot
Goth, *g.*
goulot
grelot
Guillot, *np.*
halot (h *asp.*)
haricot (h *asp.*)
hochepot (h *asp.*)
Hottentot, *g.*
huguenot (h *asp.*)
hulot (h *asp.*)
idiot (3)
îlot
indévot
jabot
javelot
Jeannot, *np.*
larigot
lingot
linot

loriot (3)
lot
magot
maillot
manchot
Margot, *np.*
marmot
Marot, *np.*
matelot
mélilot
minot
mot
mulot
nabot
Ostrogoth, *g.*
paletot
pâlot
paquebot
parpaillot
pavot
pérot
persicot
Pierrot, *np.*
pilot
pivot
pot
poulot
rabot
ragot
rôt *(de rôtir)*
sabot
sanglot
sarrot *ou* sarrau
sot
subrécot
surcot
tarot
tricot
tripot
trot
turbot
Turgot, *np.*

vieillot (2)
Visigoth, *g.*
Yvetot, *g.*

- **OT** *bref* (t *sonore*) -
Astaroth *(démon)*
dot
Loth, *np.*
sabaoth
Scott, *np.*
Thoth, *myt.*

—— **OTE** *long* ——
et **AUTE**
aéronaute (5)
Argonaute
côte
entre-côte
faute
garde-côte
haute, *af.*
hôte
maltôte
ôte, *v.*
Pentecôte
Plaute
ressaute, *v.*
saute, *v.*

—— **OTE** *bref* ——
et **OTTE**
aliquote, *arith.*
anecdote
antidote
Aristote, *np.*
asymptote
azote
bank-note
bergamote
bigotte
biscotte
botte

bouillotte, *sf.*
bouillotte *(jeu)*
bourguignotte
Buthrote, *g.*
cagnotte
caillebotte
calotte, *sf.*
camelote, *sf.*
Candiote, *g.* (4)
capote
carotte
Charlotte, *np. et s.*
chènevotte
compatriote (5)
compote
cote *(de coter)*
cotte
crotte
culotte
despote
dévote
échalote
emphytéote
épiglotte
fiévrotte (3)
flotte, *sf.*
galiote (4)
gargote, *sf.*
gavote
gélinote
gibelotte
glotte
goulotte
griotte (3)
grotte
Hérodote, *np.*
hotte (h *asp.*)
huguenote (h *asp.*)
hulotte (h *asp.*)
îlote
Iscariote (5)
linote

litote
lotte
manchote
marcotte
marmotte
marotte
matelotte
menotte
motte
note
pagnote
papillotte
patriote (4)
pelote
péotte (3)
polyglotte
prote
Quichotte (don)
ravigote, *sf.*
redingote
ribote, *sf. pop.*
riotte, *sf.* (3)
rote, *sf.*
sotte
tire-botte
trotte, *sf. pop.*

[Verbes]

annote
antidote
argote
assote
asticote
baisote
ballotte
barbote
botte
buvote
cabote
cahote
camelote
carotte

chapote
chevrote
chicote, *pop.*
chipote
chuchote
clignote
complote
cote
crachote
crotte
culotte
décrotte
dégote
démaillote
dénote
dépote
dorlote
dote
écote
efflotte, *vx.*
emmaillote
emmenotte
empote
ergote
escamote
fagote
flotte
frisotte
frotte
gargote
garrotte
gigote
grelotte
grignote
gringotte
jabote
margote
marmotte
mignote
mijote
note
numérote

papillote
pelote
picote
pilote
pissote
pivote
rabote
radote
ragote, *vm.*
rassote
ravigote
rebotte
recrotte
remmaillote
ribote
riote (3)
rote
saignotte
sanglote
sirote
suçote
tapote
tremblote
tricote
tripote
trotte
vivote

—— **OTRE** *long* ——
et **AUTRE**
apôtre
autre
épeautre, *sm.*
Lenôtre, *np.*
nôtre (le)
patenôtre
peautre
vautre, *sm.*
vautre (se), *v.*
vôtre (le)

—— **OTRE** *bref* ——
notre, *adj.*
votre, *adj.*

———— **OU** ————
acajou
amadou
Anjou, *g.*
bachou
bajou
bambou
bijou
bourdalou
brou
cachou
cagou
caillou
canezou
casse-cou
chou
clou
Corfou, *g.*
coucou
couscou
couscoussou
écrou
filou
flou
fou
frou-frou
gabelou
garde-fou
genou
glouglou
grigou
grisou
guilledou
hibou
indou
joujou
licou
loup-garou

matou
Moscou, *g.*
mou, *s. et am.*
Pérou, *g.*
Poitou, *g.*
pou
prou, *adv.*
Rou (roman de)
Rotrou, *np.*
sagou
sapajou
sou *(monnaie)*
soû *(saoul)*
Topinambou, *g.*
tourlourou
toutou
verrou

—— **OUE,** *dissyll.* ——
bajoue
boue
Bourdaloue, *np.*
Capoue, *g.*
Cordoue, *g.*
fagoue
gadoue
houe, *sf.*
joue, *sf.*
Mantoue, *g.*
moue
noue, *sf.*
Padoue, *g.*
proue
roue, *sf.*
toue, *sf.*

[Verbes]
alloue
amadoue
avoue
bafoue
cloue

décloue
déjoue
dénoue
désavoue
désencloue
désenroue
dévoue
doue
ébroue
échoue
écroue
emboue
encloue
engoue (s')
enroue
floue
froue
houe
joue
loue
noue
rabroue
rejoue
reloue
roue
secoue
sous-loue
tatoue
toue
troue
voue

─── **OUB** ───

caroub
radoub

─── **OUBE** ───

adoube, *v.*
caroube
radoube, *v.*

─── **OUBLE** ───

double, *sm. a. et adv.*
gras-double
rouble, *sm.*
trouble, *sm. et adj.*

[Verbes]

dédouble
double
redouble
rendouble
trouble

─── **OUC, OUK,** ───
OUG

bouc
Fernambouc, *g.*
joug
Marlborough, *np.*
mamelouk
kalmouk
touc *ou* toug
   (drapeau turc)

─── **OUCE** ───

Voir OUSSE.

─── **OUCHE** ───

babouche
bouche, *sf.*
cartouche, *sm.*
cartouche, *sf.*
chasse-mouches
couche, *sf.*
Destouches, *np.*
douche, *sf.*
escarmouche, *sf.*
farouche
gobe-mouches
louche, *s. et adj.*
mouche, *sf.*
nitouche (sainte)

oiseau-mouche
piédouche (3)
retouche, *sf.*
Scaramouche, *np.*
rouche, *sf.*
souche
touche, *sf.*

[Verbes]

abouche
accouche
bouche
couche
débouche
découche
douche
effarouche
embouche
émouche
escarmouche
louche
mouche
rebouche
recouche
remouche
retouche
touche

─── **OUCLE** ───

boucle, *sf.*
boucle, *v.*
déboucle, *v.*
escarboucle

─── **OUD** ───

Voir OUT.

─── **OUDE** ───

accoude, *v.*
boude, *v.*
coude, *sm.*
coude, *v.*

dessoude, *v.*
ressoude, *v.*
soude, *sf.*
soude, *v.*

—— **OUDRE** ——
coudre, *sm. (coudrier)*
foudre, *sm.*
foudre, *sf.*
poudre

[Verbes]
absoudre, *inf.*
coudre, *inf.*
découdre, *inf.*
dépoudre (je *ou* il)
dissoudre, *inf.*
émoudre, *inf.*
époudre (je *ou* il)
moudre
poudre (je *ou* il)
recoudre, *inf.*
remoudre, *inf.*
rémoudre, *inf.*
résoudre, *inf.*
saupoudre (je *ou* il)

—— **OUDS** ——
Voir ous.

—— **OUF** ——
ouf, *interj.*
pouf, *interj.*
pouf (à)

—— **OUFFE** ——
bouffe, *sm.*
bouffe, *v.*
épouffe (s'), *v.*
étouffe, *v.*
pouffe, *v.*
rouffe, *mar.*

touffe, *sf.*
touffe, *v.*

—— **OUFLE** ——
boursoufle, *v.*
emmitoufle, *v.*
essoufle (s'), *v.*
maroufle, *sm.*
moufle, *sm.*
moufle, *sf.*
Ouffle (monsieur)
pantoufle, *sf.*
souffle, *sm.*
souffle, *v.*

—— **OUFRE** ——
engouffre, *v.*
ensoufre, *v.*
gouffre, *sm.*
soufre, *sm.*
soufre, *v.*
souffre, *v.*

—— **OUG** ——
Voir ouc.

—— **OUGE** ——
bouge, *sm.*
bouge, *v.*
gouge, *sf.*
gouge, *v.*
rouge

—— **OUGUE** ——
fougue

—— **OUIL** ——
fenouil

—— **OUILLE** ——
andouille, *sf.*
bouille, *sf.*

bredouille
brouille, *sf.*
citrouille, *sf.*
cornouille, *sf.*
dépouille, *sf.*
douille, *sf.*
fouille, *sf.*
gargouille, *sf.*
grenouille, *sf.*
gribouille, *sm., pop.*
houille, *sf.*
niquedouille, *sm.*
  (niais)
patrouille, *sf.*
Pouille (la), *g.*
pouilles, *sf. plur.*
quenouille, *sf.*
rouille, *sf.*
semouille
souille, *sf.*

[Verbes]
agenouille (s')
barbouille
bouille, subj.
bredouille
brouille
charbouille
chatouille
débarbouille
débrouille
dépouille
dérouille
déverrouille
embrouille
enrouille
épouille, *pop.*
farfouille
fouille
gargouille
gribouille, *fam.*
grouille

mouille
patrouille
pouille
refouille
remouille
rouille
souille
verrouille

—— OUIN ——
Voir OIN.

—— OUINE ——
baragouine, *v.* (4)
chafouine, *af.* (3)
fouine, *sf.* (2)
fouine, *v., pop.*
gouine (2)

—— OUK ——
Voir OUC.

—— OUL ——
Caboul, *g.*
capitoul
Frioul, *g.* (2)
Raoul, *np.* (2)
Mossoul, *g.*
Stamboul *g.*
Toul, *g.*
Vesoul, *g.*, etc.

—— OULE ——
ampoule
Ampoule (la
    sainte)
boule
ciboule
coule, *sf.*
foule, *sf.*
houle
moule, *sm.*

moule, *sf.*
poule
semoule

[Verbes]
boule
coule
croule
découle
déroule
dessoûle
écoule
écroule
engoule
enroule
foule
moule
recoule
refoule
regoule, *pop.*
roucoule
roule
saboule
soûle

—— OULPE ——
coulpe
poulpe

—— OUTS ——
Voir OUS.

—— OUN ——
Aroun, *np.*
simoun *(vent)*

— OUP (p *sonore*) —
croup
group
houp !

- OUP (p *insonore*) -
beaucoup
cantaloup
contre-coup
coup
loup
tout à coup

—— OUPE ——
cataloupe
chaloupe
coupe, *sf.*
croupe
entre-coupe, *sf.*
étoupe, *sf.*
fausse coupe
groupe, *sm.*
Guadeloupe, *g.*
houppe, *sf.*
loupe
poupe
recoupe, *sf.*
soucoupe
soupe, *sf.*
troupe

[Verbes]
attroupe
coupe
découpe
détoupe
entrecoupe
étoupe
groupe
recoupe
soupe
surcoupe

—— OUPLE ——
accouple, *sf.*
accouple, *v.*
couple, *sm.*

couple, *sf.*
découple, *v.*
désaccouple, *v.*
raccouple, *v.*
souple, *adj.*

—— OUQUE ——
bouque, *sf.*
bouque, *v.*
débouque, *v.*
embouque, *v.*
felouque, *sf.*

—— OUR ——
abat-jour
Adour, *g.*
alentour, *adv.*
amour
autour, *sm.*
autour, *prép. et adv.*
bonjour
calembour
carrefour
cavalcadour
contour
cour
détour
entour
four
humour
jour
labour
pandour
Pompadour, *np.*
pourtour
rambour
retour
séjour
tambour
topinambour
tour
troubadour

vautour
Visapour, *g.*

—— OURBE ——
bourbe
courbe, *s. et adj.*
fourbe, *s. et adj.*
tourbe

[Verbes]
courbe
débourbe
désembourbe
embourbe
fourbe
recourbe

—— OURCE ——
Voir OURSE.

—— OURCHE ——
affourche, *sf.*
affourche, *v.*
enfourche, *sf.*
enfourche, *v.*
fourche, *sf.*
fourche, *v.*

—— OURD ——
Voir OURT.

—— OURDE ——
bourde, *sf.*
bourde, *v., pop.*
balourde, *af.*
falourde, *sf.*
gourde, *sf.*
gourde, *af.*
happelourde, *sf.*
hourde, *v.* (h *asp.*)
lambourde
lourde, *af.*

sourde, *af.*
sourde, *v. subj.*

—— OURDRE ——
sourdre, *v.*

- OURE et OURRE -
bourre
bravoure
courre, *sm.*
goure, *sf.*
mourre, *sf.*

[Verbes]
accoure, *subj.*
bourre
concoure, *subj.*
coure, *subj.*
courre, *inf.*
débourre
discoure, *subj.*
énamoure
encoure, *subj.*
fourre
laboure
parcoure, *subj.*
recoure, *subj.*
remboure
savoure
secoure, *subj.*

- OURG et OURC -
bourg, *sm.*
Bourg, *g.*
Brandebourg, *g.*
Cherbourg, *g.*
Édimbourg, *g.*
faubourg, *sm.*
Fribourg, *g.*
Limbourg, *g.*
Luxembourg, *g.*
Ourcq *(canal de l')*

Pétersbourg, *g.*

[Plus un grand
nombre de noms
géographiques.
On fait rimer ces
mots, sonores ou
insonores, avec ceux
en *our.* Cette licence,
tolérée dans le genre
léger, ne doit pas
l'être dans le sérieux.
   La rime est
défectueuse, si elle ne
se termine point par
une lettre identique
ou équivalente.]

—— **OURGE** ——
courge
Bourges, *g.*

—— **OURLE** ——
ourle, *v.*

—— **OURME** ——
chiourme (3)
gourme, *sf.*
gourme, *v.*

—— **OURNE** ——
ajourne, *v.*
atourne, *v., vm.*
bistourne, *v.*
chantourne, *v.*
contourne, *v.*
défourne, *v.*
détourne, *v.*
enfourne, *v.*
Libourne, *g.*
Livourne, *g.*
réajourne, *v.* (4)
retourne, *sf.*
retourne, *v.*
séjourne, *v.*

tourne, *v.*

—— **OURPRE** ——
pourpre, *sm.*
pourpre, *sf.*
empourpre, *v.*

—— **OURQUE** ——
hourque

—— **OURS** ——
alentours, *sm. plur.*
atours, *sm. plur.*
Bouhours, *np.*
concours, *sm.*
cours, *sm.*
débours, *sm.*
décours, *sm.*
discours, *sm.*
Nemours, *g. et np.*
oreille d'ours, *bot.*
ours, *sm.*
parcours, *sm.*
passe-velours, *bot.*
rebours, *sm.*
recours, *sm.*
secours, *sm.*
toujours, *adv.*
Tours, *g.*
velours, *sm.*

[Plus les formes de
quelques verbes en *ir,*
à la 1re et à la 2e pers.
sing. de l'indic. prés.
et à la 2e sing. de
l'impératif.]
accours
concours
cours
discours
encours
parcours

recours
secours

[Joignez aux finales
en *ours* celles en *ourds*
et *ourts.*]

—— **OURSE** *et* ——
        OURCE
bourse
course
débourse, *v.*
embourse, *v.*
rembourse, *v.*
ourse
Ourse, *astr.*
ressource
source

– **OURT** *et* **OURD** –
accourt, *v.*
Azincourt, *g.*
balourd, *am.*
concourt, *v.*
court, *v.*
court, *am.*
Dancourt, *np.*
discourt, *v.*
encourt, *v.*
gourd, *am.*
Grecourt, *np.*
lourd, *am.*
parcourt, *v.*
Raucourt, *np.*
recourt, *v.*
secourt, *v.*
sourd, *s. et am.*
tourd, *sm. (grive)*

—— **OURTE** ——
courte, *af.*
écourte, *v.*

tourte, *sf.*

— **OUS** *ou* **OUX** —
absous
aigre-doux
andalous
au-dessous
burnous
Châteauroux, *g.*
chiaoux
courroux
couscous
dessous
dissous, *am.*
Doubs, *g.*
doux
époux
houx (h *asp.*)
jaloux
Limoux, *g.*
porte-choux
pouls
remous
rendez-vous
résous, *am.*
roux, *am.*
saindoux
sens dessus dessous
tous
toux
Trévoux, *g.*
Ventoux *(mont)*
vous

[Ajoutez le plur. des
mots en *ou* et de ceux
en *oud, oup* et *out,*
dans lesquels *d, p* et *t*
sont insonores ; plus
la 1re et 2e pers. sing.
de l'indic. prés. et la
2e de l'impératif de
quelques verbes,
comme :]

absous
bous
couds
découds
dissous
émouds
mouds
recouds
remouds
rémouds
résous

— **OUSE** *et* **OUZE** —
arbouse
blouse, *sf.*
bouse
douze
épouse, *sf.*
farlouse
jalouse, *af.*
pelouse
Pérouse, *g.*
talmouse
Toulouse, *g.*
ventouse, *sf.*

[Verbes]
blouse
couse, *subj.*
découse, *subj.*
épouse
jalouse
recouse, *subj.*
ventouse

—— **OUSSE** ——
Barberousse, *np.*
Brousse, *g.*
carrousse
douce, *af.*
escousse
gargousse

gousse
housse, *sf.*
mousse, *sm.*
mousse, *sf.*
pouce, *sm.*
pousse, *sf.*
rescousse, *sf.*
rousse, *af.*
secousse
taille-douce
trousse, *sf.*

[Verbes]
courrouce
déhousse
détrousse
éclabousse
émousse
glousse
housse
mousse
pousse
rebrousse
repousse
retrousse
tousse
trémousse (se)
trousse

—— **OUSTE** ——
langouste
mangouste
virevouste

— **OUT** *et* **OUD** —
about, *sm.*
août *(pr. oût)*
atout, *sm.*
bagout, *sm., pop.*
bout, *sm.*
brout, *sm.*
Cloud *(saint)*

coût, *sm.*
debout, *adv.*
dégoût, *sm.*
égout, *sm.*
embout, *sm.*
goût, *sm.*
knout, *sm.*
Mahmoud, *np.*
marabout, *sm.*
moût, *sm.*
partout, *adv.*
passe-debout, *sm.*
passe-partout, *sm.*
ragout, *sm.*
raout *ou* rout
surmoût
surtout, *sm.*
surtout, *adv.*
tout, *adj. et s.*
va-tout, *sm.*
vermout, *sm.*

[Verbes]
absout
bout
coud
découd
dissout
émoud
moud
rebout
recoud
remoud
rémoud
résout

[Quelques noms de cette série : ont le *t* ou le *d* sonore, comme *knout*, *mahmoud* et *vermout*, ce qui n'empêche pas les poètes de les faire

rimer avec ceux où ces lettres sont insonores. Quelques autres diffèrent entre eux par la quantité prosodique, mais cette différence ne rend pas défectueuse leur association à la rime.]

—— **OUTE** ——

absoute, *sf.*
absoute, *af.*
banqueroute
boute, *sf. (tonneau)*
choucroute, *sf.*
croûte, *sf.*
déroute, *sf.*
dissoute, *af.*
doute, *sm.*
écoute, *sf.*
goutte, *sf., méd.*
goutte, *sf.*
goutte à goutte
goutte (ne voir)
joute, *sf.*
mère goutte
redoute, *sf.*
route, *sf.*
sœur écoute, *sf.*
soute, *sf., jur.*
soute, *mar.*
voûte

[Verbes]
aboute
ajoute
aoûte *(pr. oûte)*
arc-boute
boute
broute
cloute
contre-boute

coûte
déboute
décroûte
dégoûte
dégoutte
déroute
doute
écoute
écroûte
égoutte
encroûte
envoûte
filoute
glouglloute
goûte
joute
ragoûte
redoute
veloute
voûte

[On fait rimer les mots en *oute* comme ceux en *out*, sans égard à la quantité prosodique.]

—— **OUTRE** ——

accoutre, *v.*
coutre, *sm.*
loutre, *sf.*
outre, *sf.*
outre (en)
outre (d'outre en)
outre, *v.*
poutre, *sf.*
raccoutre, *v.*

—— **OUVE** ——

approuve, *v.*
controuve, *v.*
couve, *v.*
désapprouve, *v.*

douve, *sf.*
éprouve, *v.*
improuve, *v.*
louve, *sf.*
mouve, *v.*
prouve, *v.*
reprouve, *v.*
réprouve, *v.*
retrouve
trouve, *v.*

—— **OUVRE** ——
couvre, *v.*
découvre, *v.*
entr'ouvre
Louvre

ouvre, *v., d'ouvrir*
recouvre, *v.,*
  de recouvrir
recouvre, *v.,*
  de recouvrer
rouvre, *sm.*
rouvre, *v.*

—— **OUX** ——
Voir OUS.

—— **OUZE** ——
Voir OUSE.

—— **OVE** ——
Voir AUVE.

—— **OVRE** ——
Voir AUVRE.

—— **OX** ——
Fox, *np.*
Palafox, *np.*, etc.

—— **OXE** ——
boxe, *sf.*
boxe, *v.*
équinoxe, *sf.*
hétérodoxe, *adj.*
orthodoxe, *adj.*
paradoxe, *sm.*

U

[Les finales en *u*
doivent rimer de
l'articulation, excepté
dans les cas où cette
lettre appartient à un
monosyllabe ou forme
seule une syllabe,
comme dans les mots
suivants, qu'on peut
accoupler avec tout
autre mot en *u*, sans
égard à la consonne
d'appui.]

Abiu, *np.*
copahu, *sm.*
Élihu, *np.*
Ésaü, *np.*
eu, *v., d'avoir*
hu ! *interj.*
Jéhu, *np.*
tohu-bohu, *sm.*
   et adv.

—————— **ue**, *dissyll.* ——————

cohue
eue, *v., d'avoir*
hue, *v.*
hue ! *interj.*

—————— **bu** ——————

barbu
bu, *v., de boire*
embu
fourbu
herbu
imbu
rebu, *v.*
tribu, *sf.*
zébu, *sm.*

—————— **bue**, *dissyll.* ——————

attribue, *v.*
barbue, *sf.*
contribue, *v.*
distribue
écobue, *sf.*
écobue, *v.*
rétribue, *v.*

[Plus le fém. des adj.
et part. en *bu*.]

—————— **blu** ——————
Voir LU.

—————— **bru** ——————
Voir RU.

—————— **cu** ——————

cocu
convaincu
cu (*pour cul*)
écu
gratte-cu
invaincu
survécu
tape-cu
vaincu
vécu

—————— **cue**, *dissyll.* ——————

évacue, *v.* (4)

[Plus le fém. des adj.
et part. en *cu*.]

—————— **çu** ——————
Voir SU dur.

—————— **chu** ——————

branchu
chu, *v. de choir*
crochu
déchu
échu
fichu, *sm.*
fourchu

—————— **chue**, *dissyll.* ——————

[Et les fém. des adj.
et part. en *chu*.]

—————— **clu** ——————
Voir LU.

—————— **cru** ——————
Voir RU.

—————— **du** ——————

appendu
ardu
assidu
attendu
condescendu
confondu
correspondu
défendu
démordu
dépendu
descendu
détendu
détordu
dodu
dû, *sm.*
dû, *v., de devoir*
entendu
épandu

éperdu
étendu
fendu
fondu
inattendu
indu
invendu
malentendu, *sm.*
mordu
morfondu
pendu
perdu
pourfendu
prétendu, *s. et adj.*
redescendu
redû, *s. et v.*
refendu
refondu
rendu
répandu
reperdu
répondu
résidu, *sm.*
retordu
sous-entendu
survendu
suspendu
tendu
tondu
tordu
vendu

—— **due**, *dissyll.* ——
étendue, *sf.*
fondue, *sf.*
indue (heure)
prétendue, *sf.*

[Plus le fém. des adj.
et part. en *du.*]

———— **dru** ————
Voir RU.

———— **fu** ————
touffu

—— **fue**, *dissyll.* ——
touffue

———— **flu** ————
Voir LU.

———— **gu** ————
aigu
ambigu, *s. et adj.*
bégu (*cheval*)
contigu
exigu
Pégu, *g.*
suraigu

—— **gue**, *dissyll.* ——
bisaiguë (4)
ciguë (3)

[Plus le fém. des adj.
et part. en *gu.*]

———— **glu** ————
Voir LU.

———— **gru** ————
Voir RU.

———— **lu** ————
absolu
bienvoulu, *vm.* (3)
chevelu
complu
conclu
déplu
dévolu, *s. et adj.*

dissolu
élu, *s. et adj.*
émoulu
exclu
fallu, *v.*
glu, *sf.*
goulu
hurluberlu
irrésolu
joufflu
lanturlu
malvoulu
mamelu
moulu
patte-pelu, *sm.*
poilu
plu, *v.,* de plaire
plu, *v.,* de pleuvoir
prévalu
râblu
réélu (3)
remoulu
résolu, *v. et adj.*
révolu
superflu
valu, *v.*
velu
vermoulu
voulu, *v.*

—— **lue**, *dissyll.* ——
afflue, *v.*
berlue, *sf.*
conclue, *v., subj.*
conflue, *v.*
déglue, *v.*
dilue, *v.*
englue, *v.*
évalue, *v.*
évolue, *v.*
exclue, *v., subj.*
flue, *v.*

glue, *v.*
influe, *v.*
patte-pelue, *sf.*
plus-value
pollue, *v.*
reflue, *v.*
salue, *v.*

[Plus les fém. des adj.
et des part. en *lu.*]

——— **llu** *mouillé* ———
feuillu

——— **llue** *mouillé* ———
feuillue

——————— **mu** ———————
ému
mû
promu

——— **mue,** *dissyll.* ———
commue, *v.*
mue, *sf.*
remue, *v.*
transmue, *v.*

[Plus le fém. des adj.
et part. en *mu.*]

——————— **nu** ———————
abstenu
advenu
appartenu, *v.*
avenu
bienvenu (3)
biscornu
charnu
chenu
circonvenu
connu

contenu, *s. et v.*
continu
contrevenu, *v.*
convenu
cornu
détenu, *s. et v.*
devenu
discontinu
disconvenu
entretenu
grenu
inconnu
ingénu
intervenu, *v.*
maintenu
méconnu
menu, *s., a., adv.*
mésavenu
nu, *a. et s.*
obtenu
parvenu, *s. et v.*
prévenu, *s. et v.*
provenu
reconnu
redevenu
retenu
revenu, *s. et v.*
saugrenu
soutenu
souvenu, *v.*
subvenu, *v.*
survenu
tenu
ténu
venu

——— **nue,** *dissyll.* ———
avenue, *sf.*
bienvenue, *sf.* (4)
cornue, *sf.*
déconvenue, *sf.*
nue, *sf.*

retenue, *sf.*
tenue, *sf.*
venue, *sf.*

[Verbes]
atténue
continue
dénue
diminue
discontinue
éternue
exténue
insinue

[Plus les fém. des adj.
et part. en *nu.*]

——————— **pu** ———————
corrompu
crépu
interrompu
lippu
pu, *v. de pouvoir*
pu, *v., de paître*
repu
rompu
trapu

——— **pue,** *dissyll.* ———
conspue, *v.*
pue, *v., de puer*
repue, *sf., vm.*

[Plus le fém. des adj.
et part. en *pu.*]

——————— **ru** ———————
accouru
accru
apparu
bourru
bru, *sf.*

U   275

comparu, *v.*
congru
couru
cru, *sm.*
cru, *adj.*
cru, *de croire*
crû, *de croître*
décrû
discouru
disparu
dru, *adj. et adv.*
écru
encouru
féru, *de férir*
incongru
lustucru
malotru
membru
paru, *v.*
parcouru
Patru, *np.*
recouru
recrû, *de recroître*
recru, *sm.*
recru *(harassé)*
reparu
secouru
ventru

——— **rue,** *dissyll.* ———
charrue
congrue *(portion)*
coquecigrue
crue, *sf.*
décrue, *sf.*
désobstrue, *v.*
grue
menstrue, *sf., chim*
morue, *sf.*
obstrue, *v.*
recrue, *sf.*
rue, *sf.*

rue (*et* se), *v.*
verrue, *sf.*

[Plus le fém. des adj.
et part. en *ru.*]

——— **su** *doux* ———
cousu
décousu
recousu
vison-visu
visu (de)

— **sue** *doux,* dissyll. —
cousue
décousue
recousue

——— **su** *dur et* çu ———
aperçu, *sm. et v.*
bossu, *sm.*
conçu
cossu
déçu
fessu
inaperçu
insu (à l')
issu
moussu
ossu
pansu
perçu
préconçu
reçu, *sm. et v.*
su, *sm.*
su, *v., de savoir*
tissu, *sm. et v.*

— **sue** *dur,* dissyll. —
bossue, *sf.*
bossue, *v.*
issue, *sf.*

ressue, *v.*
sangsue, *sf.*
sue, *v.*

[Plus le fém. des adj.
et part. en *çu, su* et
ssu.]

——— **tu** ———
abattu
battu
cogne-fétu, *sm.*
combattu
courbatu
débattu
dévêtu
ébattu
fétu, *sm.*
impromptu, *sm.*
pattu
pointu
rabattu
rebattu
revêtu
têtu
tortu
vertu
vêtu

——— **tue,** *dissyll.* ———
battue, *sf.*
laitue, *sf.*
statue, *sf.*
tortue, *sf.*

[Plus le fém. des adj.
et part. en *tu* et les
verbes suivants :]
accentue
constitue
déshabitue
désinfatue

destitue
effectue
évertue (s')
habitue (et s')
infatue
institue
perpétue
ponctue
prostitue
reconstitue
réhabitue
restitue
situe
statue
substitue
tortue
tue
tue (s'est)

——— vu ———
dépourvu (au)
entrevu
imprévu
pourvu
prévu
revu
vu, sm. et v.

——— vue, dissyll. ———
bévue
boulevue (à)
entrevue
revue
vue

[Plus le fém. des adj.
et part. en vu.]

——— UB ———
club

——— UBE ———
cube, s. et v.
Danube, g.
Hécube, np.
incube
jujube
marrube, bot.
succube
tube

——— UBLE ———
affuble, v.
chasuble
dissoluble
indissoluble
insoluble
résoluble
soluble
truble

——— UBRE ———
insalubre
lugubre
salubre

– UC, UCH, UCK –
aqueduc
archiduc
Baruch, np.
caduc (mal)
duc
grand-duc, orn.
Habacuc, np.
Luc, np.
mameluck
stuc
suc
truc
viaduc (3)

——— UCE ———
astuce
capuce

épuce, v.
Luce (sainte)
prépuce
puce
suce, v.
Vespuce, np.
        Voir USSE.

——— UCHE ———
autruche
baudruche
breluche
bûche, sf.
capeluche
coqueluche
cruche
daduche, ant.
embûche
fanfreluche
freluche
guenuche
huche
lambruche
merluche
peluche, sf.
perruche
ruche, sf.

[Verbes]
bûche
débuche
déjuche
épluche
juche
peluche
rembuche
ruche
trébuche
truche, vm.

——— UCRE ———
involucre, *sm., bot.*
lucre
sucre, *s. et v.*

——— UD ———
Voir UT.

——— UDE ———
amplitude
aptitude
attitude
béatitude (5)
certitude, *v.*
collude, *v.*
décrépitude
élude, *v.*
étude
exactitude
fortitude
gratitude
habitude
incertitude
ingratitude
inquiétude (5)
lassitude
latitude
lippitude
longitude
mansuétude (5)
multitude
Planude, *np.*
platitude
plénitude
prélude, *s. et v.*
promptitude
prude
quiétude (4)
rectitude
rude
servitude
similitude

solitude
sollicitude
turpitude
vicissitude

——— UF ———
puff
tuf

——— UFE ———
rebuffe, *v., pop.*
tartufe
truffe, *sf. et v.*

——— UFLE ———
bufle
insuffle, *v.*
muffle

——— UGE ———
adjuge, *v.*
axifuge
Bruges, *g.*
centrifuge
déluge
égruge, *v.*
fébrifuge
grabuge
gruge, *v.*
juge, *s. et v.*
lucifuge
muge, *sm.*
préjuge, *v.*
refuge
subterfuge
transfuge
vermifuge

[Ajoutez, pour rimer
avec le plur. de ces
noms, la 2ᵉ pers. du
sing. du prés. de

l'indic. et du subj. des
verbes en *uger.*]

——— UGNE ———
impugne, *v.*
répugne, *v.*

——— UGUE ———
conjugue, *v.*
contre-fugue
fugue
Hugue, *np.*
subjugue, *v.*

——— UL *sonore* ———
accul
Bulbul
calcul
consul
cumul
Ermensul, *myt.*
John Bull
nul
Phul, *np.*
proconsul
recul
vice-consul
Saül, *np.*

——— UL *insonore* ———
cul
gratte-cul

[On fait rimer ces
mots tantôt avec les
précédents et tantôt
avec ceux en *cu*, mais
dans ce dernier cas on
supprime *l*, pour
rimer à l'œil comme à
l'oreille.]

——— ULBE ———
bulbe

278   ULCE

— **ULCE, ULSE** —
bisulce
compulse, *v.*
expulse, *v.*
Trivulce, *np.*

——— **ULCRE** ———
sépulcre

— **ULE, ULLE** —
acidule, *adj.*
adminicule, *sm.*
animalcule
bascule, *sf.*
bulle, *sf.*
campanule
canicule
canule, *sf.*
capitule, *sm.*
capsule
Catulle, *np.*
cédule
cellule
clavicule
conciliabule (6)
copule
corpuscule
crapule
crédule
crépuscule
curule, *ant.*
émule
fascicule
fécule
férule
fistule
follicule, *sm.*
formule, *sf.*
fructule, *sf.*
funambule
Gétule, *g.*
glandule

globule
Hercule, *np.*
Hérule, *g.*
horticule, *adj.*
immatricule, *sf.*
incrédule
Janicule, *g.*
Jules, *np.*
libellule
lobule
lunule
macule, *sf.*
majuscule
mandibule
manipule, *sm.*
matricule, *sf.*
minuscule
module, *sm.*
molécule
monticule
mule
noctambule
nulle
opuscule
particule
pécule
pédicule
pellicule
pendule
péninsule
pilule
préambule
principicule
pustule
ranule
régule, *chim.*
renoncule
ridicule
scrofule
scrupule
somnambule
spatule

sportule, *ant.*
tarentule
tentacule
Tibulle, *np.*
tubercule
Ursule, *np.*
uvule *(luette)*
valvule
véhicule
ventricule
vésicule
vestibule
virgule
Vistule, *g.*

[Verbes]
accule
accumule
acidule
adule
annule
articule
bascule
bouscule
brûle
bulle
calcule
capitule
circule
coagule (4)
confabule
congratule
cumule
démantibule
dissimule
écule
formule
gesticule
granule
graticule
immatricule
inocule

intitule
macule
manipule
module
ondule
postule
pullule
récapitule
recule
simule
spécule
stimule
stipule
strangule
virgule

[Ajoutez, pour rimer
avec le plur. des noms
et adjectifs, la 2ᵉ pers.
du présent de l'indic.
et du subj. des verbes
cités : *tu adules, que tu
adules*, etc.]

—— **ULGUE** ——
divulgue
promulgue

—— **ULPE** ——
disculpe
inculpe
pulpe

—— **ULQUE** ——
inculque

—— **ULSE** ——
Voir ULCE.

—— **ULTE** ——
adulte
ausculte, *v.*
catapulte

consulte, *v.*
culte
exulte, *v.*
inculte
insulte, *sf.*
insulte, *v.*
jurisconsulte
occulte
résulte, *v.*
sénatus-consulte
tumulte

—— **UM** (*pr.* **ome**) ——
Actium, *g.* (3)
album
aluminium (5)
Antium, *g.* (3)
aquarium (4)
arum
Capharnaüm, *g.*
critérium (4)
décorum
dictum
erratum
factotum
factum
forum
galbanum
géranium (4)
labarum
Latium, *g.* (3)
laudanum
maximum
médium (3)
minimum
muséum
opium (3)
palladium (4)
pallium (3)
péplum
pensum
post-scriptum

retentum
rhum
sagum
spéculum
Te Deum
ultimatum
vade-mecum
variorum (4)
veni-mecum

—— **UM** (*pr.* **un**) ——
parfum
Voir UN.

—— **UMB** ——
rumb
Voir OMB.

—— **UMBLE** ——
humble

—— **UME** ——
amertume
apostume
bitume
brume
costume
coutume
Cumes, *g.*
écume
enclume
glume
grume
légume
plume
posthume
rhume
volume

[Verbes]
accoutume
allume

assume
consume
costume
déplume
désaccoutume
désenrhume
écume
emplume
enfume
enrhume
exhume
fume
hume
inhume
parfume
plume
présume
raccoutume
rallume
remplume
résume

[Joignez à cette série,
pour le pluriel, la
1re pers. plur. du
prétérit des verbes
auxiliaires et de
plusieurs autres en *er,
ir, oir* et *re*.]

fûmes
eûmes
reçûmes
courûmes
élûmes
reconnûmes, etc.
sûmes

—— UMNE ——
Chitumne, *g.*
Vertumne, *myt*

—— UN ——
alun
aucun

brun
chacun
commun
diaprun (3)
Hun, *g.*
importun
inopportun
jeun (à)
Loudun, *g.*
Melun, *g.*
Meun (Jean de)
nerprun
opportun
parfum
pétun
quelqu'un
tribun
un
Verdun, *g.*

—— UNE ——
brune (à la)
commune
demi-lune, *fort*
dune
fortune
hune (h *asp.*)
infortune
lacune
lagune
lune
Neptune, *myt.*
Pampelune, *g.*
pécune, *vm.*
prune
rancune
Rodogune, *np.*
tribune

[Plus le fém. des mots
en *un*, et les formes
verbales :]

alune
fune, *mar.*
importune

—— UNCH ——
(*pr.* onche)
lunch
punch
          Voir ONCHE.

– UND (*pr.* onde) –
Sonderbund, *hist.*
Stralsund, *g.*
Sund (*détroit*)

– UNS (*pr.* once) –
Aruns, *np.*
          Voir ONS *sonore*.

—— UNT ——
défunt
emprunt

—— UNTE ——
défunte
emprunte, *v.*

– UNTE (*pr.* onte) –
          Voir ONTE.

—— UPE ——
catadupe
désoccupe, *v.*
dupe, *s. et v.*
huppe, *s. et v.*
jupe
occupe, *v.*
préoccupe, *v.*

—— UPHRE ——
Onuphre (*saint*)

——— **UPLE** ———
centuple, *a., s. et v.*
décuple, *a., s. et v.*
quadruple, *a., s.*
  et v.
quintuple, *a., s. et v.*
sextuple, *a., s. et v.*

——— **UPRE** ———
stupre

——— **UQUE** ———
caduque
éduque, *v.*
eunuque
heiduque
Lucques, *g.*
Moluques, *g.*
nuque
perruque
reluque, *v.*

——— **UR** ———
Arthur, *np.*
Assur, *np.*
avant-mur
azur
clair-obscur
déléatur (4)
dur
exéquatur
fémur
futur
impur
mur, *sm.*
mûr, *am.*
Namur, *g.*
obscur
pur
Réaumur, *np.*
sûr *(certain)*
sur *(aigre)*

Tibur, *g.*
Ur, *g.*

——— **URC** ———
Turc, *g.*

— **URCE, URSE** —
Accurse, *np.*
Quinte-Curce, *np.*

——— **URDE** ———
absurde
Kurde, *g.*

——— **URE** ———
abatture, *vén.*
acérure
acupuncture
agriculture
allure
amurc, *mar.*
ancrure
annelure
arcature
architecture
arcture
armature
armure
censure
césure
chamarrure
chancissure
chapelure
charnure
chaussure
chevelure
chinure
chlorurc
cirure
ciselure
climature, *néol.*
clôture

coiffure
colature
colure
commissure
confiture
conjecture
conjoncture
contexture
contracture
coulure
coupure
courbature
courbure
couture
couverture
créature
crénelure
crépissure
criblure
croisure
culture
cure
damassure
déchiqueture
déchirure
déclôture
augure
aventure
baisure *(du pain)*
balayure (4)
bariolure (5)
barrure
battiture
batture
bavochure, *imp.*
bigarrure
blessure
bordure
bouffissure
boursouflure
bousure
bouture

brasure
brettelure
bretture
brisure
brochure
brossure
brouissure (4)
brûlure
bure
cadranure
cadrature
cambrure
candidature
cannelure
capture
caricature
carrure
cassure
ceinture
déconfiture
découpure
dérayure (4)
désenflure
désinvolture
devanture
dévestiture
diaprure (4)
dictature
dorure
doublure
dure, *sf.*
ébarbure
écartelure, *blas.*
échancrure
écharnure
échauboulure
éclaboussure
écorchure
écornure
écriture
effaçure
égoutture

égratignure
élargissure
élevure
émaillure
emblavure
embouchure
embrasure
emmanchure
emmiellure (4)
empaumure
encablure
encastelure
enchaînure
enchâssure
enchevêtrure
enclouure (4)
encoignure
encolure
enflure
enfonçure
enfourchure
engelure
engrêlure
engrenure
enguichure
enjolivure
enluminure
enrayure
entaillure
entamure
entournure
entr'ouverture
enture
envergure
Épicure, *np.*
épissure
épluchure
épure, *sf.*
éraflure
éraillure
étamure
étranglure

facture
farcissure
faussure
fêlure
ferrure
feuillure
figure, *sf.*
filature
filure
fioriture (4)
fissure
flétrissure
forfaiture
forure
foulure
fourbissure
fourchure
fourniture
fracture
fressure
frisure
friture
froidure
froissure
gageure
garniture
gaufrure
gélivure
géniture
gerçure
germure
glaçure
gravelure
gravure
guipure
hachure (h *asp.*)
horticulture
hure (h *asp.*)
hydrure
imposture
injure
investiture

jaspure
jointure
jettature
judicature
lavure
lecture
législature
Lemure
ligature
limure
lissure
littérature
luxure
maculature
madrure
magistrature
maillure
manufacture
masure
mâture
membrure
mercure
mésaventure
mesure
meurtrissure
miniature (4)
mixture
moisissure
monture
morsure
moucheture
mouillure
moulure
mouture
mûre, *sf.*
murmure, *sm.*
nature
nervure
noircissure
nomenclature
nonciature (5)
nourriture

ordure
ossature
ouverture
panachure
parfilure
parjure
parure
pâture
peinture
pelure
piqûre
pisciculture
planure
plissure
polissure
posture
pourriture
préfecture
prélature
présure
préture
primogéniture
procédure
projecture
quadrature
questure
râclure
rainure
ramure
râpure
ratissure
rature
rayure (3)
reliure (4)
rivure
roture
rougissure
rouillure
rudenture, *arch.*
rupture
saburre
sacrificature

salissure
salure
sarclure
saumure
scissure
sciure (3)
sculpture
sépulture
serrure
signature
soudure
souillure
stature
structure
sulfure
suture
tablature
teinture
température
tenture
tenure, *féod.*
texture
tissure
toiture
tonsure
tonture
torture
tournure
travure
triture
turelure
usure
verdure
vergeure
vermoulure
vêture
villégiature (6)
voilure
voiture
voussure
zébrure

[Verbes]
abjure
adjure
amure, *mar*
apure
assure
augure
aventure
azure
bouture
capture
censure
claquemure
conclure, *inf.*
conjecture
conjure
couture
défigure
démure
dénature
dépure
dure
écure
endure
épure
exclure, *inf.*
figure
forjure
fracture
inaugure
jure
mâchure
manufacture
mesure
mure
murmure
parjure (se)
peinture
peinturlure
pressure
procure
rassure
rature

récure
sature
suppure
tonsure
torture
transfigure
triture
voiture

——— URF ———
turf

——— URGE ———
dramaturge, *sm.*
expurge, *v.*
insurge, *v.*
Panurge
purge, *sf.*
purge, *v.*
repurge, *v.*
thaumaturge

——— URGUE ———
amurgue, *sf.*
Lycurgue, *np.*
objurgue, *v.*

——— URLE ———
hurle (h *asp.*)

——— URNE ———
cothurne
diurne (3)
Furnes, *g.*
Juturne, *np.*
Minturnes, *g.*
nocturne, *s. et adj.*
Saturne, *myt. et ch.*
taciturne
urne
Vulturne, *g.*

——— URPE ———
usurpe, *v.*

——— URQUE ———
bifurque, *v.*
Burke, *np.*
Lesurque, *np.*
mazurque *(danse)*
turque

— US (*s insonore*) —
abstrus
abus
cabus *(chou)*
camus
confus
contus
dessus
diffus
inclus
infus
intrus
Jésus
jus
obtus
par-dessus
perclus
plus
pus, *sm.*
reclus
refus
surplus
talus
verjus

— US (*s sonore*) —
Académus, *np.*
Aétius, *np.* (4)
agnus
angélus
anus
Apicius, *np.* (4)

arcturus, *astr.*
Argus, *myt.*
Bacchus, *myt.*
Bélus, *np.*
bibus
blocus
Brennus, *np.*
Brutus, *np.*
cactus, *bot.*
Cacus, *np.*
Cadmus, *np.*
Calus
Carolus
choléra-morbus
chorus
Codrus, *np.*
Crassus, *np.*
Crésus, *np.*
crocus *(safran)*
cubitus
Cyrus
Danaüs, *myt.* (3)
Demetrius, *np.* (4)
détritus
Diafoirus (4)
Eurus *(vent)*
Fabricius, *np.* (4)
Fleurus, *g.*
Fortunatus
Garus (élixir de)
hiatus (h *asp.*) (3)
humérus
humus
Hus (Jean)
Ilissus, *g.*
Indus, *g.*
Ipsus, *g.*
Issus, *g.*
Jansénius, *np.*
Janus, *myt.*
Linus, *np.*
Longus, *np.*

lotus
Lucullus, *np.*
Marius, *np.* (3)
médius, *sm.*
Momus, *myt.*
mordicus, *adv.*
motus, *interj.*
négus, *sm., dign.*
naturalibus (in)
Nessus, *myt.*
Ninus, *np.*
Nostradamus, *np.*
Notus *(vent)*
obus
Olibrius, *np.*
omnibus
orémus
palus
papyrus
partibus (in)
Phébus, *myt.*
plexus
Plutus, *myt.*
prospectus
Pyrrhus, *np.*
quibus
quitus
Ramus, *np.*
rasibus, *pop.*
rébus
Rémus, *np.*
Romulus, *np.*
Séleucus, *np.*
sinus, *mat.*
sirius, *ast.* (3)
Spartacus, *np.*
Stradivarius (5)
Tatius, *np.* (3)
Taurus, *g.*
Titus, *np.*
tumulus
typhus

Unigenitus (bulle)
Uranus, *astr.*
us *(coutume)*
us *(savant en)*
Vénus, *myt.*
virus
Zaleucus, *np.*

——— USC ———
busc
musc

——— USCLE ———
muscle

——— USE *et* UZE ———
Anduze, *g.*
Aréthuse
arquebuse
béruse *(étoffe)*
buse
cambuse, *mar.*
céruse
cornemuse
Créuse, *np.* (3)
écluse
Écluse (l'), *g.*
excuse
Méduse, *myt.*
muse
Péluse, *g.*
Raguse, *g.*
ruse
Suse, *g.*
Suze, *g.*
Syracuse, *g.*
Vaucluse, *g.*

[Verbes]
abuse
accuse
amuse

arquebuse
désabuse
excuse
infuse
mésuse
refuse
ruse
use

[Plus le féminin des
adj. et part. en *us*]

——— USQUE ———
(s *sonore*)
brusque, *adj.*
Chérusque, *g.*
Étrusque, *g.*
jusque, *prép.*
lambrusque
mollusque

[Verbes]
brusque
busque
débusque
embusque
musque
offusque

——— USSE ———
aumusse
musse (se), *v., vm.*
Prusse
Russe

[Plus les formes
verbales en *usse*,
comme :]
eusse
fusse
reçusse
susse

voulusse, etc.

——— USTE ———
aduste
arbuste
Auguste, *np. et adj.*
buste
fruste
injuste
juste, *s. et adj.*
Locuste, *np.*
Procuste, *np.*
Salluste, *np.*

[Verbes]
ajuste
déguste
désajuste
incruste
rajuste
tarabuste

——— USTRE ———
balustre
illustre, *adj.*
lustre *(éclat)*
lustre *(5 ans)*
rustre

[Verbes]
délustre
frustre
illustre
lustre

——— UT, UTH ———
et **UD** *sonores*
azimut, *astr.*
Belzébut
bismuth, *chim.*
brut, *adj.*
Brut (roman de)

chut ! *interj.*
comput
lut, *sm.*
luth, *sm.*
occiput
préciput
rut, *sm.*
Ruth, *np.*
sinciput
sud
talmud
ut, *mus.*

——— UT *insonore* ———
acut, *s. et adj.*
affût
attribut
bahut
but, *sm.*
canut
début, *sm.*
fût, *sm.*
institut
rebut, *sm.*
salut
scorbut
statut
substitut
tribut

[Verbes]
accourut
accrut
aperçut
apparut
but, *de boire*
chut, *de choir*
comparut
complut
conclut
concourut
conçut

connut
courut
crut, *de croire*
crût, *de croître*
déchut
décrut
déçut
déplut
dépourvut
discourut
disparut
dut, *de devoir*
échut, *d'échoir*
élut, *d'élire*
embut, *d'emboire*
émoulut, *d'émoudre*
émut
encourut
eut, *d'avoir*
exclut
fallut
fut, *d'être*
lut, *de lire*
méconnut
moulut, *de moudre*
mourut
mut, *de mouvoir*
parcourut
parut
perçut
plut, *de plaire*
plut, *de pleuvoir*
pourvut
préconçut
prévalut
promut
put, *de pouvoir*
rebut, *de reboire*
reconnut
recourut
reçut
redut, *de redevoir*

réélut
relut
rémoulut
remoulut
reparut
reput, *de repaître*
résolut
revalut
revécut
secourut
survécut
vécut
voulut
tut, *de taire*

——— **UTE** *long* ———
affûte, *v.*
flûte *(à jouer)*
flûte *(navire)*
flûte, *v., mus.*
flûte *(boit), v., pop.*

——— **UTE** *bref*
et **UTTE** ———
brute, *sf. et adj.*
butte *(monticule)*
butte *(être en)*
cahute
chape-chute
chute, *sf.*
culbute, *sf.*
cuscute, *bot.*
dispute
gomme-gutte
hernute (h *asp.*)
hutte (h *asp.*), *sf.*
institutes
lutte, *sf.*
minute, *sf.*
parachute
volute, *arch. et bot.*

[Verbes]
ampute
bahute
blute
charcute
chute, *pop.*
compute
culbute
débute
délute
députe
discute
dispute
exécute
hutte
impute
lute
lutte
minute
permute
persécute
rebute
recrute
réfute
répercute
répute
scrute
suppute
talute
volute

——— **UVE** ———
cuve, *sf.*
cuve, *v.*
décuve, *v.*
effluve, *sm.*
encuve, *v.*
étuve, *sf.*
étuve, *v.*
pédiluve
Vésuve, *g.*
Vitruve, *np.*

—— **UX** *(pr.* **u)** ——   — **UX** *(pr.* **ucse)** —   —————**UXE**—————

flux	fiat lux (3)	luxe, *sm.*
influx, *philos*	Pollux	luxe, *v.*
reflux		

[Ces mots riment avec ceux en *us* insonore.]

[On fait rimer ces mots avec les précédents.]

Composition réalisée par NORD COMPO

Imprimé en France sur Presse Offset par

BRODARD & TAUPIN

GROUPE CPI

La Flèche (Sarthe).
N° d'imprimeur : 15655 – Dépôt légal Éditeur 28842-01/2003
Édition 02
LIBRAIRIE GÉNÉRALE FRANÇAISE - 43, quai de Grenelle - 75015 Paris.

ISBN : 2 - 253 - 13113 - X   ◈ 31/3113/3